学習評価論における
質的判断アプローチの展開

ロイス・サドラー学識の解剖と再構成

石田智敬 著
Tomohiro Ishida

京都大学学術出版会

京都からの発信

　京都大学には，戦前の西田哲学に始まり，史学，文学，経済学，民俗学，生態学，人類学から精神医学にまで及ぶ極めて広汎な人文・社会科学の領域で，独創的な研究が展開されてきた長い歴史があります。今日では広く京都学派と呼ばれるこの潮流の特徴は，極めて強烈で独創的な個性と強力な発信力であり，これによって時代に大きなインパクトを与えてきました。

　今，全世界が新型コロナ感染症パンデミックの洗礼を受けていますが，この厄災は人々の健康と生命を脅かしているのみならず，その思考や行動様式にも大きな影響を与えずにはおきません。時代はまさに，新しい人文・社会科学からの指針を求めているといえるのではないでしょうか。世界では，イスラエルの歴史家ユヴァール・ノア・ハラリやドイツの哲学者マルクス・ガブリエルなどの若い思想家達が，この状況に向けて積極的な発信を続けています。

　プリミエ・コレクションは，若い研究者が渾身の思いでまとめた研究や思索の成果を広く発信するための支援を目的として始められたもので，このモノグラフの出版を介して，彼らに文字通り舞台へのデビュー（プリミエ）の機会を提供するものです。

　京都大学は指定国立大学法人の指定に当たって，人文学と社会科学の積極的な社会への発信を大きなミッションの一つに掲げています。このコレクションでデビューした若手研究者から，思想と学術の世界に新しい個性的なスターが生まれ，再び京都から世界に向けてインパクトのある発信がもたらされることを，心から期待しています。

第27代　京都大学総長　湊　長博

刊行に寄せて

　本書の序文を執筆できることを、大変光栄に思います。本書では、あらゆる年齢層や教育機関における学習評価についての私の研究が取り上げられています。石田智敬氏と私は、学習者の成果物の質に対して妥当な判断を下すことの難題に、特にその評価枠組みがどのように構築されるべきかという問題について、数多くの有意義な議論を重ねてきました。私たちは互いに多くのことを学び合いました。彼は間違いなく、私の研究全体に対するより包括的な視点を持っているといえるでしょう。というのも、私自身は自分の論文が発表された後、それについて大きな関心を持ち続けることがないからです。

　石田氏との議論を通じて、私自身の学術的著作について学んだことの1つに、すべての研究に一貫して表れる主題があるということです。それは非常にシンプルなテーマです。それは、伝達されたメッセージを受け手が理解するためには、受け手が送り手と十分に共通する知識や経験を背景として持ち、それを基にメッセージの情報を正確に解釈し、必要に応じて行動に移すことができる必要があるということです。言葉だけではそれを成し遂げることはできません。このシンプルな原則はとても基本的なものであるにもかかわらず、評価課題の説明を学習者に提示する際や、学習者が提出した作品へフィードバックを行う際に、驚くほど頻繁に無視されています。この原則が無視されることによる隠れた成り行きとして、学習者間の不平等が助長されるということがあります。大学での学びを始める時点で、高いレベルの基礎知識や経験、言語運用能力を有する学習者は、容易にそれらを土台として活用し、教育課程の要求に応じていくことができます。一方で、低いレベルから出発する学習者は、追いつくのに苦労し、次第にさらに遅れを取るようになります。このことが示唆するのは、教師が単に「伝える（telling）」だけでなく、それを大いに「見せる（showing）」ことを行う必要があるということです。

　成績づけにおける学習評価に対する私の一般的なアプローチは、推奨

される複数の評価アプローチの中には、一見魅力的に思えるものでも、できる限り細心の注意を払って実施しようとすると、提唱者が示唆する以上にはるかに困難であり、必ずしも期待される学習者の成長をもたらさないことが繰り返し明らかになったという経験に根ざしています。この経験に疑問を抱き、私はなぜそうなるのかを探究するようになりました。その結果、私は関連性が少しでもあると思われるあらゆる分野、学問領域、専門職領域にわたる広範な文献を読むようになりました。ある著者が別の著者に言及すれば、その著者の著作を読み、次第に視野が広がっていきます。私が探し求めているのは、類似した構造を持つ問題や課題に対して、異なるメカニズムを通じて対処しようとする、他の分野からのオルタナティブな戦略です。

　1989 年に発表した形成的アセスメントに関する論文の突破口は、1984 年に発見したラマプラサドの論文にありました。この論文は、「経営理論、……コミュニケーションネットワーク、組織レベルにおけるリビングシステムの意思決定プロセス」をテーマにしたもので、*Behavioral Science* 誌に掲載されていました。この論文には「教育」や「評価」という言葉は一切登場しません。私が影響を受け続けている他の例としては、ポランニーとウィトゲンシュタインの著作があげられます。彼らが発見し記述した、単純化された概念的整理の困難さは、多くの概念が本質的に曖昧で、鋭い境界を持つものではないため、明確に「定義」することができないということを私に示してくれました。ウィトゲンシュタインはこれを「ゲーム」とは何かを定義しようとした際に見いだしました。同様の特徴は、多くのルーブリックを構成するクライテリアにも見られます。これらのクライテリアの意味は、観念的には明確かつ明瞭に思えるかもしれませんが、実際の適用においては、必然的に曖昧さが生じ重複が生じるのです。

　私の広く引用されている論文はすべて単著です。というのも、思考や論理が自分の頭の中で熟考され、処理され、換位される必要があるからです。この作業スタイルには十分に慣れています。「優れた仕事は個人の思考ではなく、チームや集団的な思考によって最良の形で成し遂げら

れる」という主張は、私自身の経験とは一致しません。私は、現在取り組んでいる課題をより深く理解する助けとなる、あるいは私の議論を補強し関連性をもたらすような考えや難問、アイデア、方向性を、どの分野や学問領域からであれ、暫定的に受け入れます。他者が私を認知心理学者、構成主義者、あるいはその他の何かとラベルづけするかもしれませんが、私は、特定の研究方法論や思想の学派に対する忠誠心は持ち合わせていません。私は、あらゆる教育レベルにおける現実の教育現場で、実際の教師と学習者が直面する評価や成績づけに関する重要な実践的問題に焦点を合わせています。これが私の学問的な「役目（patch）」です。私は、役に立つ有意義な貢献をできる限り行うことを目指しています。

　私の執筆「プログラム」は、完全にポータブルであり、外部資金や職場環境に依存しない形で行われてきました。私は俸給によって支えられており、同僚と同程度の教育負担を常に抱えてきました。そのため、私のキャリアのある時点では、研究プロジェクトを設計せず、助成金を申請せず、また同僚と共同研究を行わず単独で活動しているという理由で、「研究が非活動的である」とラベルづけされたこともあります。私はゆるやかなタイムラインを自分に課すだけで、厳密な締め切りを設けることはほとんどありません。一度に２つの論文に取り組むこともあります。一方の進行が完全に行き詰まった場合、もう一方に切り替え、状況が整えばまた戻る、という方法を取ります。一部の論文は執筆に長い時間を要しました。それは、書き始めた時点で、最終的な着地点がどこになるのか明確ではなかったからです。

　私は、自身の説明や記述において、多くの教師が自身の教えや学びの中で共感できる側面を含めるよう努めています。教師としての活動の中で、私たちが困惑を覚えるいくつかの事柄は、想定通りにうまくいかないために、自分が物事をうまくできていないのではないかと思わせてきます。これにより、教師が、自分の教え方が「広く一般に受け入れられた」知識の標準的なパラメータに当てはまらず、自身の教育が良質ではないと感じてしまう可能性があります。最終的に、私は自身の論文が基本的な常識として受け取られることを目指しています。それこそが私に

とって、コミュニケーションの成功です。

　石田氏と共に、私の学術的探究を巡っていただければ幸いです。彼以上に信頼できる案内役はいないでしょう。

2024 年 12 月

Royce Sadler

はしがき

　たとえば、プレゼンテーション、小論文、各種のレポートといった成果物、すなわち正誤で単純に評価することができない課題、そして、何が良くて何が悪いのかがはっきり明確に定まっていない課題は、どのように評価すべきなのだろうか。近年、社会の構造変容を背景として、単純な知識・技能を評価する客観テストではなく、知識・技能を総合的・統合的に活用することを求めるような複雑な課題が、重視されるようになっている。このように、客観テストをはじめとする筆記試験以外の評価方法を導入し、学習成果を幅広く見取ろうとする動向は、理論、実践、政策の各次元で力強く推進されている。

　かくして我々は、単純に正誤で評価できない複雑なパフォーマンスを、どうすれば妥当に評価できるのかという問いに直面している。客観テストの答案とは異なって、複雑なパフォーマンスを評価することは明らかに容易ではない。本書で焦点を合わせる碩学、ロイス・サドラー（1943-）は、このような複雑なパフォーマンスを評価する方法について、思索を続けてきた教育評価の研究者である。

　急いでことわっておけば、教育における評価は単なるねぶみに留まるものではない。教育における評価と聞いて、真っ先に連想されるのは、テストや通知表といった成績評価に関わる類のものであろう。ただし学習評価は、単に成績評価——学習成果の到達点を認証し証明するもの——に限定されるものではない。我々は、評価を通じて何ができていて何ができていないのかを把握することができる。そのため、評価は教育と学習活動をより良くするために欠かせないものである。改善のために行う評価のことを形成的アセスメントという。形成的アセスメントは、評価活動を学習者のねぶみの場としてではなく、成長に向けた学びの場として捉える。評価活動を通して、教師と学習者が一致協力して学習の改善に取り組むという、形成的アセスメントの考え方を理論化したのがサドラーである。「優れた評価は優れた教育の付属物ではなく、それ自

体が優れた教育なのである」。サドラーはこのように述べて、学習評価
を学びの中心に位置づける発想を打ち出した。

　このように、比較的単純な知識・技能の習得を超えて、知識・技能を
総合的・統合的に活用するコンピテンスの育成を企図し、それを促進し
実現するための学習評価論の構築に挑んだのが、サドラーである。

　教育評価研究においてサドラーは、1980年代に「スタンダード準拠
評価」や「形成的アセスメント」といった考え方を理論化し、ルーブ
リックの使用やフィードバックの提供を推奨する現代の学習評価論を基
礎づけた研究者であると理解されている。これらルーブリックやフィー
ドバックといったアイディアは、現代の学習評価論を語る上で、どれも
欠かせないキーワードとなっている。ところがしかし、サドラーはのち
に、これらの考え方に対して根本的かつ徹底的な批判を展開するように
なる。なぜサドラーは主張を転回したのか。自己批判にも映る、このよ
うなパラドキシカルな立場は何を意味するのか。

　本書は、これまで看過されてきた、現代の学習評価論の提唱者であり
批判者でもあるというパラドキシカルな立場性を念頭に、ロイス・サド
ラーの所論を氏の研究史に即して読み解き、質的判断アプローチの学習
評価論のさらなる展望を描き出そうとするものである。換言すれば、サ
ドラーの学識の解剖を試みる本書は、氏の学識の再構成に挑戦すること
で、学習評価論の新たな可能性を切り拓く。

　昨今の日本では、ルーブリックを活用したり、フィードバックを推進
したりする学習評価の考え方は、政策レベルから実践レベルまで急速に
広がりつつある。これらの考え方は無批判に称揚されることがしばしば
で、クリティカルな検討はほとんど行われていない。本書では、このよ
うな学習評価の「当たり前」を問い直してみたい。「当たり前」にはど
のような陥穽が潜んでいるのか。次代の学習評価はどう構想できるのか。
本書は、現代の学習評価論の理論的支柱であるサドラーの提唱と批判と
いう刺激的な展開を読み解くことで、学習評価の新章を一考する。

2025年3月

石田智敬

目　次

刊行に寄せて　ロイス・サドラー
はしがき

序　章　　1

第一節　定義　3

（1）教育と評価　3
（2）学習評価　6

第二節　本書の対象　　8

（1）複雑なパフォーマンスの評価　8
（2）質的判断アプローチ　10
（3）ルーブリック　11
（4）質的判断アプローチの理論的淵源　14

第三節　先行研究の検討　16

（1）スタンダード準拠評価論の位置づけ　16
（2）形成的アセスメント論の位置づけ　18
（3）サドラーの転回　19
（4）パフォーマンス評価論との関係　20

第四節　本書の目的と構成　22

（1）本書の目的　22
（2）本書の構成　24

第一章　ロイス・サドラーによる質的判断アプローチの成立過程
　　　　　──新しい評価の地平を求めて──　29

第一節　サドラーの歩み──博士論文に至るまで　31

（1）サドラーの略歴　31
（2）米国サバティカルの経験──研究スタイルの確立　32
（3）イリノイ大学の教育評価研究グループからの影響　35

第二節　米国におけるカリキュラム評価論の展開
　　　　　──スクリヴァンとステイクに焦点を合わせて　36

（1）米国における教育評価論の史的展開　36

（2）マイケル・スクリヴァンによる「ゴール・フリー評価」 41
（3）ロバート・ステイクによる「応答的評価」 43
（4）スクリヴァン、ステイク、サドラー 47

第三節　博士論文での主張と立場
　　　　──教育評価論におけるサドラーの位置づけ　48

（1）博士論文の概要 48
（2）質的判断アプローチの位置づけ 50

第四節　学習評価論における質的判断アプローチの展開　55

（1）学習評価論の全体的展開 55
（2）鑑識眼アプローチにおける同異点──アイスナーとサドラー 57

小　括　59

第二章　スタンダード準拠評価論の成立と新たな展開
──教師の熟達した質的判断による学習評価──　65

第一節　ROSBA におけるスタンダード準拠評価論の成立　67

（1）ラドフォード制度から ROSBA 制度へ 68
（2）スタンダード準拠評価の提唱 71
（3）スタンダード準拠評価論の国際的な広がり 79

第二節　スタンダード準拠評価論の理論的土台　82

（1）理論的土台としての博士論文 82
（2）サドラーのジレンマ 85

第三節　スタンダード準拠評価論の新たな地平　88

（1）学習成果の保障に対するコミットメント 88
（2）成績評価実践の問題点 90
（3）ルーブリック批判における 2 つの論点──分析性と成文化 92
（4）スタンダードの外的表現──スタンダードをいかに外化するか 99
（5）スタンダードの外的表現によるキャリブレーション 101

第四節　スタンダード準拠評価論における変化とその示唆 102

小　括　105

第三章　形成的アセスメント論の成立と新たな展開
──学習者の鑑識眼を練磨する学習評価──　113

第一節　サドラーによる形成的アセスメント論の提唱　115

（1）形成的アセスメントの提唱に至る背景　116
（2）形成的アセスメント論の考え方とその特質　118

第二節　形成的アセスメント論の理論的展開
　　　　――サドラーの位置づけ　127

（1）ブルームらによる形成的評価の提唱　128
（2）形成的アセスメント論の隆盛――ブラックとウィリアムによるサドラーの援用　132
（3）2000年代以降の形成的アセスメント論の展開とその特徴　135
（4）サドラーとの共通点と相違点　138

第三節　サドラーによる形成的アセスメント批判の論理　139

（1）フィードフォワード、フィードバック批判の論理　140
（2）フィードフォワード、フィードバック批判に至る認識の原点　148

第四節　鑑識眼形成論としての形成的アセスメント　150

（1）評価エキスパティーズを育む形成的アセスメントの技法　150
（2）エンド・イン・ビューに導かれる「実践」　153
（3）鑑識眼形成論としての形成的アセスメント論　155

小　括　158

第四章　熟達した質的判断のメカニズム
――鑑識眼アプローチの認識論――　165

第一節　熟達した質的判断のメカニズムを記述する概念装置　168

（1）質的判断、質、スタンダード　169
（2）クライテリア　174

第二節　鑑識眼アプローチの認識論――ポランニー哲学の援用　184

（1）鑑識眼の技芸――双景的評価法　184
（2）サドラーによる鑑識眼概念の特質――近接項と遠隔項　186
（3）サドラーによる鑑識眼形成論の特質――暗黙知の共有　189

第三節　鑑識眼アプローチの認識論
　　　　――後期ウィトゲンシュタイン哲学の援用　194

（1）質の認識における「家族的類似性」　194
（2）質の認識における「アスペクトに気づくこと」　197

小　括　199

第五章　ロイス・サドラーによる学習評価論の到達点と可能性
——ポスト・ルーブリックの学習評価の構想——　207

第一節　サドラーによる学習評価論の意義　209

（1）熟達した質的判断による学習評価論　209
（2）学習者の鑑識眼を練磨すること　214

第二節　サドラーによる学習評価論の課題　216

（1）学習評価論の有効範囲　217
（2）専門家共同体における間主観性の問題　219
（3）学習者の鑑識眼形成に関する問題　221

第三節　ポスト・ルーブリックの新たな地平　222

（1）評価枠組みを外化し共有する方法　222
（2）「善さ」を学ぶということ——共同体における鑑識眼形成　227

終　章　231

第一節　本書の総括　233

第二節　本書の成果と課題　236

あとがき　241
ロイス・サドラーによる学術的著作の一覧　247
引用文献一覧　258
索引　269

序　章

本書は、学習評価論における「質的判断アプローチ」の成立と展開を、ロイス・サドラー（David Royce Sadler）の所論に焦点を合わせて、明らかにするものである。本書では、人の質的判断によって、評価対象の質や価値を直接的に評価しようとする試みを、質的判断アプローチと総称する。本書は、サドラーによる質的判断アプローチの展開を読み解くことで、その理論的到達点を明らかにし、学習評価論のさらなる展望を描き出す。言い換えれば、これはサドラーの学識を解剖し再構成することで次代の学習評価論を紡ぎ出す試みである。

　序章では、第一節において、教育と評価に関する基本的な概念と用語を定義する。第二節では、本書が論究の対象とする主題と領域を素描する。第三節では、関連する先行研究において、これらの問題がいかに論じられてきたのかを概括し、本書の研究課題を明確にする。第四節では、本書の目的と構成を示す。

第一節　定義

(1) 教育と評価

　教育（education）とは、人間の発達、学習の過程に意図的に働きかける営みである。日本学術会議心理学・教育学委員会は、教育を「ある社会・文化における人間の生成・発達と学習の過程、及びその環境に働きかける」営みと定義する[1]。この定義は、教育という営みが意図性に特徴づけられることを示唆している。望ましい方向に向かうよう働きかけるという意味で、教育は意図性を有する目的意識的な営みである。そして、それは必然的におしなべて価値の問題と不可分な営みとなる。なぜなら、それは教育の対象をどこに向かうようしむけるべきかという規範的な問いから逃れられないからである。人間の発達や学習は、教育という介入行為なしにも生起するが——これを「形成」という——、これに対して意図的に働きかける営みが教育である[2]。この意味で、教育とい

う営みは、「形成」のみに解消されるものではない。

　教育という営みをこのように捉えたとき、評価は教育という営みに欠かせない。なぜなら、目指された価値が実現されてこそ、教育という営みがうまくいっているといえるが、それは評価なしには確認しえないからである[3]。学習者が実際にどのような成長を遂げたのか、何を学習したのかということは、評価を通して可視化しなければわからない[4]。そのため、教育において評価は欠くことができず、それは教えることと学ぶことという教育の営みをよりよくしていくための羅針盤として機能する。評価という羅針盤は、将来の行為を理知的に導くために不可欠であり、それは教育と学習という実践の導きとして機能する。より本質的なことをいえば、評価とは価値づけのシステムであるため、どのような評価のシステムが埋め込まれるのかによって、どのような教育と学習が生み出されるのかが規定される。

　本書では評価を、対象の質や価値について判断することと規定する。よりプリミティブに捉えれば、評価とは質や価値を知覚・認識することである。本書では、サドラーに従って、評価を次のように定義する。

　　評価（evaluation）とは、基本的に質（quality）や価値（value）についての判断（judgement）である。［……］何かが良い（good）と呼ばれるに値するならば、それは一揃いのクライテリアが、当該の文脈の中で良いものとは何かの適切な定義として認められており、対象がそれらのクライテリアにおいて最低限の強さやレベルのパフォーマンスを示すからである。ゆえに絶対的判断は、関連する次元軸における参照固定点（fixed points of reference）であるスタンダードを前提とする[5]。

　評価規準（クライテリア）とは、対象を評価する際に用いられる側面、観点、枠組みを指す。つまり、評価規準を定めることは、評価の価値軸を指定することを意味する。一方、評価基準（スタンダード）とは、対象がどの程度優れているか、つまり成果の度合いや、その水準・レベル

の固定点を指す。一般に「評価基準」という用語は、評価規準（クライテリア）と評価基準（スタンダード）の両者の意味を内包するものとして使われることが多い——これは評価基準の広義な用法である。ただし、本書では厳密な議論を展開するために、評価基準という語をスタンダードとして狭義に規定する。

　価値判断としての評価は、何らかの解釈体系——参照枠組み（frame of reference）——に照らし合わせ、それと比較することによって行われる。対象同士を比較してそれらを序列化する場合、それは相対評価である。相対評価は、対象を序列化するために、対象の絶対的位置を示すものとはならない。他方で、対象を何らかの参照枠組みと比較し参照枠組みの中に位置づける場合、それは絶対評価といえる。

　評価と一般に訳される用語に、アセスメント（assessment）とエヴァリュエーション（evaluation）がある。これら両者は、ともに評価と訳されることが多いが、やや異なるニュアンスを有する。evaluation という用語は、価値づけること、価値を判断することという意味で用いられ、assessment という用語は、評価に関わるデータを収集する過程とデータに対する価値判断の両者を包含する意味で用いられることが多い——assessment という用語は、場合によっては、価値判断を含めずにデータを収集し把握することに限定した意味で用いられることもある。この意味で、evaluation は、価値を判断するという評価の中心的行為に焦点化した語であり、assessment は、評価という営為をより幅広く捉える語であるといえる。

　教育評価という用語は、以下 2 つの意味合いで用いられることがある。第一に、教育評価を、教育という営みに関するさまざまな評価の総称として用いる場合である。第二に、教育評価を、教育という営みに対する評価として捉える場合である——言い換えれば、これは教育そのものの質や価値をねぶみすることを求める規定である[6]。前者を教育に関する評価とすれば、後者は教育の評価といえよう。本書では、特にことわりがない限り、前者の意味合い、すなわち教育評価という用語を、たとえば学習評価、カリキュラム評価、学校評価など、教育に関するさまざま

5

な対象に対して行われる評価行為を総称するものとして用いる。この意味で、たとえば学習評価やカリキュラム評価も教育評価の一要素である。教育評価には、学習評価（学力評価）、授業評価、カリキュラム評価（プログラム評価）、学校評価、教員評価、教育政策の評価、教育制度の評価といったものが含まれる。

(2) 学習評価

　本書は、教育評価の一要素である学習評価を主題とする。学習評価は、教育という営みが意図する価値が実現されたのかどうか、すなわち学習成果を可視化するものである。この意味で、学習評価は教育評価の中心に位置づく。

　学習評価という用語は、以下2つの意味合いで用いられる。学習評価の狭義な定義（学力評価）は、学習評価を学習成果に対する質的ないしは量的な評価であるとする。他方で、学習評価の広義な定義は、学習評価を学習成果と学習過程に対する質的ないしは量的な評価であるとする。本書においては、特にことわりがない限り、学習評価という用語を狭義に捉える。というのも、本書で焦点を合わせるサドラーも、学習評価の語をそのような意味で用いているからである。なお、本書では学力評価という用語を基本的に使用していないが、学習評価の狭義の規定は、学力評価という用語の意味内容と基本的に重なる。

　学習評価は以下の構造をなす。人間の能力それ自体は、直接に観察・測定したりすることはできない——能力とは構成概念である。したがって、能力の評価は、常にパフォーマンスに対する評価を介して行われる。「コンピテンスは直接測定できないし、観察できない。要求に対応するふるまい（パフォーマンス）を多くの状況の中で観察することによって、推論しなければならない」[7]。コンピテンスは、課題に応答することで、直接に観察可能なパフォーマンス（作品・実演）として表出する。能力はおしなべてパフォーマンスから推論されるものである[8]。

　本書では、直接的な観察の対象となるパフォーマンスの形態を、作品と実演の2つで捉える[9]。作品とは、比較的安定した固定的形態をとる

6

序　章

もので、表現者自身とは離れて存在するものを指す。たとえば、エッセイ（小論文）、各種のレポートや制作物、芸術作品などがこれに含まれる。他方実演とは、実演者によってリアルタイムで行われるライブ・パフォーマンスのことを指す。たとえば、プレゼンテーション、スピーチ、ダンス、演奏、演劇などがこれに含まれる。

　学習評価は、目的（何のために評価をするのか）と機能（評価情報を何に用いるのか）という視点で概して2つに区分される。説明責任、資格認証、および、単位、卒業、修了の認定といった目的と機能のために行われる評価を総括的評価という。総括的評価は、学習成果を認証したり証明したりするものである（評価の総括的機能）。他方、教育や学習の調節や改善という目的と機能のために行われる評価を形成的評価という。形成的評価は、教育や学習の改善を企図するもので、評価をパフォーマンスないしはコンピテンスの形成と改善に役立てることを志向する（評価の形成的機能）。

　総括的評価と形成的評価を対比的に描けば、総括的評価は、その結果が重要な利益や不利益に影響するという意味でハイステイクスであること、評価者と学習者の間に強い緊張関係と権力関係が生起することが多い。他方で、形成的評価は、評価活動を通して評価者と学習者が協働的に学習を改善していくものである。教育が、パフォーマンスないしはコンピテンスの形成や改善に第一義的な関心を払う営みであることを鑑みれば、形成的評価は学習評価、ひいては教育評価の中核となるべきものである。

　最後に、学習評価の歴史的成り立ちについて記述しておこう。人間の能力に対する最も原初的で歴史的な評価の形態は認定評価である[10]。認定評価とは、権威があるとされる専門家（マスター）が、暗黙の形で内的に保持している評価規準・基準に照らし合わせて、絶対的に評価判断を下すことを指す――たとえば、中世の大学における学位授与や伝統芸能における資格認定などがこれにあたる。このような認定評価は、イニシエーション（通過儀礼）という土着的な風習にそのルーツを持つ[11]。イニシエーションを経ること、すなわち、さまざまに課される試練を通

7

過することで、十分な能力を持つ一人前の人として認められた——共同体における正式な一員として認められた。ここに、能力や適性の評価を、集団的ないし社会的な枠組みの中で行うことの原初的形態がある。

　近代以降は、評価における客観性の確保を主題として、評価システムの発展が図られていく。20世紀初頭においては、筆記試験といった標準化された評価課題を用いること、そして、集団標準（norm）を参照した相対評価を行うことによって、評価における客観性が追求された。他方でそれらの課題が顕在化していく20世紀後半においては、テスト主義的な相対評価を乗り越えつつ、認定評価には陥らないものとしての絶対評価の新しい形態が模索されていった。そして、外化された評価規準・基準——これは教育目標と基本的に重なる——に照らし合わせて絶対的に評価を行うという考え方が形作られていくことになる。この考え方は、クライテリオン準拠評価、ないしは、目標に準拠した評価と呼ばれている。本書は1970年代以降から現在に至るまでの学習評価論、すなわち外化された評価規準・基準に照らし合わせて絶対的に評価を行うという考え方の展開に焦点を合わせるものである。

第二節　本書の対象

(1) 複雑なパフォーマンスの評価

　近年、教育の焦点は、単純な知識や技能の習得から、認知的に複雑で高次なコンピテンスをどう育成できるのかに移行している。このような能力は、知識の統合、複雑な問題解決、批判的思考などに要求されるもので、高次の認知能力と呼ばれている。高次の認知能力の習熟の度合いは、知識や技能を統合的に活用するパフォーマンス（作品や実演）を要求する複雑な課題への取り組みを通じて評価され育まれる。ゆえに、(1) 学習成果としての複雑なパフォーマンスの質をいかに評価するべきか、(2) 高次で複雑な学習を評価活動を通じていかに促進するべきかと

いう2つの問題に我々は向き合っている。これらが本書の根底にある問いである。本書は、認知的に複雑で高次なコンピテンスを育むことを目指す教育・学習文脈における学習評価のあり方について論究するものである。

知識や技能を統合的に活用することを要求する複雑な課題は、一意的に正しい応答はなく、優れた作品を生み出す手段も単一ではないことに特徴づけられる。すなわち、優れた作品のありようが多様であり、多様なアプローチが可能となる。このような課題のことを収束的（convergent）と対比させて、「発散的課題（divergent task）」という[12]。たとえば、レポート、小論文（エッセイ）、実験の立案と仮説の検証・報告（実験設計）、オープンエンドな調査・分析、プレゼンテーション、創造的な作品制作、芸術に関するパフォーマンスといった形式がこれに当たる。このような課題形式は、発散的で開かれた応答（パフォーマンス）を学習者に要求するものであり、オリジナリティを発揮する余地が大きい。

発散的課題への応答として出現するパフォーマンス（作品や実演）は、単純に正誤で評価できず、その質のレベルは素朴なものから洗練されたものまでグラデーションとして表れる（垂直的な広がり）。また、同等の質と判断されるパフォーマンスであってもさまざまな表現やアプローチの可能性が存在する（水平的な広がり）。この意味で質は二次元的な広がりをもつ。パフォーマンスの質に対する評価では、複雑に絡み合った多重クライテリア（multiple criteria）が用いられるため、総合的判断を導く特定のアルゴリズムを定式化することは困難である。

このように、学習者がさまざまな知識や技能を総合的に活用しながら行うパフォーマンスを、評価者の質的判断によって直接的に評価しようとする学習評価の考え方は「パフォーマンス評価（performance assessment）」とも呼ばれる。松下佳代は、パフォーマンス評価を「ある特定の文脈のもとで、さまざまな知識や技能などを用いながら行われる、学習者自身の作品や実演（パフォーマンス）を直接に評価する方法」と定義する[13]。パフォーマンス評価論は、標準化された客観テストといった心理測定学的パラダイムを乗り越える学習評価の新しい考え方として、

1980 年代以降に国際的に広がりを見せている（詳細は第二章を参照）。

(2) 質的判断アプローチ

このような複雑なパフォーマンスを対象とする学習評価において、現在有力なアプローチの1つは、人の「質的判断（qualitative judgement）」によって、学習成果の質を直接的に評価しようとするものである。本書では、人の質的判断によって評価対象の質や価値を直接的に評価しようとする試みを、質的判断アプローチと総称する。あわせて質的判断の能力が、高度に発達したものを鑑識眼（connoisseurship）と呼ぶ。鑑識眼を備える人は、暗黙知に支えられた熟達知を有しており、対象の「善さ」について洗練された判断を下すことができる。

質的判断アプローチは、価値判断としての評価の最もプリミティブな形態であり、長い歴史を有するものである。ここでいう質的判断アプローチの範疇には、中世の大学における学位授与、伝統芸能における資格認定といった、認定評価の実践も広義に含めることができる[14]。認定評価とは、権威があるとされる評価者が暗黙の形で保持している評価規準・基準に絶対的に照らし合わせて、評価判断を下すことを指す。

認定評価という考え方は、恣意的で独善的なものとして批判されることがしばしばであるが、それが客観性を全く有さないというわけではない。評価規準・基準が外化されていなくとも、評価規準・基準が暗黙的な共通了解としてある共同体内で共有されている場合、その評価判断は間主観的合意に根ざしているという意味で一定の客観性を有する。他方で、他者と評価規準・基準が全く共有されていない場合もあり、この場合、評価判断は完全に主観的なものである。

このように質的判断アプローチによる評価は、不可避的に主観に基づくものであるが、下された質的判断が必ずしも常に独善的で恣意的なものとは限らない。そもそも、評価とは価値の判断であるため、主観性から完全に逃れることは決してできない。たとえば、客観テストであったとしても、採点過程に人間の主観は介在しないが、作問過程で人の価値判断が反映されるために、それが「客観」テストを標榜していたとして

も、完全に客観的な評価ではない。

　評価という行為は、それが価値を扱うものであるために主観性からは完全に逃れられない。しかし上述したように、間主観的合意としての客観性、すなわち評価における間主観性を追求することは可能であり、それが評価という実践が目指すべきものである。ある評価判断が間主観的であるとは、複数人の評価者間で評価判断の合意と一致が成り立っている状態を指す。質的判断アプローチは、間主観性に裏づけられた質的判断によって、より客観的に対象を評価することを企図するアプローチである。

　評価の歴史に鑑みると、近代以降、質的判断アプローチが学習評価の正当かつ適切なアプローチであるとみなされていた時期は決して長くない。上述したように、近代以降の評価の歴史においては、評価における客観性を確立することを主軸として、評価概念やシステムの発展が図られた。そのため、質的判断アプローチは、評価者の主観性や恣意性を排除することができない非科学的な評価実践として、非難されるあるいは乗り越えられるべき対象として位置づけられてきた。伝統的には、複雑なパフォーマンスの質は、権威ある評価者の絶対的な質的判断によって評価されてきたものの、質的判断が有する不透明性や主観性への疑念から、評価における透明性や客観性が要求されてきたのである。

(3) ルーブリック

　以上の問題意識に根ざして発明されたのが、ルーブリックという装置である。現代学習評価論の核となる主張の1つは、ルーブリックと呼ばれる評価基準表を参照して、質的判断を下すというものである。ルーブリックと称されるものは、その内実（目的、形態、使用法など）が想像を超えるほど多様であるものの、それがクライテリア（評価規準）とスタンダード（評価基準）に関する言語記述マトリクスであることは共通する。ルーブリックとは、質的判断で正当に用いられるクライテリアとスタンダードを言語叙述し、それを明示・可視化する装置である。ルーブリックは、鑑識眼を構成する評価熟達知（優れた質的判断を可能にする熟

達知）を外化し、鑑識眼を万人に共有することを志向している。ルーブリックに準拠した質的判断という発想は、質的判断を重視する現代における学習評価論の核心的主張の１つである。

　一般に、ルーブリックは数レベル程度のスタンダードと、各レベルの特徴を叙述した記述語で構成される。ある質の水準にある作品は、それぞれの表面的特徴は異なりつつも、その背後に共通な部分が存在する。この共通な特徴を言語で叙述したものが記述語である。クライテリアは記述語の中に散りばめられて示されたり、分析的ルーブリックにおける観点として設定されたりする。

　ルーブリックには、分析的ルーブリック（観点別に記述語が構成されるもの）と全体的ルーブリック（観点を分けずに記述語が構成されるもの）、特定課題ルーブリック（特定の課題のみに適用されるもの）と一般的ルーブリック（あるジャンルの課題で幅広く適用されるもの）など、さまざまな形態があり、用途に応じて構成される（図0.1）。

　総括的評価において、ルーブリックには、恣意的で独善的な判断に陥りがちな人間の質的判断を統制し、評価の妥当性と信頼性を高めることが期待される。ルーブリックは、質が二次元的に広がる複雑なパフォーマンスの評価で用いられる採点装置の一種である。また、ルーブリックは、評価者をキャリブレーション（調整）する装置となる[15]。ルーブリックに準拠して評価を行うことは、作品が教師個人ではなく、定義された明確なスタンダードとクライテリアによって評価されることを意味する。ルーブリックを明示することで、評価判断に対する説明責任を果たすことにもなる。また、ハイステイクスな評価で重要となるポイントを学習者とその他利害関係者に可視化することも可能となる。このような論理で総括的評価におけるルーブリックの利用は称揚され、公平・公正な質的判断の実現が強力に推進されている。

　さらに、ルーブリックという装置に寄せられる期待は、総括的評価における客観性の向上に留まらない。ルーブリックは、学習者に対して評価規準・基準を可視化し共有することを可能にするために、形成的評価、とりわけフィードフォワード（feedforward）とフィードバック（feedback）

序　章

分析的ルーブリック

レベル	観点1	観点2	観点3	観点4
S	……………………… ……（記述語）	………………………	………………………	………………………
A	……………………… ………………………	………………………	………………………	………………………
B	……………………… ………………………	………………………	………………………	………………………
C	……………………… ………………………	………………………	………………………	………………………

全体的ルーブリック

レベル	
S	…………………………………………………………………………… ………………………………………………………………（記述語）
A	…………………………………………………………………………… ………………………………………………………………
B	…………………………………………………………………………… ………………………………………………………………
C	…………………………………………………………………………… ………………………………………………………………

（図 0.1）ルーブリックの形態

の効果的な媒体としても期待される[16]。ここでいうフィードフォワードとは、課題で重視されるクライテリアや求められるスタンダードを事前に学習者に提示し、課題への取り組みに見通しを与えることを指す。課題への取り組みに先立って、ルーブリックが提示されることで、学習者は課題への取り組みを円滑に進めることができる。また、課題返却時にルーブリックに基づいて評価結果が示されることで、学習者は自身の強みと弱みを一貫した枠組みで理解し、自らの学習を調整し改善することができる（フィードバック）。

　また、ルーブリックは、相互評価や自己評価を助ける有効なツールとしても期待されている。ルーブリックを用いることで、学習者が適切な評価判断を下すことができるようになり、自らの出来、不出来が客観的

13

に捉えられることで、自己調整的な学習が促進されると意義づけられている。このような論理で形成的評価におけるルーブリックの利用が称揚され、学習改善に寄与する評価の実現が目指されている。

こうしたルーブリック言説の台頭は、プレ・ルーブリック時代の評価慣行に対する批判意識に根ざしており、その克服がルーブリックという装置に期待されたと理解できる。暗黙的な評価規準・基準に照らし合わせて絶対的に評価が行われる認定評価では、恣意的・独善的な評価であるという疑念が持たれやすかった。実際、評価者間での評価が比較可能でないことは少なくなく、公平・公正でない評価が行われているのではないかという批判が向けられがちであった。

総括的評価に関する批判に加えて、形成的評価の視点での批判意識もあった。つまり、評価活動がほとんど形成的に機能していないという問題である。実際、学習評価実践においては、評点のみが付されて返却されることがほとんどで、明示された評価規準・基準に基づいて改善に向けたフィードバックやフィードフォワードが学習者に提供されることは少なかった。結果として、評価活動が学習の改善のために活かすものとして機能しないことがしばしばであった。

つまるところ、ルーブリックの利用は、プレ・ルーブリック時代の学習評価慣行に対する諸問題の克服を企図して、教師の質的判断を洗練させて統制し妥当性や信頼性を一定保証することを目指すとともに、評価基準・規準を学習者にも共有することで評価活動を形成的に機能させることを志向する。その崇高な理念が達成しえるものであったかはさておき、このようにしてルーブリックの発明は、人の質的判断を教育評価の中心に位置づけることを後押しするものとして脚光を浴びてきた。

(4) 質的判断アプローチの理論的淵源

教育評価論における質的判断アプローチに関する学術的議論の理論的淵源の1つは、1970年代のアメリカ合衆国（以下、米国とする）に見出すことができる[17]。当時の米国では、評価の客観性・効率性を重視する教育評価論、すなわち、教育測定論や行動目標・評価論に根ざした評価

パラダイムに対する批判が顕在化し、多種多様な新しい教育評価の考え方がオルタナティブとして百花繚乱に提唱され、活発な議論が展開された[18]。その中に、価値判断としての質的判断を教育評価の中心に位置づけようとする立場があった（質的判断アプローチ）。当時においては、評価を「判断（judgement）」としてではなく「記述（description）」として再解釈し、評価対象の「厚い記述」を形作るような学説が勢いを見せていた（第一章で詳述）。質的判断アプローチは、このような動向と対峙する「判断」的な立場を堅持し、質的判断を評価の中心に位置づけることを企図した。その代表的論者の一人に、スクリヴァン（Michel Scriven）がいた。彼は、哲学的なアプローチを駆使し、特にプログラム評価（カリキュラム評価）論の領域を念頭に置きながら、価値づけの科学としての評価学――価値判断としての評価論――の構築に挑んだ哲学者である（詳細は第一章を参照）。一方で、学習成果の質に対する評価のあり方、すなわち学習評価論における質的判断アプローチの構築に大きな貢献を果たしたのが、本書で注目する、オーストラリアの教育評価研究者ロイス・サドラーである。

　サドラーは、質的判断に基づく学習評価のあり方を論究し続け、その学習評価論を体系的に記述した。サドラーが、質的判断アプローチの学習評価を実現するために一貫して考究していることは、(1) 評価者（教師）の質的判断をどう洗練させ調整するのか、そして、その過程や装置の形態をどう構想するのかということであり、(2) 学びを導く羅針盤として、学習者自身による質的判断をいかに洗練させることができるのかということである。質的判断の行為主体が教師か学習者かで異なっているものの、いずれにおいても人間の質的判断をどう洗練・調整できるのかという、質的判断の熟達化の問題が問われている。これが氏の学習評価論の根底にある問いである。

　氏は、「鑑識眼とは質的判断の能力が高度に発達した形態（connoisseurship is a highly developed form of competence in qualitative appraisal）」と規定する[19]。氏が構想する学習評価論では、暗黙知が必要不可欠な働きをする熟達した質的判断がその核心に位置づけられており、この意味で、氏の所論は

学習評価論における鑑識眼アプローチと称することができる。質的判断アプローチの範疇に包含される鑑識眼アプローチは、質的判断における暗黙知の役割をとりわけ重視する。

第三節　先行研究の検討

　先行研究においてサドラーは、学習評価論の理論的展開においていかなる貢献をしたと位置づけられてきたのか。簡潔にいえば、氏は、現代の学習評価論を基礎づける2つの学説——「スタンダード準拠評価（standard referenced assessment）」と「形成的アセスメント（formative assessment）」の考え方——を体系的に描き出した論者として理解されている。以下、サドラーの所論が先行研究においてどのように理解され位置づけられてきたのかについて検討する[20]。

(1) スタンダード準拠評価論の位置づけ

　第一に氏は、主に総括的評価に関わってスタンダード準拠評価の考え方を、論文「成果スタンダードの指定と公布（Specifying and promulgating achievement standards）」（1987年）において提起したとされる[21]。スタンダード準拠評価とは、外化された評価枠組み（ルーブリックと作品事例の組み合わせ）に準拠して、学習成果の全体的な質の水準を教師の質的判断によって直接的に評価しようとするものである。国際的にはギップス（Caroline Gipps）が、国内においては鈴木秀幸や石井英真らが、サドラーの所論をドメイン準拠評価（domain referenced assessment）と称されるポファム（James Popham）らのアプローチ[22]と対比して、高次な学力の熟達度合いを評価する有力な方法を提起するものとして捉え、その特徴や意義を強調した[23]。日本国内におけるサドラーの所論の理解は、ギップスが示したサドラーの所論に対する解釈と基本的に同様である。

　彼らは、スタンダード準拠評価という考え方を、学習評価論の理論的展開に以下のように位置づける。まず、1963年、グレイサー（Robert

Glaser）は、ノルム準拠評価（norm referenced assessment）のオルタナティブ
アプローチとして、クライテリオン準拠評価の考え方を提起した[24]。し
かし、グレイサーはその具体的方法論について言及しなかったため、ド
メイン準拠評価とスタンダード準拠評価という、クライテリオン準拠評
価における 2 つのアプローチが生まれた。

　ドメイン準拠評価は、1970 年代に米国で展開されたアプローチである。
このアプローチでは、まず、教育目標が達成されたか否かが明確に判断
できる段階まで、評価規準を個別・具体的な下位要素へと分解する（行
動目標への細目化）。このように習得を求める項目を作成し、それらの項
目がどれだけ達成できたのかによって総合的な評定を行う。

　他方、サドラーが 1987 年に理論化したスタンダード準拠評価は、評
価規準をドメイン準拠評価のように下位要素へ分解せずに、学習成果の
全体的な質を力量ある教師の質的判断によって直接的に評価しようとす
るアプローチである。その全体的な質のレベルは、ルーブリックと呼ば
れる評価基準表に照らし合わせた教師の質的判断によって評価される。

　ギップスは「厳密なクライテリオン準拠評価まで行かないで、ノルム
準拠評価から逃れる 1 つの方法は、スタンダード準拠評価である。ス
タンダード準拠評価はオーストラリアのサドラー（1987; 1992a）によって
主に概念化された。[……] スタンダード準拠評価は、熟練した教師が
日常の学習指導の中で行なっている専門的な能力を用いて、質的な判断
をしようというものである。[……] 基準となるスタンダードを規定す
る方法は、言語表現とこれを説明する事例の組合せによるとサドラーは
言っている」と述べる[25]。また、石井は「たとえばサドラー（Sadler, D.
R）は、[……] ルーブリックのようにパフォーマンスの熟達の程度の判
断を軸にした『目標に準拠した評価した評価』を『スタンダード準拠評
価（standard-referenced assessment)』と名づけている（Sadler, 1987)」と述べ
る[26]。このようにサドラーは、外化された評価枠組み（ルーブリックと作
品事例の組み合わせ）に準拠して、学習者のパフォーマンスの水準を、質
的に評価するというスタンダード準拠評価の考え方を提起したと捉えら
れている。

17

(2) 形成的アセスメント論の位置づけ

　第二に、サドラーは、論文「形成的アセスメントと教育システムの設計（Formative assessment and the design of instructional systems）」（1998年）を著すことで、ブルーム（Benjamin Bloom）らの「形成的評価（formative evaluation）」論[27]とは区別される、「形成的アセスメント」論（「学習のための評価（assessment for learning）」や「学習としての評価（assessment as learning）」論とも呼ばれる）の展開の端緒となり、それらを基礎づけたと理解されている[28]。

　米国の教育学者ブルックハート（Susan Brookhart）は、形成的アセスメントの理論的展開を、スクリヴァン、ブルーム、サドラー、ブラック（Paul Black）とウィリアム（Dylan Wiliam）という順序と図式で描き出している（図0.2）[29]。また、ウィリアムも形成的アセスメント論の理論的展開を描く際に、サドラーの1989年の論文を、自身の形成的アセスメント論の重要なルーツとして位置づけている[30]。こうした英米でのサドラーの位置づけに対する理解に依拠して、国内においても、安藤輝次、二宮衆一、山本佐江、石井英真らは、形成的アセスメントの理論的展開を描く際に、サドラーの位置づけについて同様の理解を示している[31]。

　では、サドラーの所論は具体的にいかなる役割を果たしたと理解されているのか。1998年のブラックとウィリアムによる「評価と教室での学習（Assessment and Classroom Learning）」と『インサイド・ザ・ブラックボックス（*Inside the Black Box*）』の公刊を契機に、形成的アセスメントの考え方は国際的に衆目を集めた[32]。ブラックらは、サドラーの論考（1989年）を手がかりとすることで、ブルームらの形成的評価論を乗り越え、新たな形成的アセスメント論の展開を導いた。ブラックらは、ブルームらによる形成的評価論は、学習や学力の捉え方、フィードバックの捉え方、評価主体の捉え方などに課題があると考え、サドラーの論考を援用することで新しい形成的アセスメントの可能性を提示した。ブラックらの研究に触発されて以来、現在に至るまで、アセスメント活動を通して教師と学習者が協働的に学習の改善に取り組んでいくという形

学習プロセスに関する情報 （Scriven, 1967）			
学習プロセスに関する情報 （Bloom et al., 1971）	教師が指導上の意思決定に利用できるもの		
学習プロセスに関する情報 （Sadler, 1983, 1989）	教師が指導上の意思決定に利用できるもの	学習者が自らのパフォーマンスを改善するために利用できるもの	
学習プロセスに関する情報 （Black & Wiliam, 1998a, 1998b; Brookhart, 1997a, 1997b; Crooks, 1988; Natriello, 1987）	教師が指導上の意思決定に利用できるもの	学習者が自らのパフォーマンスを改善するために利用できるもの	学習者を動機づけるもの

（図0.2）ブルックハートによる形成的アセスメント論の展開の図式化

出典：Brookhart, S. M.（2007）. Expanding views about formative classroom assessment. In McMillan, J. H.（ed.）, *Formative Classroom Assessment: theory into practice*, Teachers College Press, p. 44.

成的アセスメントの考え方は、学術的にも実践的にも国際的な広がりを見せている。このように 1990 年代末から広がった形成的アセスメント論の理論的淵源が、サドラーの 1989 年の論文にあると理解されている。

概括すれば、サドラーが提起したスタンダード準拠評価と形成的アセスメントの考え方は、現代における学習評価論の重要な礎としてみなされている。氏は、教育観、学力観、評価観の大きな転換という歴史的動態の中で、教師の質的判断を重視する学習評価論の基盤となる理論的枠組みや概念装置を体系的に記述した。このようなサドラーの所論に対する理解とその位置づけに対する理解は、国内外において概ね一致している。

（3）サドラーの転回

ところが、2000 年代以降、スタンダード準拠評価に関する学習評価の考え方が、国際的に普及するにつれて、サドラーは、ルーブリックに準拠して質的判断を下すという考え方に対し、根本的な批判を展開する

ようになっている[33]。また、昨今の形成的アセスメント論の論調——特にフィードバックやフィードフォワードを重視するような傾向——についても根本的な批判を展開するようになっている[34]。氏は、「私はアセスメント、特に形成的アセスメントについて、他の多くの国際的研究者とは全く異なる視点を持つ。フィードバックは、必ずしも形成的アセスメントの重要な要素ではない［……］私はこの問題について主流派ではない見解を持つ」と強く言い放っている[35]。

　すなわち、氏は、スタンダード準拠評価や形成的アセスメントといった学習評価の考え方の開拓者であるとみなされているにもかかわらず、そのような考え方を引き継ぐ現代の学習評価論の主張にラディカルな批判を展開しており、自身の考え方が、昨今の論調とは大きく異なる立場にあることを明確に主張しているのである。

　こうした「提唱者」であり「批判者」であるというパラドキシカルな立場は、氏の所論の理解や受容に何らかの問題があった、もしくは、氏の考え方に何らかの変化が生じていることを示唆する。なぜこのようなパラドキシカルな状況が生じたのかを解明することは、質的判断アプローチによる学習評価論の更なる展望を描くことにつながる。しかしながら、先に取り上げた国内外の論者を含め、こうした逆説が指摘されることはなく、看過されている。このことは、1980年代から現在に至るまでの氏の所論を包括的にレビューの対象とし、1980年代に提唱された所論の成立過程、その後の国際的な研究展開への受容過程と形態、昨今の学習評価論の展開に対する氏の批判の理路などについて、注意深く検討する必要性を提起する。そこで本書では、以上の問題を念頭に置いてサドラーによる質的判断アプローチの学習評価論を精緻に再検討することを試みる。

(4) パフォーマンス評価論との関係

　ここで、パフォーマンス評価研究の延長線上に本書の試みを位置づけておきたい。パフォーマンス評価とは、知識や技能を総合的に使いこなすことを求める評価方法の総称である。国内において、パフォーマンス

評価という考え方は、理論的次元にとどまらず実践的・政策的次元に至るまで急速な広がりを見せている。パフォーマンス評価の考え方は、人間の質的判断を中心原理とした学習評価のパラダイムという意味において、ドメイン準拠評価と対比されるスタンダード準拠評価の考え方に根ざすものである。

　このような動向を勢いづけたのは、京都大学を中心とする研究者らによって展開されてきたパフォーマンス評価の理論的・実践的研究である。たとえば、西岡加名恵は、英米におけるパフォーマンス評価やポートフォリオ評価法を中心に、1990 年代以降の学習評価論の展開を包括的に検討し、目標に準拠した評価論の新しい形としてそれらを位置づける[36]。とりわけ、ウィギンズ（Grant Wiggins）とマクタイ（Jay McTighe）の「逆向き設計」論を詳しく紹介し、パフォーマンス評価論の知見に基づくカリキュラム・デザインの実践的方途を、学校現場との開発研究を通して提示している[37]。また、石井英真は、米国におけるタキソノミー研究や教育目標論についての理論研究史を包括的に読み解くことで、パフォーマンス評価論が対象化する内的資質を概念化する枠組みを構築する。そして、パフォーマンス評価論の知見を手がかりとしながら、「真正の学習と学力」をもたらす教育目標・評価論を構想し、それに基づいたカリキュラムと授業のデザインとビジョンを体系的に提示している[38]。

　他方で、従来のパフォーマンス評価研究では、その理念や哲学、学説的展開、実践的方途を明らかにすることに焦点が合わせられており、パフォーマンス評価の中心に位置づく質的判断それ自体に対する原理的探究はやや下火であったといえる。行論が示す通りサドラーの所論は、質的判断とはいかなるものか、いかにそれが妥当で正当なものとなるかについて原理的に考察するものであり、氏の所論を読み解くことは、質的判断アプローチによる学習評価論（パフォーマンス評価論）に確かな理論的基盤を提供しうる。

　また、上述のパフォーマンス評価研究では、先述したサドラーによるルーブリック批判など、スタンダード準拠評価論の新たな展開には十分に光が当てられていない。しかし、サドラーによるルーブリック批判な

どの議論は、人間の質的判断を中心とする教育評価のパラダイムをさらに深化させることを企図するものである。よってスタンダード準拠評価を批判的に問い直してその新たな形を模索するサドラーの所論を読み解くことは、パフォーマンス評価の理論と実践を鍛え直すことにつながる。この意味で本書は、パフォーマンス評価論の理論的・実践的進展をもたらすことを目論む。

第四節　本書の目的と構成

(1) 本書の目的

　本書は、学習評価論における質的判断アプローチの成立と展開を、ロイス・サドラーの所論に焦点を合わせて明らかにするものである。本書は、これまで看過されてきた現代学習の評価論の「提唱者」であり「批判者」であるというパラドキシカルな立場性を念頭に、ロイス・サドラーの所論を氏の研究史に即して読み解き、質的判断アプローチのさらなる展望を描き出す。換言すれば、サドラー学識の解剖と再構成に挑戦することで、学習評価論の新たな可能性を模索する。

　本書では、次の5つの研究課題を設定する。(1) 質的判断を重視する学習評価のアプローチが提起されるに至る文脈と背景を明らかにするとともに、その中におけるサドラーの所論の位置づけを明確にする。(2) 1980年代に、氏がいかなる背景や文脈の下でスタンダード準拠評価や形成的アセスメントの考え方を提起したのか、その特質は何か、それがどのように学習評価論の新たな展開を導いたのか明らかにする。(3) 2000年代以降、氏は昨今の学習評価論の展開に対してどのような理路で批判を展開したのか、そして、どのようなオルタナティブを提起したのか明らかにする。(4) このように、質的判断アプローチの学習評価論の成立過程と新たな展開を氏の所論に焦点を合わせながら検討するとともに、その評価パラダイムにおける諸概念装置、それらの体系化の論理

22

を明確にすることで氏の評価論の特質を浮き彫りにし、その到達点を描き出す。(5) 以上の議論を通して、現代における質的判断アプローチの諸課題を乗り越える、質的判断アプローチによる学習評価論の新たな展望を提示する。

　本書は、サドラーの所論に焦点を合わせて学習評価論における質的判断アプローチの歴史性と体系性を明らかにすることを求める点で、個体史研究あるいは学説史研究という側面が強い。しかし本書は、こうした試みを通じて、昨今の学習評価論における重要な論点を浮き彫りにし、将来の展望を描き出すことをも同時に志向する。つまり、これは、サドラーによる質的判断アプローチ構築の試みから学び、それを継承し発展させていくことで、次代の学習評価論を築こうとする企てである。

　サドラーは、原理的・哲学的な考察から学習評価の方法論を議論するというアプローチをとる。すなわち、氏は、学習評価に関わる概念を精緻に定義し、意味体系を整理し、理路をつまびらかにし、概念装置を構築するといったように、学習評価のメカニズムを体系的に記述し理解することで、学習評価の方法論をいかに構想できるのかを議論する。質的判断アプローチは、数学や統計学を背景として強固な理論的な堅牢性を有するテスト理論と比較して、理論的根拠が曖昧であるとみなされることも少なくない。したがって、このような学習評価への深い原理的考察に基礎づけられる氏の所論を分析対象として、その発展を試みることは、質的判断アプローチによる学習評価論の確かな理論的基盤を構築することにつながる。

　実のところ、サドラーは、学習評価に関する単著を一冊も上梓していない。氏は国際誌における研究論文の発表を基本としながら、学習評価に関する研究を牽引してきた。そのため、氏は自身の学習評価論を包括的に提示しておらず、このことが氏の学習評価論の全体像を捉えることを難しくしている。やや踏み込めば、理論の全体を体系化する構造と論理を提示しえていないということであり、このことが氏の学習評価論の課題であるともいえよう。したがって、本書では、氏の多数の研究論文にちりばめられている議論を統合し、氏の所論の全体を体系化すること

を目論む。これはサドラーの学識を解剖し再構成する試みに他ならない。

(2) 本書の構成

　本書は、次に示す順序で議論を展開し、上述した目的を達成する。第一章では、質的判断を重視する学習評価のアプローチが提起されるに至る文脈と源流を、米国における教育評価研究史に焦点を合わせて明らかにするとともに、その中におけるサドラーの所論の位置づけを明確にする。その上で、氏の来歴や研究履歴の全体像を描くことで、第二章以降で展開される議論の論点と枠組みを析出する。第二章の議論を経ることで、サドラーの所論はどのような学術的土壌の上に生まれたのか、氏の所論は教育評価論の展開においてどのように定位できるのか、氏は半世紀にわたる研究活動を通じてどのように所論を展開・深化させていったのかという問いに答えることができる。

　第二章では、教師の熟達した判断に基づく学習評価、すなわち、スタンダード準拠評価論の展開を描き出す。まず、サドラーが ROSBA（Review of School-based Assessment）改革に関与する中で、相対評価から脱却する際に、ドメイン準拠評価とは異なるもう１つのアプローチとして、スタンダード準拠評価論という考え方を模索していく過程について検討する。その後、こうした議論が「ルーブリック論」ともいうべき潮流として国際的に展開していく動向、そこでの特徴的な言説を描き出した上で、サドラーがルーブリックを徹底的に批判していく理路をつまびらかにする。そして、新たなスタンダード準拠評価論の構想に至る過程とその到達点を明らかにする。

　第三章では、サドラーの提起する形成的アセスメント論の成立過程と展開を明らかにする。学習者の鑑識眼を練磨することを目指す氏のアプローチでは、学習者による質的判断の熟達化がいかになされるか、学習者の「実践」を導くエンド・イン・ビューがいかに形成されるかという主題が論究の中心に位置づく。1980 年代における形成的アセスメント論の提唱から、2000 年以降の新たな展開までを、形成的アセスメントの国際的展開、そして、フィードバック批判やフィードフォワード批判

に照らしながら描出し、氏の形成的アセスメント論の特質とその到達点を明らかにする。

第四章では、サドラーが、熟達した質的判断（鑑識眼）のメカニズムをどう捉えているか、どのような概念装置を用いて体系化するのか、その理論的構造を明らかにする。また、氏の質的判断に関する認識論が、どのような哲学の影響に由来するものなのかを明らかにする。第四章の議論を経ることで、氏は、質、質的判断、クライテリア、スタンダードといった評価に関する諸概念をどのように捉えるのか、氏は質的判断のメカニズムを、どのような概念装置を用いて体系化し、鑑識眼の技芸をどう記述するのか、氏は、ポランニー（Michael Polanyi）やウィトゲンシュタイン（Ludwig Wittgenstein）の哲学からどのような影響を受けたのかという問いに答えることができる。

第五章では、第二章から第四章までの議論を総括し、サドラーによる質的判断アプローチの学習評価論を構築する試みの到達点を明らかにする。そして、以上の議論を踏まえて、現代における質的判断アプローチの諸課題を乗り越える質的判断アプローチの学習評価論のさらなる展望——ポスト・ルーブリックの学習評価をどう構想するか——について考察する。

終章では、各章における議論の要点と結論を振り返った上で、本書の成果と課題を記す。

注

1) 日本学術会議心理学・教育学委員会「大学教育の分野別質保証のための教育課程編成上の参照基準教育学分野（報告）」、2020 年。
2) 中内敏夫「教育的なものの概念について：中内敏夫先生最終講義」『〈教育と社会〉研究』第 4 号、1994 年、pp. 2-18。
3) 西岡加名恵・石井英真・田中耕治編『新しい教育評価入門：人を育てる評価のために〔増補版〕』有斐閣、2022 年。
4) Wiliam, D.（2011）. What is assessment for learning. *Studies in educational evaluation, 37*（1）, pp. 3-14.
5) Sadler, D. R.（1985）. The origins and functions of evaluative criteria. *Educational Theory,*

35 (3), p. 285.

6）たとえば中内は、「教育評価は、子どもや親のねぶみをすることではなく、『教育』のありようについて第一に責任のある学校や教師の教育力や行政の政策能力をねぶみすることなのである」と述べ、後者の意味合いで教育評価を定義している（中内敏夫『「教室」をひらく：新・教育原論（中内敏夫著作集Ⅰ）』藤原書店、1998 年、p. 169）。

7）Rychen, D. S. E., & Salganik, L. H. E. (2003). *Key competencies for a successful life and a well-functioning society*. Hogrefe & Huber Publishers.

8）松下佳代『パフォーマンス評価』日本標準、2007 年。

9）Sadler, D. R. (1989). Formative assessment and the design of instructional systems. *Instructional Science*, 18 (2), pp. 125-126.

10）梶田叡一『教育評価〔第 2 版補訂版〕』有斐閣、2002 年。

11）石井英真「教育『評価』概念再考：系譜の整理から関係論的拡張へ」『教育方法の探究』第 27 巻、2024 年、pp. 1-10。

12）Sadler, D. R. (2009a). Transforming holistic assessment and grading into a vehicle for complex learning. In Joughin, G. (Ed.), *Assessment, learning and judgement in higher education* (pp. 45-63). Dordrecht: Springer.

13）松下佳代「パフォーマンス評価による学習の質の評価：学習評価の構図の分析にもとづいて」『京都大学高等教育研究』第 18 巻、2012 年、p. 76。西岡加名恵は、パフォーマンス評価を「知識やスキルを使いこなす（活用・応用・総合する）ことを求めるような評価方法の総称」と定義する（西岡加名恵『教科と総合学習のカリキュラム設計：パフォーマンス評価をどう活かすか』図書文化、2016 年、p. 20）。

14）田中耕治『教育評価』岩波書店、2008 年。

15）キャリブレーションは、元々、工学の世界で用いられてきた用語である。たとえば、計量器を使用する際には、標準器などでその計器の偏りを計測し、正しい値になるように調整を行う。このように、測定機器の測定能力を、標準器を用いて正しく調整することをキャリブレーションと呼ぶ。これがキャリブレーションの原意である。

16）Andrade, H. L., & Cizek, G. J. (Eds.). (2010). *Handbook of formative assessment*. Routledge.; Brookhart, S. M. (2013). *How to create and use rubrics for formative assessment and grading*. ASCD.

17）Christie, C. A., & Alkin, M. C. (2013). An evaluation theory tree. In Alkin, M. C. (Ed.), *Evaluation Roots: A wider perspective of theorists' views and influences* (2nd edition, pp. 11-57). Sage.; Shadish, W. R., Cook, T. D., & Leviton, L. C. (1991). *Foundations of Program Evaluation: theories of practice*. Sage.

18）浅沼茂・安彦忠彦「教育評価研究とカリキュラム」安彦忠彦編『カリキュラム研究入門』勁草書房、1985 年、pp. 154-155。佐藤学「カリキュラム開発と授業研究」安彦忠彦編『カリキュラム研究入門』勁草書房、1985 年、pp. 101-109。

19）Sadler, 2009a, p. 57.

20）2023 年に、サドラーの所論に焦点を合わせた複数の研究論文が発表されている。ウォルトンらの研究では、ホリスティックな評価という視点でサドラーの所論に

着目し、氏の学説を教育実践に適用することが試みられている（Walton, J., & Martin, J. L.（2023）. Applying Sadler's principles in holistic assessment design: a retrospective account. *Teaching in Higher Education*, 36(1), pp. 154-171）。ドブソンらの研究では、特に形成的アセスメントという視点からサドラーの所論を検討し、それがウィトゲンシュタインとポランニーらの所論から影響を受けるものであり、それを踏まえることでよりよく理解できることを示している（Dobson, S. R., & Fudiyartanto, F. A.（2023）. Challenging the Culture of Formative Assessment: A Critical Appreciation of the Work of Royce Sadler. In *Transforming Assessment in Education: The Hidden World of Language Games*（pp. 143-163）. Cham: Springer International Publishing）。

21）Sadler, D. R.（1987）. Specifying and promulgating achievement standards. *Oxford Review of Education*, 13(2), pp. 191-209.

22）Popham, W. J.（1987）. Two-plus decades of educational objectives. *International Journal of Educational Research*, 11(1), pp. 31-41.

23）Gipps, C.（1994）. *Beyond Testing: Towards a theory of educational assessment*. Routledge.（C.V. ギップス著、鈴木秀幸訳『新しい評価を求めて：テスト教育の終焉』論創社、2001 年）。鈴木秀幸「新しい評価の理論とその実際例(2)：絶対評価の新たな方向」『指導と評価』第 43 巻 5 号、1997 年、pp. 40-44。鈴木秀幸『スタンダード準拠評価：「思考力・判断力」の発達に基づく評価基準』図書文化、2013 年。石井英真『現代アメリカにおける学力形成論の展開：スタンダードに基づくカリキュラムの設計〔再増補版〕』東信堂、2020 年。石井英真「第 1 章 教育評価の立場」西岡加名恵・石井英真・田中耕治編『新しい教育評価入門』有斐閣、2015 年、pp. 23-49。

24）Glaser, R.（1963）. Instructional technology and the measurement of learning outcomes: Some questions. *American psychologist*, 18(8), pp. 519-521.

25）C.V. ギップス著、鈴木秀幸訳、前掲書、p. 130。

26）石井、前掲論文（「第 1 章 教育評価の立場」）、pp. 45-46。

27）Bloom, B. S., Hastings, J. T., & Madaus, G. F.（Eds.）.（1971）. *Handbook of Formative and Summative Evaluation of Student Learning*. McGraw-Hill.; B. S. ブルーム、J. T. ヘスティングス、G. F. マドゥス著、梶田叡一、渋谷憲一、藤田恵璽訳『教育評価法ハンドブック：教科学習の形成的評価と総括的評価』第一法規、1973 年。

28）Sadler, 1989.

29）Brookhart, S. M.（2007）. Expanding views about formative classroom assessment. In McMillan, J. H.（Ed.）, *Formative Classroom Assessment: theory into practice*（pp. 43-45）. Teachers College Press.

30）Wiliam, 2011, p. 4.

31）安藤輝次「形成的アセスメントの理論的展開」『関西大学学校教育学論集』第 3 巻、2013 年、pp. 15-25。二宮衆一「イギリスの ARG による『学習のための評価』論の考察」『教育方法学研究』第 38 巻、2013 年、pp. 97-107。山本佐江「形成的アセスメントにおけるフィードバックの探究」『東北大学大学院教育学研究科研究年報』第 61 巻 2 号、2013 年、pp. 113-127。石井、前掲書（『現代アメリカにおける学力形成論の展開〔再増補版〕』）。

32) Black, P., & Wiliam, D.（1998）. Assessment and classroom learning. *Assessment in Education*, 5(1), pp. 7–74.; Black, P., & Wiliam, D.（1998）. Inside the Black Box: Raising Standards through Classroom Assessment. *Phi Delta Kappan*, 80(2), pp. 139–148.

33) Sadler, D. R.（2009b）. Indeterminacy in the use of preset criteria for assessment and grading in higher education. *Assessment and Evaluation in Higher Education*, 34(2), pp. 159–179.; Sadler, D. R.（2014）. The futility of attempting to codify academic achievement standards. *Higher Education*, 67(3), pp. 273–288.

34) Sadler, D. R.（2010）. Beyond feedback: Developing student capability in complex appraisal. *Assessment and Evaluation in Higher Education*, 35, pp. 535–550.; Sadler, D. R. （2013）. Opening up feedback: Teaching learners to see. In Merry, S., Price, M., Carless, D., & Taras, M.（Eds.）, *Reconceptualising feedback in higher education: Developing dialogue with students*（pp. 54–63）. London: Routledge.; Sadler, D. R.（2014）. Learning from assessment events: The role of goal knowledge. In Kreber, C., Anderson, C., Entwistle, N., & McArthur, J.（Eds.）, *Advances and innovations in university assessment and feedback* （pp. 152–172）. Edinburgh: Edinburgh University Press.

35) Personal Communication, 31st May 2018 by email.

36) 西岡加名恵『教科と総合に活かすポートフォリオ評価法：新たな評価基準の創出に向けて』図書文化、2003 年。西岡、前掲書（『教科と総合学習のカリキュラム設計：パフォーマンス評価をどう活かすか』）。なお、西岡の研究の素地となったのは田中耕治による一連の教育評価研究である。田中耕治は、米国における教育・目標評価論の理論研究を進める中で、パフォーマンス評価論や真正の評価論の展開を、目標に準拠した評価論の新しい形として、その理論的系譜に先駆的に位置づけた（田中、前掲書（『教育評価』））。D. ハート著、田中耕治監訳『パフォーマンス評価入門：「真正の評価」論からの提案』ミネルヴァ書房、2012 年）。

37) 西岡加名恵『「逆向き設計」で確かな学力を保障する』明治図書、2008 年。G. ウィギンス、J. マクタイ編著、西岡加名恵訳『理解をもたらすカリキュラム設計：「逆向き設計」の理論と方法』日本標準、2012 年。奥村好美・西岡加名恵編『「逆向き設計」実践ガイドブック』日本標準、2020 年。

38) 石井、前掲書（『現代アメリカにおける学力形成論の展開〔再増補版〕』）。石井英真「第8章 アメリカの場合：カリキュラム設計における『工学的アプローチ』の再構築へ」松下佳代編『〈新しい能力〉は教育を変えるか：学力・リテラシー・コンピテンシー』ミネルヴァ書房、2010 年、pp. 251–278。

第一章

ロイス・サドラーによる
質的判断アプローチの成立過程
──新しい評価の地平を求めて──

本章では、サドラーが質的判断アプローチによる学習評価論を展開するに至るまでの時期（1973-1985）に焦点を合わせる。1985年、氏はカリキュラム評価を主題として博士論文「教育評価における理論と実践：方法論的探究（*Theory and Practice in Educational Evaluation: a methodological inquiry*）」を書き上げる[1]。以降現在に至るまで、氏はカリキュラム評価ではなくて学習評価に焦点を合わせて教育評価研究に取り組んでいくが、氏の教育評価研究の始まりはここにある。本章では、氏の知的思索の原点を探ることを企図し、博士論文までの一連の研究群に焦点を合わせて、氏の所論がどのような学術的議論を背景として生起したのか、氏の主張や立場がいかなるものであったのかを明らかにする。

　第一節では、博士論文の執筆に至るまでの氏の来歴を記述し、氏が自身の研究スタイルを確立するまでの過程を明らかにする。第二節では、カリキュラム評価という視点から米国における教育評価研究の史的展開をつまびらかにしつつ、当時の代表的論者であったスクリヴァンとステイクの所論を取り上げて、当時の研究動向を特徴づける。第三節では、氏の博士論文に焦点を合わせて、教育評価研究における氏の主張と立場を浮き彫りにする。第四節では、博士論文以降の氏の学習評価論の全体的展開を一瞥することで、氏の学習評価論の枠組みと論点を析出する。

第一節　サドラーの歩み——博士論文に至るまで

　第一節では、氏の来歴を追うことで、氏がどのようにして教育評価研究に取り組むようになったのかを描く。本節の記述は本人から提供を受けた資料、および、本人に対する聞き取りに主に基づいている[2]。

(1) サドラーの略歴[3]

　氏は、1942年8月31日、オーストラリアのクイーンズランド州に生まれる。クイーンズランド大学（The University of Queensland）において、学士（理学）（Bachelor of Science）、学士（教育学）（Bachelor of Education）の

学位を取得。ニューイングランド大学（University of New England）で、計算数学（Computational Mathematics）を専攻し、修士号（Master of Letters）を取得した。

1965 年から 1967 年までの 3 年間、氏はマウントモーガン州立高等学校（Mount Morgan State High School）で理科と数学の教師を務めた。その後、1968 年から 1973 年までの 6 年間、2 つの高等教育機関——クイーンズランド工科大学（Queensland Institute of Technology, Capricornia ［現セントラルクイーンズランド大学（Central Queensland University)]）とゴードン工科大学（Gordon Institute of Technology ［現ゴードン・インスティチュート TAFE（Gordon Institute of TAFE)]）——において、数学（統計、プログラミング等を含む）の講師（Lecturer）を務めた。このように氏は、高等学校や工科大学における理科・数学教師としてキャリアを歩み始めた。

1973 年 10 月、氏はクイーンズランド大学に、教育評価（Educational Evaluation）の講師（Lecturer）として着任する。氏は、クイーンズランド大学で主に教職課程を担当し、教職資格の取得を目指す学生に対して、古典的な教育測定論やテスト理論を教える役割を担った。当時について、氏は「将来教師となる学生らに私が教えていたことは、実用的用途が限られるものであった ［……］あまりに心理測定学的で私の好みではなかった」と回顧する。

他方、氏は研究者として教育研究に関わる統計的な補佐を担当していた。氏は、「数学、統計、プログラミングに関する私の経歴から、この部門の多くのプロジェクトディレクターらは、私に統計的な手助けを期待していた。そのため、1973 年から 1979 年の間は、主にそのような仕事に取り組んでいた」と振り返る。実際、1979 年以前の研究業績を総覧してみると、統計的手法を主として用いる実証的研究に共著者として名を連ねるものがほとんどである。

(2) 米国サバティカルの経験——研究スタイルの確立[4]

サドラーに研究者としての転機をもたらしたのは、1980 年の研究サバティカルでの経験であった。氏は 1 年間のサバティカルを活用し、米

第一章　ロイス・サドラーによる質的判断アプローチの成立過程

国と英国の３つの研究機関で研究活動に取り組んだ。とりわけ、米国でのサバティカルの経験が、研究者としてのアイデンティティー形成、研究スタイルの確立、その後の研究主題の設定に重大な影響を与えた。氏はサバティカルを通して受けた衝撃について次のように語る。

　　サバティカルの期間を通して、私は何人かの本物の研究者と交流する経験を得た。私は、自分が他の人々のプロジェクトにおける単なる技術的アシスタントであって、彼らの共著者にすぎないという事実に目を覚ました。私自身には、自分にしかできない専門家としての役割や仕事がなかった。

　氏はこのように自身の歩みを顧みて、教育評価の研究者としてどう生きていくかを内省し、卓越した専門性を身につけたいという決心から、その決意表明を文章として記したという――ここに教育評価研究者サドラーの原点がある。

　サドラーはサバティカルに先立って、その計画を立てるにあたり、当時のカリキュラム評価研究のオピニオンリーダーであったステイク（Robert Stake）に連絡を取った。その際ステイクは、コロラド大学ボルダー校（University of Colorado at Boulder）に当時所属していたグラス（Gene Glass）（ステイクの弟子の一人）のもとも訪問することを提案してきたという。このような経緯があり、サドラーはまずグラスのもとへ、その後ステイクのもとへと赴くこととなった。

　サドラーは、コロラド大学ボルダー校のグラスのもとで約6ヶ月の期間を過ごしている。氏は当時について「私は、彼の名を耳にしたことがあったが、彼の研究業績にはそこまで詳しくなかった。彼は、私のキャリアが乏しいにもかかわらず（博士号を持たない単なる講師）、コロラドに私を快く歓迎してくれた」と回顧する。同大学にいる間、サドラーはグラスが主宰するセミナーに参加するとともに、氏自身も独自でセミナーを主宰した。

　その後、サドラーはコロラドを去り、イリノイ大学アーバナ・シャン

33

ペーン校（The University of Illinois at Urbana-Champaign）のステイクのもとへと赴く。当時、ステイクは、教育研究・カリキュラム評価センター（the Center for Instructional Research and Curriculum Evaluation：CIRCE）でセンター長（director）を務めていた。ステイクはサドラーに、コロラドと同様のセミナーをイリノイでも主宰するよう勧めたという。これら一連のセミナーから生まれた論文が1981年の「自然主義的評価におけるバイアス原因となりうる直観的データ処理（Intuitive data processing as a potential source of bias in naturalistic evaluations）」である[5]。

サドラーは、ステイクとグラスらとの出会いについて「ステイクは謎めいた男だった。グラスは非常に頭がよく、率直で自信に満ちていて自分の考えをすらすらと口にする。グラスもステイクも、これ以上ないほど私を応援してくれた」と追想し、サバティカル期間における人々との出会いを次のように語る。

> 彼らは、すばらしい業績を持ち高く評価され、深い尊敬に値した。私は、彼らを崇拝すらした。彼らはそれぞれ、私の将来のキャリアの方向性について、実りある多くの助言を与えてくれた。[……]彼らは、ただただ親切な人たちだった。彼らと共に、私の将来に向けた哲学と行動は形作られた。

氏は、サバティカル期間における出会いを通して、ステイクやグラスの哲学的な思慮や素養、そして、物事や概念を論理的に分析する力に憧れた。このようなサバティカルの経験が、サドラーの研究スタイルを、統計的手法を用いた実証的なアプローチから、概念を論理的に分析していくようなアプローチへと大きく変化させることを導いた。

以上の出会いに加えて、サドラーは、サバティカルの期間中に「過去20年間の教育研究における最も影響力のある論文」といったタイトルの記事に出会ったことが印象的であったと振り返る。氏によれば、その記事で取り上げられていた論文はすべて概念的、方法論的なもので、統計的・実証的なものではなかったという。

第一章　ロイス・サドラーによる質的判断アプローチの成立過程

　以上の経験を踏まえて、サドラーは自分自身に「私は、自身の関心の根幹である評価に関する重要な論点について、国際的な読者を対象とし、概念的で分析的な論文を書くことによって、自身の研究スタイルを切り拓くことができるだろうか」と問いかけた。今まで慣れ親しんだ数学や科学の考え方から離れ、概念的で分析的に考究するという新しい研究スタイルに慣れるには、ある程度の時間が必要だった。ただし、氏は次第にそのスタイルに自信を持ち始めることができたという。

　このようにしてサドラーは、米国におけるサバティカルの経験を通して、従来の統計的手法を用いた実証的なアプローチから、概念を論理的に分析していくようなアプローチへと、自身の研究スタイルを変化させていった[6]。以上が、氏が教育評価の研究者となっていく経緯である。

(3) イリノイ大学の教育評価研究グループからの影響

　サバティカルにおいてステイクとグラスのもとで研究を進めていたこともあり、1985年の博士論文に結実する一連の研究群においては、イリノイ大学アーバナ・シャンペーン校のCIRCEにゆかりのある研究者らからの影響が色濃くみられる。CIRCEは、1964年に、ヘイスティングス（Thomas Hastings）、クロンバック（Lee Cronbach）、イーズリー（Jack Easley）の3人の企画によって設立されたもので、初代センター長をヘイスティングスが、その後ステイクが務めた[7]。CIRCEは、プログラム評価論やカリキュラム評価論の領域において、当時の全米を代表する研究機関の1つであった。なお、グラスもコロラド大学に異動する前はCIRCEの一員であった。

　後述するが、サドラーは、ステイクらCIRCEにゆかりのある研究者らから影響を受けているものの、彼らの学術的立場に必ずしもそのまま同調したわけではなかった。博士論文においてサドラーは、当時ステイクと対峙した教育評価研究者であるスクリヴァンの名を挙げて、自身の立場がスクリヴァンの立場と軌を一にすると明言する。このようにサドラーは、ステイクらのもとで自身の研究スタイルを確立させつつも、ステイクらの学術的立場にそのまま同調するのではなくて、ステイクらの

35

所論を対象化して自身の評価論をそれに対置させたのである。

　次節では、米国における教育評価研究の史的展開を押さえつつ、サドラーの評価論に影響を与えたステイクとスクリヴァンの所論を対比的に描くことで、当時のカリキュラム評価研究の動向をつまびらかにしていく。

第二節　米国におけるカリキュラム評価論の展開
──スクリヴァンとステイクに焦点を合わせて

　サドラーの所論は、どのような学術的土壌のもとに生起したのか。第二節では、米国におけるカリキュラム評価論の展開をつまびらかにする。とりわけ、サドラーの評価論に影響を与えたステイクとスクリヴァンの所論を取り上げ、両者の所論を対比的に描く。このように当時の研究展開を読み解くことで、サドラーの博士論文の学術的な背景と文脈を明らかにするとともに、サドラーがステイクとスクリヴァンの所論からどのような影響を受けたのかを明らかにする。

(1) 米国における教育評価論の史的展開

　はじめに、20世紀初頭から1970年代に至るまでの米国における教育評価論（カリキュラム評価論）の史的展開を概観しよう。

① メジャメント運動── 1910年代〜 1930年代

　米国における教育評価論の理論的淵源の1つは、20世紀初頭に生起したメジャメント運動（教育測定運動）に求められる[8]。メジャメント運動とは、人間の能力や教育の成果を科学的に測定することを志向する一連の動向である。メジャメント運動は、1920年代に隆盛を極め、教育評価研究の基礎を形成した。

　近代以前、口頭試問や論文試験が支配的であった時代においては、権威ある評価者の絶対的な判断（認定評価）が教育評価における中心的役割を果たしていた。メジャメント運動は、評価者の主観性や恣意性を暴

36

き出し、そのありようを厳しく批判すること、そして、教育評価を科学化することを企図した。産業化が著しく進展する同時代においては、テイラー主義（科学的管理法）の考え方が広がりを見せており、効率性や科学的根拠を重視して教育を改革すること、そして、教育効果を科学的かつ効率的に測定することが目指された。

メジャメント運動においてオピニオンリーダーとなったのは、教育心理学者のソーンダイク（Edward Thorndike）とターマン（Lewis Terman）であった[9]。ソーンダイクは、客観的かつ効率的に教育の効果を測定することを可能にする客観テストを数多く開発した。「もし物が存在するのならば、それは量として存在する。もし、それが量として存在するならば、それは測定できる」という言葉はとりわけ有名であり、ソーンダイクは教育心理学の父と称される。

ターマンは、ビネー（Alfred Binet）の知能検査法を下敷きに「スタンフォード・ビネー知能尺度」を提案した功績でよく知られている。ターマンは、子どもたちの知能は生得的に決定されるという理解のもと、子どもの教育可能性を早期に捉え、優秀な子どもを早期に発見し、彼らに手厚い教育を提供すべきだと考えた。このような社会ダーウィニズムの考え方──ダーウィンの進化論における最適者生存の論理を社会の進化に適用する考え方──が、当時のメジャメント運動に浸透していた。

メジャメント運動においては、人間の知能や能力は正規分布するという理解が前提とされ、結果が正規分布するように作成されたテストこそが科学性や客観性を有すると考えられた。こうした考え方に基づき、相対評価の考え方が科学性を有する評価方法として隆盛した。このようにして、教育成果を科学的かつ効率的に測定する相対的なかつ客観的なテストが教育評価の中心に躍り出た。

② タイラー原理と目標に基づくアプローチ──1940年代～1950年代

以上のメジャメント運動に対しては、教育学者らを中心として、効率性・客観性を過度に強調する点、測定することが自己目的化している点、非教育的な評価である点などから、厳しい批判が向けられた。「メジャ

メント運動を批判的に捉え、測定パラダイムに代わるものとしてエバリュエーション（evaluation）」の考え方を打ち立てたのが、教育学者のタイラー（Ralph Tyler）である[10]。

　タイラーは、教育評価を論じる際に、メジャメントに代えて、エバリュエーションという言葉を用いた。これは、教育において価値ある目標がどの程度達成されたかを評価することを意味するものであった。カリキュラムの開発と評価に関するタイラーの一連の考え方は、タイラー原理（Tyler rationale）として広く知られている。タイラーはカリキュラム開発を、1. 教育目標の設定、2. 学習経験の選択、3. 学習経験の組織、4. 目標に基づく評価という４段階で定式化した[11]。カリキュラム開発において、策定された教育目標は、教育活動の設計、および、評価の実施における規準となる。この考え方は、教育という営みを改善するための評価という発想を導く。タイラーは、カリキュラムのより良い開発と改善を企図して、カリキュラムは設定された教育目標がどの程度達成されたのかという視点で評価されるべきだという考え方を明確に打ち立てた。

　このようなタイラーの考え方は、教育目標をカリキュラム開発の規準に位置づけるため、目標がどのように叙述されるのかが要点となる。そこで、タイラーは、カリキュラムの目標を、内容的側面ではなく行動的側面にも着目して叙述すべきであることを強調した。つまり、理解する、分析する、比較するなどの行動動詞に注意を払って、教育目標を叙述することを求めたのである（行動目標としての目標の叙述）。

　以上に示したタイラーの考え方は、その後、カリキュラム開発におけるある種の公理となり、教育研究者と教育実践者の両者に大きな影響を与えた。とりわけ、タイラーは行動動詞に留意して教育目標を叙述することを強調したために、教育目標に関する一連の研究群が生み出された。その代表例が、教育目標をその階層性から体系的に分類したブルームによるタキソノミー研究（教育目標の分類学）である[12]。ブルーム・タキソノミーは、教育目標を認知領域における６つのレベル（知識、理解、応用、分析、総合、評価）に分類することで、教育目標を体系化する枠組みであ

38

る。以上のように、タイラーが打ち立てた考え方、すなわち設定された教育目標に基づいてカリキュラムを開発し評価するという一連の発想は、教育評価研究の中心的パラダイムへと位置づいた。

③ カリキュラム評価論の新たな展開── 1960 年代〜 1970 年代

1960 年前後より、カリキュラム評価論が急速な盛り上がりと新たな展開を見せるようになる[13]。その背後には、米国連邦政府による大きな予算措置があった。1957 年にソビエト連邦がスプートニクを打ち上げたことを受けて、米国連邦政府はとりわけ科学と数学の分野で新しい教育プログラムの開発を国家プロジェクトとして推し進めた。その際、これらのカリキュラム開発とカリキュラム評価のための資金が米国連邦政府から大規模に提供された。

加えて、従来からの教育評価やカリキュラム評価の考え方には限界があることが認識されつつあった。タイラーが提示した考え方、すなわち教育目標を規準として評価を行うというアプローチに対しても、鋭い批判が向けられるようになった。たとえば、教育という複雑な営みの成果を事前策定された目標のみを規準として評価することは望ましくないという批判や、行動目標を機械的に達成していくことを目指すような工場モデルに教育実践が矮小化されるといった批判である[14]。以上の背景から、さまざまな教育評価のオルタナティブ・アプローチが活発に提唱されていった。たとえば、以下に述べる論者らは、それまでのアプローチとは根本的に異なる新しい評価の考え方を提示した。

アイスナー（Elliot Eisner）は、行動目標に基づくカリキュラム開発や評価をラディカルに批判し、芸術をアナロジーとして「教育的鑑識眼（educational connoisseurship）」と「教育批評（educational criticism）」という考え方を打ち立てることで、教育評価の新しいパラダイムを提示した[15]。なお、アイスナーの鑑識眼アプローチとサドラーの鑑識眼アプローチの差異については、本章第四節で詳しく論じる。

スクリヴァンは、評価とは価値の判断である、目標なくとも評価は可能であるという哲学的立場から「ゴール・フリー評価（goal-free evaluation）」の考え方を提唱した[16]。スクリヴァンは、目標なくして評価はできないという前提を疑い、目標にはない副次効果や意図せざる結果を含めて、目標にとらわれずにカリキュラムの価値を判断することを求めた。

ステイクは、ケーススタディの手法に基づくカリキュラム評価論、「応答的評価（responsive evaluation）」を提唱した[17]。ステイクは実践者にレスポンシブに寄り添って、カリキュラムの価値についての「厚い記述（thick description）」を生み出すようなカリキュラム評価を提示した。

パーレット（Malcolm Parlet）とハミルトン（David Hamilton）は、「解明的評価（illuminative evaluation）」という手法を提唱した[18]。解明的評価は、これまでの評価研究が、教育の過程をブラックボックスとして扱い、事前事後の結果を比較していることを批判的に捉え、ブラックボックスの内部、すなわち教育の過程に照明を当て、その内実を浮き彫りにするように記述、説明することを志向した。

このように、さまざまな論者によって提示されたカリキュラム評価論は、従来の教育評価のアプローチ（目標に基づくアプローチ）を相対化し、カリキュラム評価論を重層化させた。新しいカリキュラム評価論は、従来の評価論が心理学的、工学的発想に根ざしていたのと対照的に哲学、社会学、文化人類学、芸術などさまざまな学術分野の発想を援用することで導かれた。このように1970年代は、新しい教育評価の考え方が百花繚乱に創出された時代であった。

他方、科学的アプローチによるカリキュラム評価の考え方、すなわち定量的にカリキュラムを評価しようとするアプローチにおいても大きな進展があった。その嚆矢となったのがキャンベル（Donald Campbell）とスタンリー（Julian Stanley）らによる著書『実験的・準実験的な研究設計（*Experimental and quasi-experimental designs for research*）』（1963年）である[19]。彼らは、ランダム化比較試験（Randomized Controlled Trial: RCT）の考え方、および、それに準ずる準実験的手法のあり方を理論化した。ランダム化比較試験は、調査対象を無作為に実験群と統制群に割り当てることで、両群の同質性を事前に確保した上で、実験群に対する介入の効果を検証

第一章　ロイス・サドラーによる質的判断アプローチの成立過程

するものである。これは理想的な手法であるが、現実社会においてはランダム化比較試験の枠組みを用いることが困難な場合が多いため、ランダム化を行わない準実験的方法が用いられる。

　キャンベルらの試みは、自然科学分野における実験原理を社会科学に適用するもので、このような教育評価の手法は科学的実験のパラダイムに根ざし、教育効果の定量的測定と強固な科学的エビデンスの産出を企図する。キャンベルらが提示した準実験的方法は、学校効果研究などに対して大きな影響を与えた。

　以上、20 世紀初頭から 1970 年代に至るまでの教育評価研究の展開を、カリキュラム評価に焦点を合わせて素描した。以下では、1970 年代におけるカリキュラム評価論の代表的論者であったスクリヴァンとステイクの所論に焦点を合わせ、当時のカリキュラム評価論の動向をつまびらかにする[20]。サドラーの教育評価論における主張と立場は、スクリヴァンとステイクの所論と対比されることでより浮き彫りとなる。

(2) マイケル・スクリヴァンによる「ゴール・フリー評価」

　スクリヴァンは、価値判断としての評価という立場から、ゴール・フリー評価というカリキュラム評価論を提唱した哲学者である。サドラーは博士論文において、自身の学術的立場がスクリヴァンのそれと一致すると宣言するように、スクリヴァンの所論はサドラーの教育評価論に対して影響を与えた。ここでは、スクリヴァンのアプローチとその学術的立場を明確にしておこう。

　マイケル・スクリヴァン（1927 – 2023）は、イギリス生まれのオーストラリア人である。メルボルン大学（The University of Melbourne）の学士・修士課程で数学を学び、オックスフォード大学（University of Oxford）で論理学の研究に取り組み哲学の博士号を取得した。その後、米国を中心にカルフォルニア大学バークレー校（University of California, Berkeley）など数々の著名な大学で教授職を歴任した。

　スクリヴァンは、価値判断としての評価という立場に立脚し、価値づけることの本質について哲学することで、評価学を「価値づけの科学」

として建設することを目論んでいた[21]。スクリヴァンは価値相対主義的な立場を嫌い、「悪いものは悪い、良いものは良い、どちらかを決めるのが評価者の仕事だ」と強く主張する[22]。

　スクリヴァンは、評価者の仕事が評価を行うことで公共の利益に貢献することにあると考える[23]。公共の利益とは、クライアントやステイクホルダーのみを指すのではなく、潜在的な関係者すべての利益を指す。スクリヴァンは望ましい評価のあり方を論じる際に、雑誌『コンシューマー・レポート (*Consumer Reports*)』を1つの理想として頻繁に言及する。コンシューマー・レポートとは、非営利の消費者組織である消費者連合が1936年より発行している米国の月刊誌である。これは、広範な消費財およびサービスに対する比較検討調査を徹底して行い、その結果を報告するものである。同誌においては、調査の独立性および公平性を維持するために、一般企業による広告掲載は一切行われず、記事内容を広告目的で使用することも許可されない。スクリヴァンの評価論は、このようなプログラム評価やプロダクト評価の考え方に根ざすものであり、「評価対象 (evaluand)」の価値を明らかにすることに第一の関心を向ける[24]。

　スクリヴァンは、対象の価値をより客観的に評価するために、評価においてバイアスの介入を最小限に留めることを重視する。プログラムやカリキュラムにおいて設定された目標すらも、スクリヴァンにとってはバイアスの一種である。スクリヴァンによれば、評価者の仕事は意図的であろうとなかろうと問題の解決に役立ちそうなあらゆる効果 (effects) を見出すことである。

　このような考え方に基づいてスクリヴァンは、ゴール・フリー評価を提唱する。なお、これは「ニーズに準拠した (needs-referenced evaluation)」評価とも呼ばれている[25]。ゴール・フリー評価において、評価者は、設定された目標に対しても全くブラインドで評価を開始する。

　　評価においてブラインドは美しい。ブラインドは正義であり、優れた医学研究は二重ブラインドであることを忘れてはならない[26]。

42

評価者は、プログラムがどのような効果をもたらすかを発見しなければならないし、その効果が影響を与える人々のニーズと照らし合わせなければならない[27]。

プログラム評価研究者のシャディッシュ（William Shadish Jr.）は、スクリヴァンの評価論について「ゴール・フリー評価も、ニーズに準拠した評価も、正確な表現とはいえないだろう［……］前者はニーズとの関連を省き、後者は効果の発見を重視していない。『ニーズ・ベース、効果発見型（Needs-based, effect-discovery）』の評価という表現がより正確だ」と分析する[28]。ゴール・フリー評価においては、評価者は目標を知らされないばかりか、プロジェクト関係者との直接的なコミュニケーションさえも忌避される。

このようにスクリヴァンのゴール・フリー評価は、評価者が目標（ゴール）から完全に離れている（フリー）という意味で、文字通りゴール・フリーな評価論である。ブラインドの美しさを語るスクリヴァンは、評価行為において目標を知らないことが価値を判断する上で重要であると考える。評価者は目標を知らずして、評価対象が影響を与える人々のニーズと評価対象の効果を吟味するのである。

さて、スクリヴァンは、形成的評価という言葉の生みの親としても広く知られている（第三章を参照）。しかしスクリヴァンは、形成的評価よりも総括的評価を明確に好む。というのも、彼の一番の関心は評価対象が持つ価値を明らかにすることにあるからである。ゴール・フリー評価はカリキュラムの価値を、ニーズや効果という側面から、外部評価者がブラインドな状態で判断していくものである。このようにスクリヴァンは、評価の役割を対象の価値を判断することに求め、より客観的に対象の価値を判断するためのアプローチとしてゴール・フリー評価を主張した。

(3) ロバート・ステイクによる「応答的評価」

ステイクは、ケーススタディの方法を応用して、応答的評価というカ

リキュラム評価論を提唱した教育評価研究者である。先述した通り、サドラーはサバティカルの期間をステイクとステイクの弟子であるグラスのもとで過ごしており、彼らのカリキュラム評価論から影響を色濃く受けている。ここでは、カリキュラム評価論におけるステイクのアプローチとその学術的立場を明確にしておこう。

　ステイク（1927 -）は、プリンストン大学（Princeton University）で心理測定学を研究し、1958 年に同大学で博士号を取得した。1963 年にイリノイ大学アーバナ・シャンペーン校に着任し、1975 年に同大の教育研究・カリキュラム評価センター（CIRCE）のセンター長となり、1998 年に退職するまで同大で教育評価研究を牽引した。

　ステイクの初期の研究領域は教育心理測定学であったが、彼は自分の測定学・定量的スキルが、スプートニク・ショック以降のカリキュラム改革の質を判断する上で、ほとんど役に立っていないことに失望していた。ステイクは、CIRCE の始まりの歴史について以下のように語る。

> 　新しいカリキュラム教材について、何が良くて何が悪いかを見つけるために、私たちが最も得意とするテストをいくつか実施した。ただし、そのテストは、カリキュラム開発者やその他の人々が把握したいことについて、敏感ではなかった。そこで次第に、私たちは従来のやり方を改めて、より民族誌的（ethnographic）で、より応答的（responsive）で、より個人的な評価へと移行していった[29]。

　ステイクは、カリキュラム評価の従来のアプローチを事前策定的評価（preordinate evaluation）と名づけて特徴づけ、これを批判した。これはプログラムの目標を評価規準として位置づけるものであり、データ収集のための客観テスト、プログラムを評価するためのスタンダード、専門的な様式に則った評価報告書を用いるアプローチを包括的に指す用語である。

　応答的評価は、事前策定的評価に対置されるものであり、プログラムの目標よりもむしろプログラムの活動に目を向け、あらかじめ定められ

第一章　ロイス・サドラーによる質的判断アプローチの成立過程

た枠組みよりもむしろ聴衆のニーズに応答し、プログラムに関心を持つ人々のさまざまな価値観を考慮に含める評価である[30]。ステイクは、応答的評価について次のように説明する。

　私はサービスを提供するような評価デザインを好む。私は、評価研究が特定の人々に役立つことを期待する。評価者が対象者の関心や言語を知らなければ、評価はおそらく役に立たない。評価研究において、評価対象者の情報ニーズについて学ぶために、かなりの時間を費やすことがある。[……] それぞれのプログラムにとって重要な評価課題を強調し、役に立つために、私は応答的評価アプローチを推奨する。これは、測定における正確さをいくらか犠牲にするアプローチであり、プログラム内外の人々に対する調査結果の有用性を高めたいと願うものである[31]。

　教育評価が、(1) プログラムの意図よりもプログラムの活動に直接的に向き合い、(2) 聴衆の情報ニーズに応え、(3) プログラムの成功と失敗を報告する際に、目の前にいる人々のさまざまな価値観に言及するならば、それは応答的評価である[32]。

　スクリヴァンのゴール・フリー評価と同様に、ステイクは、設定された目標や枠組みではなくて、プログラムそれ自体を観察することから評価を始めることを強調する。一方で、ステイクは自身の立場がスクリヴァンとは明確に異なることを次のように述べる。

　私は、正直で率直に自分のコミットメントを表明するような過激な評価者とは異なり、支援的な役割を果たし、主張したい衝動を抑える控えめな評価者を最も尊敬している。私は、マイケル・スクリヴァンとは、この点において好みが異なると思う。私は、彼が普通の教育者の手の届かない洞察を提供できる「客員哲学者 (visiting philosopher)」のために評価を設計していると思う。[……] 私は、

45

洞察の提供者よりもファシリテーターの役割を重視している[33]。

　ステイクのアプローチの根底にあるのは、ステイクホルダーの幸福への関心であり、これに対して奉仕したいという願望である。そのため、実践者への理解を深め実践者を支援することを重視する。他方で、スクリヴァンは、評価者が対象の価値を判断することそれ自体に主な関心を向けており、この点はステイクと対照的である。

　このような考え方に基づいて、ステイクは、評価者の仕事が総括的な判断を下すことにあるという立場に慎重な姿勢を取っており、ステイクは評価者ではなく、評価依頼者が総括的な価値判断を行うことを望む。ステイクは、単一の正しい価値体系など存在せず、むしろ評価は複数の価値観に遭遇するものであると理解するため、ステイクは価値判断を下すよりも価値を記述することを志向する[34]。このような意味で、ステイクの評価論は、「厚い記述」を生み出すことを志向する。ステイクは、「応答的評価とは、プログラムの質の探索とドキュメンテーションを行うものである」と述べる[35]。

　記述を形作る際にステイクは、プログラムの実像を正確に描写し、受け取り手がその実像を最大限理解できるように記述することを強調する。ステイクは、専門的報告書の形式を、読者が「プログラムがどのようなものであったかを知ることは非常に困難であり、しばしば不可能である」と批判的に捉える[36]。そのため、ステイクは、評価報告には「図表やプロダクト、物語や描写」が含まれるべきとして、多様な表現方法が用いられることを奨励する[37]。

　CIRCE でステイクの同僚であったハウス（Ernest House）は、ステイクの応答的評価の本質的な要素を、（1）何事にも真の価値はない（すなわち、知識は文脈に拘束される）、（2）評価にはステイクホルダーのパースペクティブが不可欠である、（3）ステイクホルダーの信念や価値を表現し評価結果を報告するためにはケーススタディが最適である、という3つの信念で特徴づけている[38]。

46

(4) スクリヴァン、ステイク、サドラー

　以上にみてきたスクリヴァンとステイクの評価論はどのように対比的に理解されるか。ここで両者の主張と立場を整理しよう。スクリヴァンとステイクは、1970年以前に主流であったカリキュラム評価論を批判的に捉え、それらを相対化する新しいカリキュラム評価を提唱した。彼らの評価論は、事前に定められた目標に則って評価を行うことに異議を唱える点、価値を重視して教育評価のあり方を論じる点で一致している。

　他方で、ステイクのように価値を重視しつつも価値を記述するような評価を求めるのか（価値の記述としての評価）、それともスクリヴァンのように価値を判断するような評価を求めるのか（価値判断としての評価）という点、そして、価値に対して相対主義的な立場を取るのか否かという点で、両者は対照的な立場を取っている。このような差異は、対象の改善（形成的評価）を志向するのか、それとも対象に対する価値判断（総括的評価）を志向するのかという相違とも連関している。ステイクの評価に対するアプローチ、すなわち、人々によって捉え方が異なる多様な価値が存在することを認め、それらの多様な価値の記述を志向し、それによって対象の改善を企図するような評価論は、スクリヴァンの評価論と対置される。

　行論の中で明らかとなるが、サドラーは、価値の記述として評価を捉えることを批判的に捉え、スクリヴァンと同様に、価値の判断として評価を位置づける——この意味で、サドラーの立場はスクリヴァンのそれと一致する。サドラーは、評価概念を記述的なアプローチではなく判断的なアプローチの立場で規定する。

　他方で、サドラーは記述としての評価というステイクの考え方を受け入れなかったものの、ステイクの所論から重要な発想をいくつか受け継ぐ。それは、第一に形成的評価の発想である。つまり、サドラーは対象を価値づけ改善するものとしての評価という発想を重視する点でステイクの発想を継承する（詳しくは第三章を参照）。第二に、評価におけるコミュニケーションの形式である。サドラーは、評価に関わる知を他者に

共有する際に、暗黙知が果たす役割を重視し、文章だけではなく多様な表現形態を意義づける点でステイクの発想を継承する（詳しくは第二章以降を参照）。すなわち、サドラーは、判断的なアプローチに立脚して評価概念を規定しつつも、ステイクの評価論が含み持つ発想を織り交ぜることで教育評価論を展開していくことになる。

　以上に描いた学術的動向が、サドラーの博士論文を準備した主な背景と文脈である。では、以上に示した評価論の展開を念頭に置きつつ、サドラーは当時のカリキュラム評価研究をどのように批評し自身の立場と主張を展開したのか。以下では、氏の博士論文に焦点を合わせてこれをつまびらかにしていこう。

第三節　博士論文での主張と立場――教育評価論におけるサドラーの位置づけ

　1985 年、サドラーは「教育評価における理論と実践：方法論的探究」と題される博士論文をクイーンズランド大学に提出し、博士号（教育学）を取得した。氏はどのような立場と主張を展開したのか。本節では、とりわけ、カリキュラム評価に焦点を合わせて教育評価の原理や方法を分析的（analytical）に考究した博士論文に焦点を合わせ、氏の立場と主張、および、その学術的な位置づけを明らかにする。

(1) 博士論文の概要

　計 12 本の雑誌論文から構成された博士論文において、氏の教育評価論は一定の到達点を示す。氏は、価値判断としての教育評価の原理や方法を、カリキュラム評価に焦点を合わせて分析的に追究した。博士論文は、「本研究は、教育評価の理論と実践のある側面について主に分析的に検討するものである」という一文から始まる[39]。

　何度も繰り返すが、この博士論文は、主にカリキュラム評価論を対象として書かれたものである。しかし、氏が博士論文において「プログラ

第一章　ロイス・サドラーによる質的判断アプローチの成立過程

CONTENTS

		PAGE
Declaration		2
Abstract		3
Acknowledgements		5

CHAPTER	TITLE	
1	Introduction	7
PART A	ELEMENTS OF EDUCATIONAL EVALUATION	
2	A Conception of Educational Evaluation	14
3	Criteria	32
4	Standards	60
5	Composites	96
PART B	ISSUES IN EVALUATION DESIGN	
6	Evaluation as Systems Monitor	116
7	Evaluation Design and the Status of Models	128
8	Maximizing Information Yield	142
9	Design for Policy Evaluation	158
10	The Logic of Recommendations	176
PART C	TWO EVALUATIVE STUDIES	
11	Evaluation of an Inservice Program	189
12	Evaluation of a Curriculum Principle	205
	CONCLUSION	224
	REFERENCES	226

（図 1.1）ロイス・サドラーによる博士論文の目次

出　典：Sadler, D. R.（1985）. *Theory and Practice of Educational Evaluation: a methodological inquiry*（unpublished doctoral dissertation）, the University of Queensland, Brisbane, Australia, p. 6 .

49

ム評価、カリキュラム評価、学習評価は根本的に異なる活動ではなく、多くの原則と概念的手法を共有するものである」と述べるように、博士論文で提示された教育評価の基本的な考え方は、その後に展開される氏の学習評価論を根幹から規定していくものとなる[40]。

　サドラーは、教育評価論を考究するにあたり、評価研究者らの議論のほとんどが評価の技術的、実践的問題に向けられていて、原理的で分析的な考察がもっぱら哲学者に任されてしまっていること、そして、評価研究者らが評価のあり方について哲学的、分析的に議論しない傾向があることを踏まえ、次のように述べる[41]。

　　教育における諸問題は、究極的には、教授の技術ではなく根本的な価値に基づくものである。哲学的考察が最も重要である。それゆえ、教育評価も、それがどのような領域で行われるにせよ、まず教育そのもののあり方に関する、次に評価のあり方に関する規範的問題に取り組むべきである[42]。

　このような理解に根ざして、氏は、教育評価における質的判断アプローチの原理と方法を分析的に考究する。

(2) 質的判断アプローチの位置づけ

① 工業生産的アプローチと文化人類学的アプローチへの批判

　さて、サドラーは教育評価における質的判断アプローチの可能性を考究したと述べたが、ここでいう質的判断アプローチとは、いかなる立場と主張を展開するものか。以下では、氏の博士論文を読み解くことで、質的判断アプローチが教育評価論の中でどのように位置づけられるものであるかを明らかにしよう。

　1970年代以前の教育評価論では、明快さ、客観性、効率性に特徴づけられるアプローチ、すなわち工業生産的アプローチが支配的であった。厳格な合理主義に特徴づけられるこのアプローチは、社会科学研究や教

50

育測定論のパラダイムをその主な源流とする。

　　歴史的に、教育評価として最初に認識されたものは、相互に支え合う２つの分野にその起源を持ち、現在も密接に関連している。それは、キャンベル & スタンリー（1963）の研究によって形式化され、推進された伝統的な社会科学研究と教育測定論である。これら３つの分野のつながりの根底には、重要な前提が２つある。１つ目は教育があたかも産業プロセスのようにモデル化できるということ、２つ目は明細化と定量化が有効性を評価する最良の手段であるということである[43]。

　このように氏は、教育評価論の２つのルーツを、自然科学分野における実験原理を社会科学に適用したキャンベルらの系譜と 20 世紀初頭以来の教育測定論の系譜に求め、教育評価の考え方が工業生産プロセスのメタファーに支配されていることを指摘する。

　他方で 1970 年代においては、先に述べた通り、こうした工業生産的アプローチに対する批判が顕在化する中で、文化人類学や社会学にルーツを持つ教育評価のオルタナティブ・アプローチが登場しつつあった。氏は、こうした新たな評価論の動向を踏まえて次のように指摘する。

　　評価の分野を２つの広範な方法論的な陣営に分けられるとするのは、やや単純化しすぎているかもしれないが、便利である。１つ目の陣営では、主な調査方法としてエスノグラフィー、ケーススタディー、参与観察が用いられる。［……］２つ目の陣営では、実験的または準実験的デザインが主な方法論となり、変数の体系化、測定、客観性、外的妥当性に重点が置かれている[44]。

　　オルタナティブな視点を求める動機の１つは、社会プログラムの機能を理解する手段として、古典的社会科学の方法（元々は農学や植物学の研究手法に多くを依拠していた）に対する不満から生じたもので

ある（Parlett & Hamilton, 1976）。その結果、人類学や社会学に根ざしたオルタナティブの調査パラダイムが発展した。また、他者の善意ある活動に対して評価を下すことへの抵抗感も第二の動機となった（Stake, 1980）。こうして評価は記述や描写として再解釈されるようになった。こうした「自然主義的（naturalistic）」評価アプローチは、エスノグラフィックな方法に依拠するもので、非判断的立場として特徴づけられる[45]。

　このように氏は、新しく登場した教育評価の考え方が評価を「描写（portrayal）」や「記述（description）」として再解釈することに特徴づけられると指摘し、これらのアプローチを、価値判断を躊躇する傾向があることから「非判断的立場（non-judgmental stance）」であると特徴づけた。氏は具体的な論者の名前を取り上げてはいないものの、ここで非判断的立場と称されているのはパーレットやステイクらの所論を指していると解釈して良いだろう。実際のところ、彼らの所論は評価を説明や記述として再解釈する志向性を有する。

　以上のような状況に対して、氏はどのような立場を取ったのか。サドラーは、従来の教育評価研究が工業生産的アプローチに支配されてきた点に関して、次のように批判する。

　　教育評価は、特別の場合を除き、不可避的に不確定性の不可分な残余を含んでおり、そのため教育現象の評価に機械的な評価手続きを設定することは論理的に不可能である[46]。

　　評価を工業生産のように捉える考え方は理論的な理由から成り立たない。教育における現象の多くは非常に複雑であり、時間や場所によって変動するため、ある程度の不確定性が常に存在する[47]。

　このように氏は、教育という営みの複雑性、不確定性から、工業生産的アプローチを否定した。では、工業生産的アプローチのオルタナティ

第一章　ロイス・サドラーによる質的判断アプローチの成立過程

ブとして提起された新しいアプローチ、すなわち評価を「説明」や「記述」として再解釈する立場にはどのような立場を取ったのか。

氏は、プログラムやカリキュラムであろうと学習者の作品であろうと、評価とは、価値を判断することであるとし、価値判断としての評価の立場を堅持した。つまり氏は、非判断的な立場を批判的に捉え、評価は質や価値の決定を目指すべきであることを強調したのである[48]。

そこで、氏は上述の２つの立場——工業生産的アプローチと記述的アプローチ——に対する第三のオルタナティブとして、人の質的判断を中心に据えた教育評価の可能性を論究した。氏は「質的判断の側面を排除し、教育評価の実践を技芸（art）と科学（science）の混成体ではなく、単なる技術（technology）として描くことは、その可能性を制限することになる」と述べ、質的判断を教育評価の中心に位置づけることを主張した[49]。氏は、博士論文の前書きにおいて、このような自身の立場が評価において価値判断することを強く求めたスクリヴァンと一致すると述べる。「評価に対する判断的アプローチ（judgmental approach）は、現在この分野では少数の支持者しかおらず、最も顕著なのがマイケル・スクリヴァンである」[50]。

先に述べた通り、スクリヴァンは「悪いものは悪い、良いものは良い、それを決めるのが評価者の仕事だ」と、価値を認めない評価は評価ではないと断言する[51]。スクリヴァンは、評価者の最大の怠慢は、意思決定者に単に情報を提供し「（最終的な判断の）責任を非専門家に転嫁する」ことだと指摘しており、この指摘は、当時の非判断的なアプローチに対して向けられている[52]。このようなスクリヴァンの立場は、非判断的立場を批判する点、評価者の価値判断を重視する点でサドラーと一致している。

② 評価概念の定義

ここで評価概念をサドラーがどのように定義するのかを確認することで、サドラーの評価論的立場をより明確にしよう。

53

通常の用法において、評価（evaluation）は、査定（appraisal）に関わるものであり、質や価値を決定するためにそれを調べることである。［……］本稿で採用した定義は、この用語の語源に沿っており、哲学者が通常それに対して理解するものとも一致している。また、人々が「評価する」というときに行うこととも一致する[53]。

　このように氏は、評価を質や価値の判断として規定する。こうした評価概念の捉え方は、スクリヴァンの捉え方とも一致する。サドラーは、当時広がりを見せていたさまざまなカリキュラム評価論における評価概念の規定が、評価そのものではなく、評価が提供する機能に焦点を合わせるものであることを指摘する。たとえば、スタッフルビーム（Daniel Stufflebeam）やアルキン（Marvin Alkin）の所論では、システム・マネジメントや意思決定のための情報収集として、パーレットとハミルトン、マクドナルド（Barry MacDonald）、ステイクらの所論では、追体験（vicarious experience）の提供として評価が規定されているとする[54]。そして、これらのアプローチはさまざまに異なるものの、評価を応用的社会調査（applied social inquiry）の一形態として捉える傾向があるとした[55]。氏は、このような評価の代替概念は「限られた言説の中で使用するための恣意的な定義」であるとし、また、従来の用法を必ずしも反映していないため、辞書の定義とも似つかないと批判的に捉えた[56]。

　このようにサドラーは、評価を質や価値を判断することとして捉え、人の質的判断を教育評価の中心に位置づけようとした（質的判断アプローチ）。この立場は、評価を人間による価値づけの行為として理解する。質的判断とは、評価——価値づけること——の最もプリミティブな形態であり、質的判断アプローチの教育評価論とは、質的判断をその中核に位置づけるものである。

　本節では、スクリヴァンの所論に言及することで、サドラーの立場がスクリヴァンと同様であることを示した。とはいえ、博士論文以降、氏の所論に対するスクリヴァンからの影響は限定的である。なぜなら、スクリヴァンの興味が主にプログラム評価やプロダクト評価に向けられて

いるのに対して、氏の関心と研究の焦点は 1985 年以降、学習評価論に向けられるからである。ただし、氏が評価を論じる際に、評価とは価値の判断であると規定し、評価者の質的判断を重視する立場を取ることは、このカリキュラム評価論の議論に根ざしている。

第四節　学習評価論における質的判断アプローチの展開

　サドラーは博士論文を提出して以降、学習評価論の研究に専念していく。第四節では、博士論文以降の時期に焦点を合わせて、氏が質的判断アプローチとしての学習評価論をどのように展開したのか、その全体像を総覧することで、氏の学習評価論の枠組みと論点を析出し、次章以降の議論を準備する。

（1）学習評価論の全体的展開

　氏は博士論文以降、学習評価研究に専念していく。実際、カリキュラム評価を対象とした論考は、1985 年以降は発表していない。とはいえ、カリキュラム評価論と学習評価論の間に理論的な断絶があるというわけではなく、カリキュラム評価研究において確立した教育評価の基本的な考え方を、自身の学習評価論に引き継いでいく。

　氏が、学習評価について本格的に論じた初めての論文は、1983 年の「アカデミック・ラーニングの評価と改善（Evaluation and the improvement of academic learning）」である[57]。氏によれば、1980 年のサバティカルから帰国してすぐに、この論文執筆に着手したという。この論文の内容は、博士論文に盛り込む予定であったが、カリキュラム評価論の議論の中に、学習評価論の議論が入り込むことに違和感を覚え、最終的に割愛されたという経緯がある。

　この 1983 年の論文の内容を発展させたのが、1989 年の論文「形成的アセスメントと教育システムの設計（Formative assessment and the design of instructional systems）」である[58]。この論文は、1984 年の 2 回目のサバティ

カルの際に、その執筆が着手された。これら論文は、教育・学習過程における「制御（control）」という問題について扱うものであり、この論点の検討は、1982 年の論文「教育システム設計における制御変数としての評価クライテリア（Evaluation criteria as control variables in the design of instructional systems）」を淵源とする[59]。1983 年と 1989 年の論文は総じて、学習の改善やコンピテンスの形成に、学習評価がどのように寄与できるのかという問題に焦点を合わせるものであり、学習評価の形成的機能について論じたものである。

　1980 年代における氏の学習評価研究のもう 1 つの大きな課題は、「スタンダード準拠評価（standards referenced assessment）」という学習評価の考え方を確立することであった。スタンダード準拠評価の考え方は、1985 年、氏がオーストラリア・クイーンズランド州の ROSBA 改革（第二章で詳述する）に携わる中で提唱されたものであり、その考えを学術的側面から理論的に叙述したのが 1987 年の論文「成果スタンダードの指定と公布（Specifying and promulgating achievement standards）」である[60]。この論文では、スタンダード準拠評価の基本的な考え方が述べられるとともに、教師が学習者のパフォーマンスに対して質的判断を下す際に、準拠しなければいけない評価の枠組みがいかにして外的に形成されうるのかという論点が考究されている。この論点についての検討は、1982 年の論文「スタンダードの明示的定義が必ずしも可能でない理由（Why the explicit definition of standards is not always possible）」に端を発しており、1985 年の博士論文、1987 年の論文へとその議論が継承されている[61]。なお、これらに付随して、クイーンズランド州の評価制度設計の問題などを扱う論文もいくつか同時期に発表されている。これらの学習評価研究は、資格認証や修了認定などの問題に焦点を合わせるものであり、学習評価の総括的機能について議論したものである。

　このように、1980 年代の氏の学習評価研究は、（1）学習評価の総括的機能に焦点を合わせたものと、（2）学習評価の形成的機能に焦点を合わせたものとに大まかに整理することができる。とはいえ急いでことわっておけば、これらの議論が分離的に行われているわけではなく、両

者においては質的判断アプローチの考え方が通底する。

2000年以降は、氏は、高等教育（特に大学教育）における学習評価論に専念していく。詳しい内容に関しては第二章と第三章で記述するが、とりわけ2010年前後から2020年にかけて、国際学術誌における研究論文の発表が集中している。これは、氏が2010年にグリフィス大学高等教育研究所で定年退職を迎え、研究を行う時間的余裕が生まれたということによる。1980年代における学習評価研究と同様に、2000年以降の大学教育を文脈とした学習評価研究も、（1）学習評価の総括的機能に焦点を合わせたものと、（2）学習評価の形成的機能に焦点を合わせたものとに大まかに整理することができる。

このことから、第二章と第三章では以上の2区分に沿って、氏の学習評価論の検討を進めていく。第二章では、（1）学習評価の総括的機能に焦点を合わせた所論、第三章では、（2）学習評価の形成的機能に焦点を合わせた所論に焦点を合わせる。（1）の所論では、教師の質的判断をどう洗練させ調整するのか、そして、その過程や装置の形態をどう構想するのかという主題が論究される。他方で、（2）の所論では、学びを導く羅針盤として、学習者の質的判断をいかに洗練させ調整するか、そして、そのための教育実践をどのように構想するかという主題が論究される。第二章と第三章では、以上に示した枠組みに則って、サドラーの学習評価論の展開を跡づけ読み解いていく。

（2）鑑識眼アプローチにおける同異点——アイスナーとサドラー

「序章」でも指摘したが、氏は「鑑識眼とは質的判断の能力が高度に発達した形態」であると規定している[62]。氏の所論は、質的判断の熟達化を主題とするものであり、鑑識眼アプローチと位置づけられるが、同様に鑑識眼という言葉を用いて教育における評価を論じた研究者に、アイスナーがいる。サドラーとアイスナーの立場はどのように異なるのか。ここで、アイスナーとサドラーの立場の共通点と相違点について確認しておこう。

アイスナーは、行動目標に基づくカリキュラム開発や評価をラディカ

ルに批判し、芸術をアナロジーとして「教育的鑑識眼」と「教育批評」という考え方を打ち立てることで、教育評価の新しいパラダイムを提示した[63]。アイスナーが鑑識眼概念のルーツを遡った論考[64]を見てみると、アイスナーの所論は芸術鑑賞の文脈に寄っているものの、鑑識眼の原理という次元ではサドラーとアイスナーの間に明確な差はあまりないことがわかる。むしろ両者の違いは、鑑識眼を行使する対象や目的という点に見出すことができる。アイスナーは、教育実践という営み（学校、カリキュラム、授業等）の価値や質を見取ろうとするのに対し、サドラーが鑑識眼行使の対象とするのは、学習評価におけるパフォーマンスの質についてである。

　この両者の差異は、鑑識眼を調整するキャリブレーション（calibration）の過程を重視するか否かという点に如実に表れる。アイスナーは、鑑識眼を行使する際に、各評価者の質的判断を調整せよとは論じない。むしろ個々人が自らの鑑識眼を行使し、教育の価値や質を幅広く認識することを重視しているように思われる。他方、サドラーは、その所論が学習評価を想定していることもあり、評価が主観に根ざしつつも、その評価が他の評価者のそれと比較可能であることを目指している[65]。言い換えれば、キャリブレーションされた異なる教師が、同様の質的判断を下すことを理想とするのである。なお、この点に関しては、サドラーが鑑識眼を専門家共同体によって共同所有されるものとして捉えるのに対して、アイスナーは鑑識眼をより私的なものとして捉えているという違いにもよく表れている。

　つまり、教育実践の多元的な価値や質の卓越さ、広がりを見取ることに関心を寄せるのがアイスナーであり、評価者の質的判断をキャリブレーションし、学習成果物（パフォーマンス）の質がスタンダード（規定された質の水準）を満たしているか否かを判断することに関心を寄せるのがサドラーなのである。

第一章　ロイス・サドラーによる質的判断アプローチの成立過程

小括

　以上、本章では、ロイス・サドラーによる質的判断アプローチの成立
過程を明らかにした。第一節では、サドラーの博士論文の執筆に至るま
での歩みを跡づけることで、分析的な研究スタイルを確立するまでの過
程をつまびらかにした。第二節では、カリキュラム評価という視点から
教育評価研究の史的展開を素描しつつ、当時の代表的論者であったスク
リヴァンとステイクの所論を取り上げて、当時の研究動向を特徴づけた。
第三節では、第二節での議論を踏まえつつ氏の博士論文に焦点を合わせ
て、教育評価研究における氏の主張と立場を浮き彫りにした——氏の教
育評価研究の立場が、工業生産的アプローチと文化人類学的アプローチ
を批判的に捉える、第三の道としての「質的判断アプローチ」として位
置づけられることを明確にした。第四節では、博士論文以降の氏の学習
評価論の全体的展開を概観することで、氏の学習評価論の枠組みと論点
を析出した——氏の学習評価論が、評価の総括的機能と形成的機能とい
う２つの側面で捉えられることを指摘した。

　次章以降では、氏の学習評価論の展開に焦点を合わせる。第二章では、
学習評価の総括的機能に関する氏の所論（スタンダード準拠評価論）に、
第三章では、学習評価の形成的機能に関する氏の所論（形成的アセスメン
ト論）に焦点を合わせて、サドラーの学習評価論の展開を跡づけ読み解
いていく。

注

1) Sadler, D. R.（1985）. *Theory and Practice of Educational Evaluation: a methodological inquiry*（unpublished doctoral dissertation）, the University of Queensland, Brisbane, Australia.
2) Personal Communications, February 2019 at the University of Queensland.
3) サドラーの来歴については、本人から直接提供を受けた履歴書、および、本人へ
のインタビュー（Personal Communications, February 2019 at the University of Queensland）

の内容に基づいて記述している。一部の情報は以下のクイーンズランド大学のウェブページ、もしくは、グリフィス大学のウェブページでも確認できる（Retrieved January 1st, 2022, from https://itali.uq.edu.au/profile/791/royce-sadler https://experts.griffith.edu.au/9845-royce-sadler/about）。

4) サドラーのサバティカル経験については、本人へのインタビュー（Personal Communications, February 2019 at the University of Queensland）、並びに、当時にサドラーから直接提供を受けた資料などに基づいて記述している。

5) Sadler, D. R. (1981). Intuitive data processing as a potential source of bias in naturalistic evaluations. *Educational Evaluation and Policy Analysis*, 3(4), pp. 25-31.

6) 1984 年にサドラーは 6 ヶ月間のサバティカルの機会を得て、再びグラスとステイクのもとを訪れている。

7) CIRCE の概要については、Mathison, S. (Ed.). (2005). *Encyclopedia of Evaluation*, Sage における Center For Instructional Research And Curriculum Evaluation（CIRCE）の項目を参照した。

8) 田中耕治『教育評価』岩波書店、2008 年。

9) 同上。

10) 同上。

11) Tyler, R. W. (1949). *Basic principles of curriculum and instruction*. Chicago: University of Chicago Press.

12) Bloom, B. S., & Krathwohl, D. R. (1956). *Taxonomy of educational objectives: The classification of educational goals. Handbook I: Cognitive Domain*. NY: Longmans, Green. 田中耕治「教育目標論の展開：タイラーからブルームへ」『京都大学教育学部紀要』第 29 号、1983 年、pp. 91-108。ブルーム・タキソノミーの開発とその後の展開については、石井英真『現代アメリカにおける学力形成論の展開：スタンダードに基づくカリキュラムの設計〔再増補版〕』東信堂、2020 年が詳しい。

13) 浅沼茂「アメリカにおけるカリキュラム評価論の変遷」『教育学研究』第 47 巻 3 号、1980 年、pp. 220-229。西岡加名恵「アメリカにおけるカリキュラム評価論の諸潮流」田中耕治編『グローバル化時代の教育評価改革』日本標準、2016 年、pp. 232-243。

14) この点に関してよく知られているのは、アトキン（Myron Atkin）やアイスナーによる批判である。彼らは、行動目標の射程、記述可能性、妥当性に関する問題、教育という営みの複合性の問題、教育の画一化、創造性の排除といった問題に焦点を合わせて工学的モデルを批判した。これらの詳細については、以下の文献が詳しい。浅沼茂、安彦忠彦「教育評価研究とカリキュラム」安彦忠彦編『カリキュラム研究入門』勁草書房、1985 年、pp. 154-155。佐藤学「カリキュラム開発と授業研究」安彦忠彦編『カリキュラム研究入門』勁草書房、1985 年、pp. 105-106。

15) Eisner, E. W. (1976). Educational connoisseurship and criticism. *Journal of Aesthetic Education*, 10(3/4), pp. 135-150.

16) Scriven, M. (1991). *Evaluation thesaurus*. Sage Publications. 根津朋実『カリキュラム評価の方法：ゴール・フリー評価論の応用』多賀出版、2006 年。

17) Stake, R. (2003). Responsive evaluation. In Kellaghan, T., & Stufflebeam, D. L. (Eds.), *International handbook of educational evaluation* (pp. 63-68). Dordrecht: Springer Netherlands.

第一章　ロイス・サドラーによる質的判断アプローチの成立過程

18) Parlett, M., & Hamilton, D.（1976）. Evaluation as Illumination: A new approach to the study of innovatory programs. In Glass, G.V.（Ed.）, *Evaluation Studies Review Annual*（Vol.1）. Beverly Hills, California: Sage.

19) Campbell, D. T., & Stanley, J.（1963）. *Experimental and quasi-experimental designs for research*. Chicago, IL: Rand McNally.

20) 米国におけるプログラム評価論の展開を体系的に整理した先駆的な取り組みとして、シャディッシュらによるものがある（Shadish, W. R., Cook, T. D., & Leviton, L. C.（1991）. *Foundations of program evaluation: Theories of practice*. Sage）。ここでは、シャディッシュらの整理を手がかりとしてスクリヴァンとステイクの所論を読み解く。

21) Shadish et al., 1991, pp. 73-118.

22) Scriven, M.（1986）. New frontiers of evaluation. *Evaluation practice, 7*（1）, p. 19.

23) Scriven, M.（1976）. Payoffs from evaluation. In Abt, C. C.（Ed.）, *The evaluation of social programs*（pp. 217-224）. Beverly Hills, CA: Sage.

24) Evaluand はスクリヴァンによる造語であり、評価対象となる万物を指す。

25) Scriven, M.（1980）. *Logic of Evaluation*, Edgepress. p. 103.

26) Scriven, M.（1973）. Goal-free evaluation. In House, E. R.（Ed.）, *School evaluation: The politics and process*. Berkeley, CA: McCutchan, p. 322.

27) Shadish et al., 1991, p. 81 ; Scriven, M.（1983）. Evaluation ideologies. In Stufflebeam, D. L., Madaus, G. F., & Kellaghan, T.（Eds.）, *Evaluation models: Viewpoints on educational and human services evaluation*. Boston: Klewer-Nijhoff, p. 235.

28) Shadish et al., 1991, p. 81.

29) 以下に示す YouTube 動画でのステイク本人の語りを訳出した。Stake, R.（n.d.）. University of Illinois Urbana-Champaign, College of education, Breakthroughs in Education: Robert Stake Part1. Retrieved October 26, 2024, from https://www.youtube.com/watch?v=XRO9jshhPpg.

30) Shadish et al., 1991, pp. 270-314.

31) Stake, R. E.（1980）. Program evaluation, particularly responsive evaluation. In Dockrell, W. B., & Hamilton, D.（Eds.）, *Rethinking educational research*. London: Hodder & Stoughton, p. 76.

32) Ibid., p. 77.

33) Shadish et al., 1991, p. 273. ; Stake, R. E.（1975a）. An interview with Robert Stake on responsive evaluation. In Stake, R. E.（Ed.）, *Evaluating the arts in education: A responsive approach*. Columbus, OH: Merrill, pp. 36-37.

34) Stake, R. E.（1975b）. To evaluate an arts program. In Stake, R. E.（Ed.）, *Evaluating the arts in education: A responsive approach*（pp. 13-31）. Columbus, OH: Merrill.

35) Stake, R.（2003）. Responsive evaluation. In Kellaghan, T., & Stufflebeam, D. L.（Eds.）, *International handbook of educational evaluation*. Dordrecht: Springer, p. 63.

36) Stake, 1975b, p .22.

37) Stake, 1980, p. 86.

38) Alkin, M., & Christie, C.（2004）. An evaluation theory tree. In Alkin, M. C.（Ed.）, *Evaluation roots: A wider perspective of theorists' views and influences*（pp. 13-65）. Sage, p. 37. ; House, E.（2001）. Unfinished business: Causes and values. *American Journal of*

Evaluation, 22, pp. 309–315.

39) Sadler, 1985, p. 3.

40) Ibid., p. 7.

41) Ibid., p. 20.

42) Ibid., p. 7.

43) Ibid., p. 8.

44) Ibid., pp. 18–19.

45) Ibid., p. 9.

46) Ibid., p. 3.

47) Ibid., p. 9.

48) Ibid.

49) Ibid., p. 224.

50) Ibid., pp. 3.

51) Scriven, 1986, p. 19.

52) Scriven, 1983, p. 248.

53) Sadler, 1985, p. 17.

54) Ibid., p. 18.; Stufflebeam, D. L., Foley, W. J., Gephart, W. J., Guba, E. G., Hammond, R. L., Merriman, H. O., & Provus, M. M. (1971). *Educational Evaluation and Decision-making*. Phi Delta Kappa National Study Committee on Evaluation. Itasca, Illinois Peacock.; Alkin, M. C. (1978). *A New Role for Evaluators* (CSE Report No. 97). Los Angeles: Center for the Study of Evaluation, University of California.; Parlett et al., 1976.; MacDonald, B. (1977). The Portrayal of Persons as Evaluation Data. In Norris, N. (Ed.), *SAFARI: Theory into Practice*. Occasional publication No. 4. Norwich: Centre for Applied Research in Education, University of East Anglia.; Stake, R. E. (1978). The case study method in social inquiry. *Educational Researcher*, 7(2), pp. 5–8.

55) Sadler, 1985, p. 18.; Worthen, B. R., & Sanders, J. R. (1973). *Educational Evaluation: Theory and practice*. CA Jones Pub. Co., pp. 17–39.

56) Sadler, 1985, p. 18.

57) Sadler, D. R. (1983). Evaluation and the improvement of academic learning. *Journal of Higher Education*, 54, pp. 60–79.

58) Sadler, D. R. (1989). Formative assessment and the design of instructional systems. *Instructional Science*, 18(2), pp. 119–144.

59) Sadler, D. R. (1982a). Evaluation criteria as control variables in the design of instructional systems. *Instructional Science*, 11, pp. 265–271.

60) Sadler, D. R. (1987). Specifying and promulgating achievement standards. *Oxford Review of Education*, 13, pp. 191–209.

61) Sadler, D. R. (1982b). Why the explicit definition of standards is not always possible. *Ideas in Education*, 1(2), pp. 12–13.

62) Sadler, D. R. (2009). Transforming holistic assessment and grading into a vehicle for complex learning. In Joughin, G. (Ed.), *Assessment, Learning and Judgement in Higher Education*. Springer, p. 57.

63) Eisner, E. W. (1976). Educational Connoisseurship and Criticism: Their Form and

第一章　ロイス・サドラーによる質的判断アプローチの成立過程

Functions in Educational Evaluation *Journal of Aesthetic Education*, 10 （3/4）, pp. 135–150.

64）Eisner, E. W. （2004）. The roots of connoisseurship and criticism: A personal journey. In Alkin, M. C. （Ed.）, *Evaluation roots: A wider perspective of theorists' views and influences* （pp. 196–202）. Sage.

65）Sadler, D. R. （2013）. Assuring academic achievement standards: From moderation to calibration. *Assessment in Education: Principles, Policy and Practice*, 20, pp. 5–19.

第二章

スタンダード準拠評価論の成立と新たな展開
──教師の熟達した質的判断による学習評価──

第二章では、サドラーによるスタンダード準拠評価論の成立と展開に焦点を合わせ、修了認定や資格認定といった総括的な目的における学習評価のあり方を、氏がいかに構想したのかということに迫る。結論を先取りすれば、サドラーによるスタンダード準拠評価論は、教師の熟達した質的判断によって学習成果の質を直接的に評価するものであり、教師の質的判断の洗練と調整がいかになされるか、準拠すべき評価枠組みをいかにして外化できるのかという問いが氏の考究の中心に位置づく。

　外化された評価枠組み（ルーブリックと作品事例）に準拠して学習者パフォーマンスの質を教師の質的判断によって直接的に評価するという学習評価の考え方は、これまで、サドラーによるスタンダード準拠評価論（1987 年）をその理論的土台にすると認識されてきた。しかしながら、2000 年以降、氏はルーブリックなどに準拠して質的判断を下すことにラディカルな批判を展開しているというパラドキシカルな状況があった。

　本章では、こうした状況を解明することを念頭に置きつつ、(1) サドラーによるスタンダード準拠評価論（1980 年代）の背景、主張、特質がいかなるものであったか、(2) スタンダード準拠評価論の理論的土台はいかなるものであったか、(3) 2000 年以降、氏はいかなる論理でルーブリックを批判し、それに対して氏はどのようなオルタナティブを提唱したか、(4) 1980 年代の所論と 2000 年以降の所論の共通点と相違点は何かということを読み解いていく。以上を通して、氏のスタンダード準拠評価論の展開と到達点を明らかにする[1]。

第一節　ROSBA におけるスタンダード準拠評価論の成立

　スタンダード準拠評価の考え方は、サドラーがオーストラリア・クイーンズランド州における評価制度改革 ROSBA に取り組む中で具体化されたものであり、その考え方を学術的に論述したものが 1987 年の論文「成果スタンダードの指定と公布（Specifying and promulgating achievement standards）」である[2]。ROSBA とは、「Review of School-based Assessment

（学校ベースの評価の見直し）」の略称であり、オーストラリアのクイーンズランド州で 1980 年代初頭にかけて展開された評価制度改革、ないしは、その改革によって導入された評価制度のことを指す。

　本節では、スタンダード準拠評価が提起された文脈である ROSBA 制度導入の展開を跡づけつつ、サドラーによるスタンダード準拠評価論（1980 年代）の背景、主張、特質がいかなるものであったかを明らかにする。また、1990 年代以降に、学習評価論の国際的な展開においてサドラーの所論がどのように位置づけられていったのかを明らかにする。

(1) ラドフォード制度から ROSBA 制度へ

　はじめに、オーストラリア・クイーンズランド州における ROSBA 制度導入に至るまでの史的展開を概観しておこう[3]。

　19 世紀以来クイーンズランド州では、中等教育の修了認定と大学入学の資格付与は、各中等教育学校によって行われるのではなくて、学校外で行われる外部試験（external examinations）の成績に依拠して行われてきた。これは公的試験（public examination）と呼ばれ、1876 年のシドニー大学とメルボルン大学による実施、1910 年のクイーンズランド大学による実施にまで、その歴史を遡ることができる。公的試験は、クイーンズランド州において約 60 年間実施され続けてきたが、1960 年代半ばから後半にかけて中等教育課程への進学者と修了者が次第に増加する中で、旧来型の外部試験制度は生徒の多様化に対応できていないのではないかという社会的な批判が高まりをみせていた。

　これを背景として、1969 年 7 月、ラドフォード（William Radford）を委員長として「クイーンズランド州中等教育学校の公的試験制度の見直しのための委員会（the Committee Appointed to Review the System of Public Examinations for Queensland Secondary School Students）」が設置され改善策が議論された。その成果として発出されたのが、1970 年 5 月の『ラドフォード報告書（Radford Report）』である[4]。クイーンズランド政府はこの報告書の方針を基本的に受け入れ、関連法改正を通じて制度改変を直ちに実施した。これによって成立した制度をラドフォード制度（Radford

68

第二章　スタンダード準拠評価論の成立と新たな展開

サドラーが執筆した『検討報告書』の一覧

No.1: ROSBAに関連する考え方のつながり[5]（ROSBA's family connections）
No.2: 明示的に記述されるスタンダードの必要性（The case for explicitly stated standards）
No.4: 成果レベルの定義（Defining achievement levels）
No.5: 主観性、客観性、および教師の質的判断（Subjectivity, objectivity, and teachers' qualitative judgments）
No.8: 学校内での評価方針を策定する（Developing an assessment policy within a school）
No.9: クライテリアを組織する一般原則（General principles for organizing criteria）
No.10: ROSBAにおける情意目標（Affective objectives under ROSBA）
No.11: 学校ベースの評価と学校の自律性（School-based assessment and school autonomy）
No.12: 評価の比較可能性を定義し達成する（Defining and achieving comparability of assessments）
No.21: クライテリアに基づく評価における数値成績の位置づけ（The place of numerical marks in criteria-based assessment）

その他の委員が執筆した『検討報告書』の一覧

No.3: スタンダードの枠組み（A standards schema）
No.6: 形成的評価と総括的評価：補完的アプローチ（Formative and summative assessment: a complementary approach）
No.7: 修了成果レベルを授与するための数学のクライテリア（Mathematics criteria for awarding exit levels of achievement）
No.13: ROSBAにおけるクライテリアとスタンダードの運用モデルへの展望（Towards a working model for criteria and standards under ROSBA）
No.14: シニア保健体育におけるクライテリアとスタンダード（Criteria and standards in senior health and physical education）
No.15: 評価を通じた生徒パフォーマンスの質の向上（Improving the quality of student performance through assessment）
No.16: 教師の判断への道筋：シラバスから成果レベルへ（A pathway of teacher judgments: from syllabus to level of achievement）
No.17: 理科授業における実験パフォーマンスの評価（Assessment of laboratory performance in science classrooms）
No.18: 生徒成果をプロファイルする（Profile student achievement）
No.19: 修了における評価を定めるための原則（Principles for determining exit assessment）
No.20: 評価報告に関する課題（Issues in reporting assessment）

（図 2.1）評価部門による計 21 本の『検討報告書』の一覧

出典：The assessment unit of the board of secondary school studies（1985-1987）. *Review of School-based Assessment（ROSBA）Discussion Papers*, Queensland board of senior secondary school studies, Queensland, Australia.

69

scheme）と呼ぶ。

ラドフォード制度の第一の要点は、公的試験を廃止して学校ベースのノルム準拠評価（school based norm referenced assessment）を導入することであった。すなわち、外部試験制度から学校を主体とする内部評価制度に大きく転換が図られたのである。これは、オーストラリア全土においても初めての試みであり、「クイーンズランド州の歴史上、中等教育教員の専門的能力の向上に最も大きな影響を与えた」ものと指摘されている[5]。ただし、ラドフォード制度導入から数年後、早くもその制度の深刻な課題が指摘されるようになる。排他的競争を助長する非教育的な評価という問題は、主にノルム準拠評価、すなわち相対評価の考え方を取り入れていることによって生じるものであった[6]。

以上の背景のもと、新たに導入されることとなったのが ROSBA 制度である。ラドフォード制度から ROSBA 制度への移行の主眼は、学校ベースの評価制度を維持しつつも、ノルム準拠評価を改めてクライテリオン準拠評価（criterion referenced assessment）の考え方を導入することであった。ジェームスクック大学（James Cook University）のスコット（Edward Scott）が座長を務める委員会は、評価制度をノルム準拠型からクライテリオン準拠型に移行することを強く求める方針を、報告書『クイーンズランド中等教育における学校ベースの評価（A review of School-based Assessment in Queensland Secondary Schools）』（通称『スコット報告書（Scott Report）』）においてまとめた。同報告書は、直ちに政府に提出され、1979 年末に政府によって採択された[7]。

1980 年、クイーンズランド政府は ROSBA 制度への移行を開始しようとしたものの、クイーンズランド教員組合（Queensland Teachers Union）から強い反発を受けるなど、その移行は円滑には進まなかった。というのも、ROSBA への移行に際しては、（1）その実施のための予算の割り当てがなかったこと、（2）政治的判断が先行していたため、ROSBA 制度が実際にどのように機能するものなのか具体的様相は全く不明瞭なままであったことなどの問題があり、学校現場が混乱に陥っていたからである[8]。このような混乱を背景に、1983 年、教育大臣の要請に基づき、

キャンベル（William Campbell）を座長とする 12 人の研究者集団によって、ROSBA の実施方法に関する追加調査が行われた[9]。

　結果的に、クイーンズランド政府は、ROSBA 制度への移行を支援するための追加予算を提供する旨を表明し、この政府予算によって中等教育委員会の評価部門（the Assessment Unit of the Board of Secondary School Studies）が設置された。この部門には、ROSBA 制度の理論的な基盤と制度運用に関する実施方針を確立させる役割が求められていた。この部門長（director）に就任したのが、サドラーであった。

　サドラーを筆頭とする評価部門は、1985 年から 87 年にかけて、ROSBA 制度における評価の基本的な考え方や、制度実施に関する基本的な枠組みを描き出す『検討報告書（*Discussion Paper*）』を合計 21 本作成し公表した（図 2.1）[10]。この検討報告書において具体的に提示されたのが、スタンダード準拠評価の考え方である。その内の約半数にあたる 10 本の報告書を執筆したサドラーは、ROSBA における学習評価の考え方の基盤を理論的に構築した。クイーンズランド大学のマクスウェル（Graham Maxwell）は、これら報告書を次のように評価した。

　　これらの影響力のある論文は、クイーンズランド州における評価制度を導びく実質的な理論や概念を提供した。特に、判断に基づく評価、つまり、定義されたスタンダードに照らし合わせて判断を行うアプローチを採用することについての説得力のある論拠と戦略が提供された[11]。

　このようにサドラーらが作成した検討報告書は、ROSBA 制度の実施における基盤となり、クイーンズランド州の評価システムを実質的に形成するものとなった。

(2) スタンダード準拠評価の提唱

　ROSBA 制度の導入に際して、サドラーが構想したスタンダード準拠評価の考え方はいかなるものであったか。次に氏が執筆した『検討報告

71

書』や 1987 年の論文を参照しながら、その内実をみていこう。

① スタンダード準拠評価の提唱に至る問題意識

スタンダード準拠評価の考え方は、相対評価のように他の学習者の学習成果と比較するのではなく、定められた評価枠組みに照らし合わせて学習成果を絶対的に評価するという、クライテリオン準拠評価の範疇に位置づくものである。クライテリオン準拠評価の考え方は、1963 年に、グレイサーによって、相対評価からの脱却を企図して提唱された——日本においては、「目標に準拠した評価」と意訳される場合もある。

当初、クライテリオン準拠評価の考え方は、以下に詳述するように、ドメイン準拠評価と称されるアプローチとして主に米国において具体化されていた。サドラーは、クライテリオン準拠評価の米国における解釈・発展の展開を、クライテリオン準拠テスト運動と呼び、これとは全く異なるアプローチとして、スタンダード準拠評価論を構想しようとした[12]。

氏は、米国でのクライテリオン準拠テスト運動は、以下の特徴があったと指摘する。すなわち、それは行動目標（objectives）の明細を作成し、その明細事項の習得状況を確認する客観テストを実施し、それらの正答数を尺度として評定を行うというものである。

> 今日まで、クライテリオン準拠テスト運動（criterion referenced testing movement）——おそらく他のどの国よりも米国で勢いがあった——は、（a）目標・知識領域の細かな明細、（b）特定の成果を評価するために、実証的検出力を有する項目を使用した客観テスト、（c）評点を決定するための測定と数値的カットオフの組み合わせに焦点を合わせてきた[13]。

実際のところ、1960 年代から 1970 年代の米国においては、行動目標論が隆盛しそれに基づく学習評価論が展開されていた。当時の行動目標論者らは、まず、教育目標が達成されたか否かがはっきりと判断できる

段階まで、教育目標を個別・具体的な下位要素へと分解すること（行動目標への細目化）を求める。そして、行動目標群の達成可否を、多肢選択式を主とする客観テストによって確認する。このようにして、策定された教育目標群のうちどれだけが達成できたのかによって学習成果の到達度合いを評価するというアプローチが取られた。

　当時の米国における学習評価論のオピニオン・リーダーであったブルームらの所論では、タキソノミー研究（教育目標の分類学）に基づいて目標細目表というマトリクスを作成し、それぞれの目標の達成・未達成を、主として客観テストによって確認していくというアプローチが示されている[14]。ブルームらは、単純な知識・技能の習得にはとどまらず、「分析（analysis）」「総合（synthesis）」「評価（evaluation）」といった高次の認知過程に関わる学習成果を評価することを目論んでいたものの、あくまでそれらを評価しうる良質の多肢選択肢式問題を作成するという方向性を追求していた。

　教授工学論者のガニエ（Robert Gagné）、そして、メイジャー（Robert Mager）やポファムらは、ブルームら以上に「教育目標の細目化」を追求し、彼らは、客観的に観察可能な外的行動で教育・学習目標群を、操作的定義としてより仔細に同定することを求めた[15]。教育目標の細目化に特徴づけられる彼らのアプローチは、膨大な量の目標群を生み出し、それらに基づいて単純で断片的な行動を順に点検していくような教育実践を導きうるものであった。

　「細目化」の度合いには一定の差異が存在しつつも、米国で展開されたクライテリオン準拠テストのアプローチは、当時の評価研究における科学性・客観性志向の風潮に根ざしたものであり、分割と合算という測定的手順が踏まれるという意味で要素還元主義の特徴を有するものであった。クライテリオン準拠テストのアプローチは、1920年代のメジャメント運動以来の教育評価の支配的パラダイムであった相対評価を脱却し、教育目標がどれほど達成されたのかという発想から学習評価を行うことで、マスタリー・ラーニング（完全習得学習）への道筋を描き出したものの、行動主義のパラダイムに固有の課題を残していた。

サドラーは、ドメイン準拠評価とも称される、以上で説明した米国におけるクライテリオン準拠テストのアプローチに対して、「学習者の成果物の質を直接的な人間の質的判断でのみ適切に評価できる多くの教科においては不向きである。客観テストに対する偏重は、本来の対象を代理的または間接的な指標で置き換えることを助長する」と批判した[16]。実際のところ、ドメイン準拠評価は客観テストの利用と不離一体に展開され、比較的単純な知識・技能の習得の有無を確認することと親和性があった。クライテリオン準拠テストのアプローチは、要素還元主義の特徴を有するものであり、高次で複雑な学習成果を直接的に質的に評価しようとする志向を持たなかった。

　このような問題意識に根ざして、ドメイン準拠評価に対峙するクライテリオン準拠評価のオルタナティブとして提唱されたのが、高次で複雑な学習成果をも学習評価の射程に捉えるスタンダード準拠評価の考え方である。

② スタンダード準拠評価の考え方とその特質

　スタンダード準拠評価は、学習成果の全体的な質——熟達の度合い——を、評価者の熟達した質的判断によって直接的に評価しようとするものである。そのため、力量ある教師の質的判断（qualitative judgement）がその中心的位置にある。「スタンダード準拠評価は、力量ある教師が指導の中で常に行っているような的確な質的判断を行う専門的能力に依拠するものである」[17]。スタンダード準拠評価は、学習成果の質的レベルを直接的に捉えようとするものであり、要素還元主義の特徴を有するドメイン準拠評価とは評価の粒度（granularity）が異なる。

　氏は、スタンダード準拠評価の中心に位置づく質的判断を、図2.2のように特徴づける。これらの特徴は、質的判断がおしなべて主観に基づくものであることを意味する。サドラーは、複数の実証的研究を参照して、信頼性の欠如、順序効果、ハロー効果、特定評価者の寛大さと厳密さ、無関係な要素の影響、疲労と退屈、不注意、気まぐれ、雑念、趣味や思想の衝突など、教師の質的判断に関して多くの課題があることに言

第二章　スタンダード準拠評価論の成立と新たな展開

・質的判断で用いられるクライテリアの少なくとも一部は、シャープではなくファジーである。
・質的判断はそれが正しいかどうか確認する独立した方法を持たない。
・質的判断では、クライテリア同士が絡み合って連動するため全体的構成が重要となる。
・質的判断では、使用される可能性のある潜在的クライテリアが無数に存在するが、一度の判断においてはそれらのいくつか少数のみが適用される。
・質的判断の後に、数値的表現は割り当てられる。

（図 2.2）質的判断の 5 つの特徴

出典: Sadler, D. R.（1986b）. *ROSBA Discussion Papers 5: subjectivity, objectivity, and teachers' qualitative judgments*, pp.21-22. を元に著者作成。

及する[18]。そして、「教師の質的判断に疑いを投げかけるものに見えるため、そのような判断を評価制度の基盤とすることを推奨するのは奇妙に思えるかもしれない」と述べる[19]。

　では、教師の質的判断はどのような条件の下で、恣意的で独善的ではなく、妥当で信頼できるものとなるのか。

　　明確な評価枠組みの内で評価が行われる場合、適切に訓練された教師は、一貫して信頼でき妥当な評価を行う。［……］教師の質的判断は、優れた教育と優れた評価の中心にあり続けている。［……］判断を下す人が「キャリブレーション」されているという条件の下で、質的判断を信頼することは合理的である[20]。

　キャリブレーションとは、定められた評価枠組みに準拠して判断を下すことができるように、評価者の質的判断を調整するプロセスを指す。教師らの質的判断が適切にキャリブレーションされ、専門家共同体内部において間主観性が一定担保されている場合、教師らの質的判断は許容できる範囲内で一致するものとなり、学習評価における十分な比較可能性が達成される。

　ROSBA 制度においては、学校を基盤として学習評価が行われるものの、修了資格の認証はクイーンズランド州の中央当局機関によって行わ

れる。したがって、各学校は学習評価の方法に関して一定の自由を享受するものの、各学校の成績評価は州内の他の学校と十分に比較可能なものである必要があった。

　そこで、氏はクイーンズランド州の学校間における比較可能性を達成するために、州内で共通のスタンダードを構成し、教師の質的判断をその共通枠組みに準拠して行えるようにキャリブレーションするアプローチを提案した[21]。共通評価枠組みが構成され広く公表される場合、教師や学校だけでなく、専門家共同体の外部者、つまり、保護者や生徒らもこの評価枠組みにアクセスできるようになるという意義がある。サドラーは、共通の評価枠組みとしてのスタンダードを明示的に外化する必要性を強調する。

　　　スタンダード準拠評価システムの開発に力を注ぐ正当な理由は、（ａ）スタンダードが適切な形で策定、共有され、（ｂ）教師が関連する概念的ツールと実践的訓練を受けることができれば、教師の質的判断を信頼できるものにすることができると信じているからである[22]。

　　　原則的に、スタンダード準拠評価は、［……］教師と学習者の双方が利用できるように、外化された明確なスタンダードを提供するものである[23]。［……］［スタンダード準拠評価は］教師の質的判断を直接的に活用し、学校間で許容される比較可能性を実現するために、スタンダードを明示的に規定する方向で取り組むというアプローチである[24]。［……］［スタンダード準拠評価は］何らかの形式による外的表現（external formulation）が必要である[25]。

　このように、サドラーは、教師の質的判断を学習評価の中心に位置づけたが、それは、個人の教師の主観に根ざした質的判断ではなく、州内で共通に合意された評価枠組みに準拠した質的判断である。そのため、共通の評価枠組みとしてのスタンダードを構成すること、それらに準拠

して教師の質的判断を適切にキャリブレーションすることがスタンダード準拠評価の要点となる。

　サドラーが、共通の評価枠組みを構成する具体的方法として提案したのは、作品事例（exemplar）によって補完された言語記述（verbal description）による評価枠組みの策定である[26]。この評価枠組みにおける評価規準・基準表は、教科ごとにいくつかのクライテリアが指定され、それぞれのクライテリアに対して数段階のスタンダードが設定されるものである（図2.4）。スタンダード準拠評価における教師の質的判断は、このような作品事例に補完されたスタンダード記述に準拠して行われることになる。氏は、このようにして、クライテリアとスタンダードを明確にすることの利点を、図2.3のように整理して強調した。

　スタンダード記述を構成する際には、どのようなことに留意すべきか。スタンダード記述を構成する際、氏は、記述を馴染みのある言葉で表現し、教師だけでなく保護者や学習者にとっても理解できる文脈を可能な限り参照する重要さを強調した[27]。たとえば、学習者は「大人の援助なく、図書館において何かしらの題材について研究し、多くの人々にインタビューし、地方紙に投書可能な質の高い意見投稿を書くことができる」といったように記述される場合、そのスタンダードが意味することは一定明確である。なぜなら、その記述の文脈が広く共有されているからである。ところが、文脈が広く共有されていない場合、スタンダード記述を適切に解釈することはできなくなってしまう。

　スタンダード準拠評価が適切に機能するためには、教師がこのような

・明快さはより明晰な思考を可能にする。
・クライテリアとスタンダードはより客観的に機能する。
・保護者に対して評価判断を正当化する際に役立つ。
・目標が明確となり評価に対する学習者の困惑が少なくなる。
・学習者は教師ではなくスタンダードによって評価される。
・教師の経験不足を補う上で役立つ。

（図2.3）評価枠組みを明確にすることの利点

出典：Sadler, D. R.（1986c）. *ROSBA Discussion Papers 2: the case for explicitly stated standards*, pp. 6–7. を元に著者作成。

付録：数学におけるクライテリアとスタンダード：修了レベルの決定

スタンダード／クライテリア	S1	S2	S3	S4	S5	S6
知識 Knowledge	明示的な書面の指示や口頭の指示を受けた場合、大部分の学習単元について、定義や定理を証明なしで思い出すことができ、所与の条件を示すことができる。	明示的な書面の指示や口頭の単元において、全ての単元で定義、定理、所与の条件を思い出すことができ、定理の証明を再現することができる。	S2としてのパフォーマンスを示す。また、記号表記法を思い出すことはできるが、機会があっても必ずしもこの表記法を使用するわけではない。	S2としてのパフォーマンスを示す。記号表記法の全てを一貫して、容易にかつ正確に使用する。	S4と同様。また、新しい記号表記法を受け入れ、容易に使用することができる。	–
表現 Representation	標準的な図形や幾何学的な表現が与えられた場合、それらに関連する数学の方程式を口頭でラベル付けしたり、特性を説明したりすることができる。また、表から明白な情報を得ることができる。	与えられた情報を基に、定型的な（標準的な）数学の方程式をグラフや幾何学的表現（不等式、単純な三角方程式、放物線、双曲線、指数、対数、力学の図）に変換することができる。	(a)指定された方程式が与えられた場合、他の情報を生成して、より困難または複雑な図形やグラフ（多項式、有理関数、相対速度、三角関数、円錐曲線）を作成することができる。 (b)標準的な問題を文章形式から正しい数学の方程式に変換することができる。	S3と同様。また、より困難な文章問題や図を数学の方程式に変換したり、その逆を行うことができる。	S4と同様。また、教科書に一般的に提示されるものではない現実の問題を、適切な数学的モデル（または近似）に変換することができる。	–
操作 Manipulation	数式や単純な代数式に対して、直接計算または簡略化を行うことができる。	基本的な代数的操作（簡単な簡略化や因数分解）を行い、より簡単な形または解を得ることができる。必要とされる操作の量は少ない。	簡略化や因数分解が広範に必要とされる代数的操作を行うことができる。	最終結果を得るために、段階的に難易度が上がる簡略化を複数回行う（簡略化を行わなければ進展できない場合に）。	–	–
手続き Procedure	明示的に指示された1つの概念のみを対象とするアルゴリズムを実行することができる。このアルゴリズムには、公式の想起、代入、簡略化の手順が含まれ、使用するのは基本的な4つの演算（加減乗除）のみである。	次の特徴を持つアルゴリズムを実行することができる。明示的な指示、公式の想起、代入とその後の簡略化。ただし、公式以外の操作が含まれ、数値的または代数的な操作は最小限である。	明示的な指示のもとで1つの概念を扱うが、解を得る一連の手順を踏む必要があるアルゴリズムを実行することができる。この場合、代数的操作が必要である。	次のタイプの「複合的」アルゴリズムを実行することができる。明示的な指示があり、複数の概念を順次適用することで解答を得る。	明示的な指示があり、以前に習得した複数の概念を統合して最終的な解答を得る「複合的」アルゴリズムを実行することができる。	–
解法モード Attack Mode	重要なステップについて助言がある場合のみ、未経験の問題に取り組むことができる。重要な関連するパターンが提供される必要がある。	提供された可能な戦略の範囲を問題に当てはめ、生徒がこれらの戦略を試す。	問題の中にヒントが示されている場合、そのヒントを基に関連する戦略や関係性を思い出し、使用する。	問題から独立してヒントを抽出し、そのヒントを戦略に翻訳することができる。	明確なヒントが存在しない問題に取り組み、なお問題の情報から適切な戦略を選択することができる。	オープンエンドで、情報不足または過剰が提示されている場合でも、問題要なステップを特定することができる。

解法モード Attack Mode	S7
	現実の問題を特定し、その本質的な要素、仮定、および関連する数学を明らかにする。

（図 2.4）検討報告書で例示されている評価枠組みの一例（数学）

出典：Findlay, J.（1986）. *ROSBA Discussion Paper 7: mathematics criteria for awarding exit levels of achievement*, pp. 39–40

第二章　スタンダード準拠評価論の成立と新たな展開

評価枠組みに準拠して評価を行えるように、自らの質的判断を洗練・調整していくことが肝要となる。氏は、教師が評価経験を蓄積し、共通の評価枠組みに準拠して評価を行うことに慣れていくと、スタンダードは徐々に教師に内化されていくだろうと指摘しつつも、外化されたスタンダード記述が最終的・決定的な評価枠組みを構成すると位置づける[28]。この意味で、外化されたスタンダード記述は、教師が質的判断を下す際に準拠しなければならない、ある種の法体系のようなものと捉えられる。

　　クイーンズランド州では、スタンダード準拠評価が、学校ベースの評価制度の基盤を形成しており、学校間の比較可能性を達成するための確認と調整を行う責任が、教育専門職全体で広く分担されている[29]。

　まとめると、サドラーが構想したスタンダード準拠評価論は、規定された評価枠組みに準拠して、学習成果の質に対して熟達した質的判断を行うという教師の専門職的力量をその中核に位置づけるものであり、教師らが準拠すべき共通の評価枠組みを作品事例に補完されたスタンダード記述として構成するものであった。ROSBA 制度では、教師の質的判断を学習評価の中心に位置づけつつも、質的判断が準拠すべき共通の評価枠組み（外化されたスタンダード）を構成することで、学校間・教師間の比較可能性を一定達成し、質的判断の妥当性と信頼性を公的な資格認証レベルまで引き上げることが目指された。こうした評価の考え方の大枠は、以後細かな修正が行われつつも、現行制度に至るまで続いていくものとなる。

(3) スタンダード準拠評価論の国際的な広がり

　次に、サドラーが1980年代に提示したスタンダード準拠評価の考え方が、以後の学習評価の展開において、どのように位置づけられていったのかをみていこう。

　1990年代前後から、学習評価論は大きなパラダイム転換を経験する。

79

それは、人間の能力を定量的に測定する技法である心理測定学（psychometrics）の考え方を脱却して、学習評価のオルタナティブ・パラダイムを模索する国際的動向として特徴づけられる。その中で、スタンダード準拠評価の考え方は、新しい学習評価論のあり方を理論的に提示する有力なアプローチとして広く受け入れられていく。

マクスウェルとカミング（Joy Cumming）は、サドラーの示したスタンダード準拠評価論の考え方が、1990年代以降の学習評価論の国際的展開、すなわち、(1) スタンダード記述に準拠した教師の質的判断を重視していく動向、(2) クライテリアとスタンダードの言語記述マトリクス（ルーブリック）を開発していく動向において、重要な役割を果たしたと評価する[30]。また、ギップスは、その著名な単著『新しい評価を求めて（*Beyond Testing*）』（1994年）において、サドラーのスタンダード準拠評価論の考え方を、ドメイン準拠評価論を乗り越える新たな学習評価のパラダイムとして位置づける[31]。

このように、教師の質的判断を重視し質的判断が準拠すべき枠組みとしてルーブリックを構成することを求めるような学習評価論の展開は、当時国際的に観測された。たとえば、米国においては、客観テストとは異なるオルタナティブ・アセスメントを希求する動向が顕在化しており、「パフォーマンス評価」といった新しい考え方が登場していた。

パフォーマンス評価は、ある特定の文脈のもとで、さまざまな知識や技能などを総合的・統合的に活用しながら行われる、学習者のパフォーマンス（作品や実演）を直接的に質的に評価する方法である。パフォーマンス評価を正当な学習評価の方法として位置づける際に、教師の質的判断を信用たりえるものとする装置としてルーブリックなどの評価ツールが開発された。

1980年代半ば以降、米国ではアカウンタビリティの強調を背景として標準テストが急速に広がったものの、これに対して、標準テストでは評価できない学習成果を質的に評価しようとする理論的・実践的動向が生起した[32]。標準テストに対しては、それが「テスト能力（test-taking ability）」を測定しているのにすぎず、標準テストによって豊かな教育実

第二章　スタンダード準拠評価論の成立と新たな展開

践が矮小化されているといった批判が向けられた。標準テストは限定的な学力のみを評価しているという問題意識の元に、学習成果をより広く捉えることが目指されたのである。

　このような学習評価論に関する動向は、なにも米国に限ったことではなかった。たとえば、当時の英国においては、教師の質的判断を重視した新しい学習評価の考え方は「教室内評価（classroom assessment）」などと呼ばれ、広がりを見せ始めていた[33]。スタンダード準拠評価、パフォーマンス評価、教室内評価とその呼ばれ方は国や地域によって異なっているものの、これらの学習評価のパラダイムは、教師の質的判断を学習評価の中心に位置づける点において、同形である。

　このような評価方法の広がりは、1990年代以降、コンピテンシーの育成を強調する国際的潮流にも後押しされていくこととなる。知識・技能の活用といった認知的に高次で複雑なコンピテンスを育成することに教育の焦点が合わせられていく中で、スタンダード準拠評価は、複雑なパフォーマンスないしはコンピテンスを評価する有効なアプローチと位置づけられていった。

　こうした国際的な教育動向の中に、サドラーのスタンダード準拠評価論の試みは位置づいていた。急いでことわっておけば、これらの国際的動向が氏の提案によって直接的に引き起こされたと言いたいわけではない。そのような歴史的動態の中の1つに、氏の試みがあったものと解釈する方が妥当だろう。サドラーの功績は、スタンダード準拠評価として、新しい学習評価のパラダイムを理論化したこと——関連する諸概念を定義し、意味体系を整理し、理路をつまびらかにし、概念装置を構築するといったように、教師の熟達した質的判断を中心原理とする学習評価のメカニズムを体系的に記述したこと——にある。新しい学習評価を求める一連のムーブメントにおいては、その実践的方法論にとりわけ焦点が向けられていたが、サドラーはそれらに対して確かな理論的基盤を構築し提供したのである。

81

第二節　スタンダード準拠評価論の理論的土台

　第二節では、スタンダード準拠評価の提唱に至るまでのサドラーの所論に焦点を合わせる。サドラーは、いかなる思索を巡らせて、スタンダード準拠評価を構想したのか。本節では、(1) サドラーの博士論文 (1985 年) に遡り、氏の論究のいかなる側面が、スタンダード準拠評価論として具現化されたのか、(2) スタンダード準拠評価論を構想する際にサドラーがいかなるジレンマを抱えていたのかを明らかにする。

(1) 理論的土台としての博士論文

　ROSBA においてサドラーが提示したスタンダード準拠評価の考え方は、どのように導き出されたのか。簡潔にいえば、これは、氏の博士論文をその理論的土台として構想されたものである。第一章で示した通り、氏の博士論文は、カリキュラム評価を念頭に置いて、人の質的判断をその中心に位置づける教育評価論の可能性を論究し、それを体系的に記述するものであった。この意味で、スタンダード準拠評価は、人の質的判断を中心に位置づけるカリキュラム評価論のパラダイムを、学習評価論に適用したものとして理解できる。

　氏の博士論文の中で、とりわけスタンダード準拠評価論に関連深い箇所は、スタンダードの本質、並びに、スタンダードを外的に表現し共有する方法論について考究した第四章「スタンダード」である。本章の初出は、1982 年の論文「なぜ、スタンダードの明示的定義が必ずしも可能ではないのか（Why the explicit definition of standards is not always possible）」である[34]。

　氏は、スタンダード（質の固定点）を共有する方法として、概して 4 つの方法があると理解する。すなわち 1.「数値打切スコア（numerical cutting score）」、2.「評価経験（evaluative experience）」、3.「暗示的定義（implicit definition）」、4.「明示的定義（explicit definition）」である[35]。1. 数値打切スコアによる方法は、一次元の尺度における閾値の指定を行うものである。

たとえばこれは、あるスタンダードを満たす閾値を、客観テストなどにおける得点や得点率として、何点以上や何割以上などと、数値で指定する方法である。

2. 評価経験による方法とは、評価活動を共有することによって、スタンダードを経験的に共有するものである。たとえば、中世の大学における学位授与などの実践がこれにあたる。学位授与の可否を判断する教授会構成員らは、評価経験を共同体として共有することで、学位授与に相応しい程度の水準（スタンダード）を、暗黙的に共有している。言い換えれば、構成員として評価経験を共有しない限りは、スタンダードを理解することはできない。

サドラーは、これら2つの方法は不適当であるとし、スタンダード準拠評価論では、後者2つの方法を組み合わせることによって、評価枠組みを構築することが目指された。というのも、数値打切スコアによる方法は、客観テストの利用を前提としてしまうし、評価経験による方法は、スタンダードを外化せずに暗黙のものとしてしまうからである。

3. 暗示的定義による方法は、あるスタンダードを満たす典型的な作品事例の集合体によって、スタンダードを指定するものである。この方法においてスタンダードは、事例の集合として外化される。ただし、多重クライテリア（multiple criteria）が複雑に絡み合う場合、少数の作品事例群ではスタンダードを適切に定義できないため、スタンダードを適切に定義するためには、多大な作品事例を示すことが必要となる[36]。

4. 明示的定義による方法は、あるスタンダードを正確に言葉で記述するという形式をとるものである。言い換えれば、これはスタンダードを成文化する試みである。ただし、こうした記述を構成することが可能かどうかは、スタンダードを構成するクライテリアの性質に依存する。「ファジーなクライテリア（fuzzy criteria）」は、実在物によってのみ定義されるため、それを含む場合、完全な明示的定義は構成できない[37]。

ここでいうファジーなクライテリアとは、「連続的で、その意味を理解する上で具体的な指示対象を前提とするもの」を指す。たとえば、ライティング作品の評価において用いられる「なめらかさ」「首尾一貫性」

「説得性」「明快さ」といったクライテリアは、正誤で評価できず、どの程度優れているのかということは、グラデーションとして表れる。そして、明確に言語で定義されるような解釈体系を持たない。ファジーなクライテリアは、文脈から独立して絶対的な意味を持たない抽象概念であり、言語で厳密に定義できず具体への参照が必要となる。

これに対して、シャープなクライテリアは、非連続的で、合意された解釈体系を前提とする。たとえば、「誤字・脱字」に対する判断は、正誤がハッキリしている。そして、正誤を判断するような合意体系（言葉のルール）が存在する。同じように、「語彙の正確さ」「文字数」といったクライテリアも一定明確に定義され、解釈する人によってその意味が変わることはほとんどない。

サドラーは、暗黙的定義と明示的定義の両者を補完的に用いることが、スタンダードを外化する上で、最も効果的な方法であると考えた。というのも、ある質の水準の特徴を表現したスタンダードの記述文が作品事例に付随する場合、膨大な作品事例を用意せずとも比較的少数の事例で十分にスタンダードを共有することができ、また、抽象的なスタンダードの言語表現は、指示対象としての実在物を伴うことでその意味が適切に解釈されるからである。この点について、サドラーは、次のように説明する。

　　作品事例（exemplars）と言語記述（verbal descriptions）のそれぞれの強みは、両者を組み合わせることで効率的にスタンダードを規定する可能性を示唆している。作品事例の数は、個々の作品の特性に関する明示的な注釈を伴えば、比較的少なくすることができるだろう。同様に、尺度における各グレードやスタンダードの要件に関する一般的説明（generic descriptions）も、関連する作品事例によって裏づけられる必要がある[38]。

　　自然言語による記述と作品事例を併用することは、人間の評価者がもつ暗黙知（tacit knowledge）を完全に代替したり、不要にしたりす

ることを意味しない。なぜなら、外的表現（external formulations）は
あらゆるケースを網羅することができないからである。しかし、教
育評価が行われる明確な枠組みを提供することで、学校間の比較可
能性を達成するだけでなく、学習者が自身の評価エキスパティーズ
（evaluative expertise）を身につける手助けとなる[39]。

　以上の考え方に則って、ROSBA における共通評価枠組みは、作品事
例に補完されたスタンダード記述として構成された。これは、スタン
ダードをどのようにして外的に表現するかという思索に対して提示され
た１つの解であった。

（2）サドラーのジレンマ

　ROSBA では以上のように、スタンダードを構成する方法論を最終的
に導いたものの、サドラーの所論を丁寧に繙くと、さまざまなジレンマ
を抱えていたことが読み取れる。以下では、スタンダードの明示的記述
を構成すること、そして、クライテリアを事前指定することに関して、
氏が抱えていたジレンマの内実をみていこう。

① スタンダードの明示的記述の可能性と限界

　実のところサドラーは、部門長に就任する前、1982 年の論文で、
ROSBA の試みは失敗する可能性が高いとの指摘をしていた[40]。その際、
論拠としたのは、先に挙げたファジーなクライテリアの存在である。教
育におけるスタンダードを構成する際に、ファジーなクライテリアを軽
んじたり排除したりすることはできないものの、これによってスタン
ダードを言語で定義すること、すなわち明示的記述を構成することが困
難になると指摘していた。

　　スタンダードを明示的に定義しようとすることは単に困難であるば
　　かりか、学校教育の重要な成果の多くにおいて、原理的に不可能で
　　あるという結論に至る[41]。

本論文において氏は、この問題を解決する唯一の方法が、作品事例と鑑識眼（connoisseurship）の考え方を拡張していくことにあると結論づけた。

　　私たち教育者の多くは、学習者の成果を相対的な成績としてではなく、コンピテンシーに基づいたカテゴリーで報告するという展望に魅力を感じている。一方で、明示性と合理性の要求に応えたいと願いつつも、それを提供することができない現実に直面している。そのため、目標に基づいてスタンダードを定義する ROSBA の提案は、最終的には成功しないだろうと私は考えている。では、どうすればいいのか。私が考える唯一の選択肢は、［……］作品事例という考え方や、ある種の鑑識眼の方法を試してみることである。一見するとこれは半世紀近く前に時計を戻すことのように思える。しかし、私はこれがどんなに原始的に聞こえ、非科学的なことのように見えようとも、私たちはこの選択肢を閉ざすべきではなく、また実際には閉ざしえないと考える[42]。

　このように、サドラーは明示的記述の構成に一貫して慎重であった。スタンダードを言語記述で定義することの困難さに関しては、氏の博士論文においても、1987 年の論文においても、その論証に多大な頁数が割かれている。

　とはいえ、サドラーは明示的記述を用いることを放棄したわけではなかった。先述した通り、ROSBA におけるスタンダード準拠評価の考え方においては、明示的記述を作品事例によって補うという考え方を最終的に提示した。その際に、サドラーは「スタンダードの言語による記述——スタンダード自体は抽象的で観念的な構成体である——は、文脈における使用によってのみ、その解釈が多かれ少なかれ適切に指定されうる。文脈を構成する具体的で実在する指示対象は、その適切な解釈にとって不可欠である」ということを殊更に強調した[43]。

　このようにサドラーは、明示的記述を作品事例によって補完するとい

86

第二章　スタンダード準拠評価論の成立と新たな展開

う解決案を導きつつも、スタンダードの言語表現による定義（明示的記述の構成）に一貫して慎重にならざるをえないというジレンマを抱えていた。

② クライテリアの事前指定の可能性と限界

　加えて注目すべきことは、博士論文において示されているクライテリアに対する考え方である。氏は、原初的にクライテリアは、行われた価値判断を正当化し説明する過程に生まれるものであると理解した。つまり、知覚・認識することが第一義的な評価行為であり、いかなるクライテリアにも先立つと考える。また、ディスコースの世界は、経験の世界と同程度の広がりを有していないため、すべてのクライテリアをあらかじめ明示することはできないとした。

　以上より、氏は「教育評価におけるクライテリアは一般的に明示されるべきであるが、完全に事前指定することは原理的に望ましくない」と結論づける[44]。このような考えに則って、サドラーは、目標としてクライテリアを組織することは、一定の見通しを与えることとして有用であるが、あらかじめ指定されたクライテリアに限定して評価を行うことは自己制限的だという認識を示した。なぜなら、評価において正当に用いられるべきクライテリアが、あらかじめ指定されていない場合、それらを評価で正当に用いることができなくなってしまうからである。

　とはいえ、スタンダード準拠評価を実現するためには、スタンダード記述を構成する必要があり、スタンダード記述はクライテリアを指定することなしには構成することはできない。要するに、サドラーは、クライテリアを事前指定することは、スタンダード記述の構成に求められるものの、評価におけるクライテリアを事前指定することは、評価を自己制限してしまうというジレンマを抱えていたのである。

　本節の議論をまとめると、ROSBA 改革が行われる前後の所論においてサドラーは、スタンダードの明示的記述を構成すること、そして、クライテリアを事前指定することのジレンマに対峙していた。すなわち、クライテリアやスタンダードは明示されるべきだが、それを完全に行う

87

ことはできないというジレンマである。実際のところ、サドラー自身、ROSBA は理論的にも政治的にも困難な取り組みであったと回顧している[45]。なお、スタンダードやクライテリアに対するこのような氏の捉え方は、言語による知の表現・記述の限界性を論じたポランニーの認識論から影響を受けたものであり、この点に関しては第四章で詳しく扱う。

第三節　スタンダード準拠評価論の新たな地平

　本節では、2000 年代以降に展開されるサドラーの所論に焦点を合わせる。2000 年代に入ると、1980 年代とは異なり、クライテリアとスタンダードの言語記述マトリクス（いわゆるルーブリック）が、単一の評価課題に対するもの（特定課題ルーブリック）から学年次段階のカリキュラムに対するもの（長期的ルーブリック）まで、教育実践において広く普及するようになる。サドラーは、こうした評価枠組みに対してラディカルな批判を行い、1980 年代とは異なる形でスタンダード準拠評価のあり方を模索していく。

　本節では、昨今の学習評価実践を氏がいかなる論理で批判するのかを、とりわけルーブリック批判に焦点を合わせて明らかにするとともに、氏がいかなるオルタナティブを提案するのか、その内実と特質を明らかにする。

(1) 学習成果の保障に対するコミットメント

　1991 年にクイーンズランド大学を離れてグリフィス大学（Griffith University）に異動したサドラーは、2000 年に、グリフィス高等教育研究所（Griffith Institute for Higher Education）の所長（教授）に就任する。以降、氏の学習評価論は、大学教育を主な対象として展開される。

　当時サドラーは大学教師として、昨今の学習評価実践に対し違和感を覚えていた。はじめに、大学教育における評価実践に対して氏が抱いていた問題意識を整理しよう。

88

第二章　スタンダード準拠評価論の成立と新たな展開

　端的にいえば、サドラーは大学などの高等教育機関が、卒業・修了時の学習成果として保障し獲得されるべき能力を、学生が実際には獲得しないままに卒業・修了してしまっている状態にあると認識し、学習成果を保障することに対するコミットメントが大きく損なわれているという問題意識を抱いていた。

　氏は、「高等教育課程を卒業するすべての学生に、ハードスキル（高次の認知能力など）を満足に保障するためには、高次の認知能力を十分に獲得していない場合——どれだけ物事を暗記していようが、どれほど素晴らしいソフトスキル（コミュニケーション能力など）を持っていようとも——卒業・修了できないようにゴールポストを変えること」が必要だと喝破する。そして、とりわけ「下位50％の学生たちに対しても、高次の認知能力を育てることに重点を置くために、教授、学習、アセスメント、および成績づけをどのように構想すればよいかを理解すること」が求められるとした[46]。

　サドラーは、こうしたねらいを達成するためには、真に独立して定立されるスタンダードを適切に設定しなければならないと主張し、「スタンダードを前面に出し、核に据え置くことが初めの一歩である。これこそが、完全に道徳的であり、完全に公正なことである」と強調した[47]。

　ここに、大学教育の核となる目的が、学生の高次の認知能力を育成することにあるとするサドラーの認識がよく表れている。ここでいう高次の認知能力とは、事実的知識や個別的技能ではなく、知識や技能を総合的・統合的に使いこなす能力を指しており、知識の統合、複雑な問題解決、批判的思考などに要求されるものである。サドラーは、大学教育の大衆化が進行する中で、大学教育が本来保障すべき能力である高次の認知能力を、適切に保障できていない現状を以上のように懸念した。そして、氏は、このような状況を生じさせている原因が、不適切な学習評価を実践していることにあると捉えたのである。

　「ゴールポストを変えること」を掲げるサドラーの主張は、十分に高次の認知能力を形成していない学生を卒業・修了させないことを意味するために、一見すると酷な主張と思えるかもしれない。しかしながら、

89

適切な能力を獲得しないままに卒業・修了を認めてしまうのではなくて、大学教育が保障すべきものを徹底して保障することにコミットすることが教育機関の責任であり、むしろ、そのようにすることが、結果として学習者の権利と利益を守ることになるとサドラーは考えるのである。

この意図は、サドラーが「下位50％の学生に対しても高次の認知能力を」と強調する点にもよく表れている。学習評価にコミットすることが、約束された学習成果をすべての学生に対して一定保障することにつながるのである。以上の認識が、スタンダードに焦点を合わせた学習評価の新たなあり方を構想することを導く。

(2) 成績評価実践の問題点

では、サドラーは、単位認定や修了認定に関わる成績評価の何が問題であると考えたのか。

サドラーは、学習成果を保障し、学習評価を信頼あるものとするために「成績整合性（grade integrity）」に対するコミットメントがなによりも重要であるとした[48]。サドラーは、成績整合性を「科目または学習単位の終了時、または評価課題への応答時に授与される成績が、学習者のパフォーマンスの質、幅、および深さに厳密に見合う程度」と定義する[49]。平易にいえば、与えられる成績が、学習者が到達したパフォーマンスないしはコンピテンスの質的レベルを適切に表現しているかということである。

氏は、高い成績整合性を実現するための要件を次の3点で捉える[50]。第一に、論理的に正当な種類のエビデンスが用いられること、第二に、強い推論を引き出すのに十分な範囲と確かさを有するエビデンスが用いられること、第三に、学習者のパフォーマンスのレベルを記号化するのに適切な成績づけ原理が用いられることである。

氏は、昨今の高等教育機関における典型的な成績評価実践について、成績整合性をとりわけ損ねている2つの深刻な問題があるとした。第一に、成績評価に組み入れることが本来、適切でない要素を成績評価の対象としていることであり、第二に、学習者のパフォーマンスのレベルを

90

的確に表現できない成績づけ原理が用いられていることである[51]。これらの問題は、それぞれ上述した第一、第三の要件に対応するものである。

　ここでは、まず第一の問題に対する批判に焦点を合わせよう。氏は、成績整合性の初めの要件——評価で用いられるエビデンスが論理的に正当な種類であること——を、「忠実度（fidelity）」と呼ぶ[52]。「非成果要素（non-achievement elements）は、評価対象を汚染し、成績整合性を損なわせる」[53]。忠実度について考える上で最も重要なことは、成果概念（学習成果）が意味するものを明確にすることである[54]。要するに、ここでの本質的な問題は、さまざまな非成果要素が、あたかも真の成果要素であるかのように扱われていることにある——たとえば、出席点などはその典型例といえよう。そのため、成績評価の対象に含まれる要素を吟味し、学習成果の解釈と一致しない要素は排除する必要があるとした[55]。

　氏は、忠実度を損ねることになる学習評価の典型的な実践として、次の２つを指摘する[56]。第一に、成績評価に組み入れられる得点の一部をアメとムチとして用いる評価実践であり、氏はこのような慣行を「取引（transactional）」と呼ぶ。取引の典型例としては、たとえば、グループディスカッションへの参加、コメント、学習ログ、振り返りの投稿など、特定の活動を行うことに対して与えられるボーナス得点、ないしは、課題提出の遅延などにペナルティ得点を課すことなどがある。

　第二のものは、最終の成績判定に向けて、コースの途上で得点を徐々に累積していくという評価実践である。累積的評価の実施は、評価機会を複数設定して分散させることで、学習者のモチベーションの維持に寄与したり、学習者の心理的な負担を和らげたりする点から意義づけられることがある。とはいえ、氏は、累積的評価を行うことは、コース終了時に到達した水準を誤って表現するという重大な問題を孕むと指摘する。図2.5は、コース終了時の到達度は同様であるが、ＡとＢが異なる成長の過程を経ていく仮説的モデルを示すものである[57]。T1からT4の４箇所に分散されて評価が行われる場合、ＡとＢの最終的な成果レベルは同様であるのにもかかわらず、Ａは有利な得点を、Ｂは不利な得点を得ることになる。

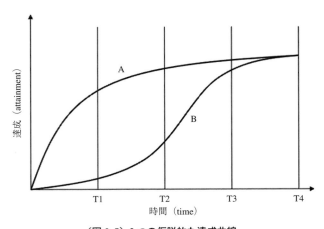

（図 2.5）2 つの仮説的な達成曲線
出典: Sadler, D. R.（2010）. Fidelity as a precondition for integrity in grading academic achievement. *Assessment and Evaluation in Higher Education*, 35, p. 736.

　まとめると、以上に整理したサドラーの批判は、主として、評価の妥当性——評価すべきものを評価できているか——という視点から、昨今の大学教育にはびこる成績評価の現状を批判するものであるといえる。サドラーは、成績評価は達成された学習成果の質に対して純粋に行われるべきものとの原則を強調する。このような主張は、学習評価にコミットすることが、約束された学習成果に対してコミットすることになるという認識に根ざしている。

(3) ルーブリック批判における2つの論点——分析性と成文化

　次に、不適切な成績づけ原理——これはルーブリックを用いる評価スキームのことを指す——に対する批判に焦点を合わせよう。サドラーは学習評価においてルーブリックを用いることを厳しく批判している。端的にいえば、ルーブリックは、教師の質的判断を統制し調整する装置として不適切であるとサドラーは捉える。では、氏のルーブリック批判はいかなる論理で展開されるのか。氏の批判は、概して2つの論点で展開される。第一の論点は、事前設定（pre-set）されるクライテリアに基づ

いて分析的評価を行うことである。第二の論点は、言語によるスタンダードの成文化（codify）を行うことである。

① 分析的評価に対する批判の論理

一般的に、全体的判断を扱いやすい部分に分割することは、評価の客観性や透明性を高めると考えられており、事前設定クライテリアによる評価枠組み（分析的ルーブリック）を用いることが幅広く支持されている。氏は、分析的評価の考え方について次のように特徴づける。

> 分析的評価（analytic grading）では、教師は限られた数の特性またはクライテリアにおいて、個別の質的判断を下す。これらは通常、事前指定されている。[……]クライテリアごとに個別の判断が行われた後、ルールまたは式を使用して組み合わされ、最終的に評点に変換される。分析的評価は明らかにシステマティックである[58]。

氏は、分析的評価を行うこと（分析的ルーブリックを用いること）が、現在、高等教育で着実に確立されてきており、とりわけ1990年代末頃から国際的に急速に広がりを見せていると指摘する[59]。しかしながら、氏はこうした評価方法は、複雑なパフォーマンスを評価する上で不適切であり、その欠陥は、この評価方法に固有なものであるとする[60]。

> ホリスティックな判断をより扱いやすい部分に分解することは、学生への評価の透明性を高め、成績評価における客観性を高める方法と考えられている。しかし、このアプローチは、多重クライテリアによる質的判断の複雑さを十分に表現できておらず、歪んだ成績判断につながる可能性がある[61]。

分析的ルーブリックによる評価手順は一見容易に理解され、合理的でシンプルに思われるが、その実際のプロセスは単純なものではない。氏は、分析的評価を行う際に評価者が次の問題に直面することになると指

摘する[62]。

　複雑なパフォーマンス（作品・実演）の評価を行う際、教師は、パフォーマンスの全体的な構造や様相をホリスティックに捉えたり、クライテリアに焦点化したりしながら、パフォーマンスの質を見定めていく。このとき、全体的な質が「最高レベル」と判断されても、それぞれのクライテリアが「最高レベル」と判断されないときがある。同様に、すべてのクライテリアが「最高レベル」の評価であっても全体的な質はそれほど良くないときがある。これが、分析的評価と全体的評価の不一致という問題である。パフォーマンスの全体的な質においては、パフォーマンス全体を構成する諸要素がどれほど巧みに組み合わされるのかというゲシュタルトが重要な意味を持つため、各クライテリアの評点を単純に総計することはできない。

　また、ルーブリックを用いた評価では、評価される一連のパフォーマンスに対して同一のクライテリア群が等しく画一的に適用される。けれども、優れたパフォーマンスのあり様に幅広さが正当に認められる場合、それぞれのパフォーマンスが有する「善さ」はそれぞれに異なり、よって、異なるクライテリアによって価値づけられる。そのため、指定されたクライテリア群を等しく画一的に適用することは、一見すれば公平・公正のように思われるかもしれないが、これは歪んだ評価を導いてしまう[63]。なお、この問題は、複数の観点を設定する分析的ルーブリックにおいて、顕著に表れる問題であるが、複数の観点が設定されない全体的ルーブリックにおいても生起する問題である。というのも、その記述語において散りばめられたクライテリアが共通に適用されるからである。

　また、評価を行う際に、事前に指定されていないクライテリアを考慮すべき状況——考慮しない場合は適切な評価を下すことができないという状況——に直面するときがある。これが「創成クライテリア（emergent criteria）」の出現という問題である。この場合、創成クライテリアを無視するか、それを超規則的に採用することになる。以上の問題に加え、指定されたクライテリア群に概念的な重複があったり、クライテリアが意味することが一意的に定まらなかったりする問題にも直面することがし

第二章　スタンダード準拠評価論の成立と新たな展開

ばしばある。

　このような問題は、なぜ生起するのか。端的にいえば、これらの問題は、ルーブリックがクライテリアを事前指定することによって生じている。ルーブリックで示される事前指定クライテリア群は、あくまで部分的に選択されたものである——ルーブリックは、評価で正当に用いられる可能性のあるクライテリアをあらかじめすべて記述することはできない[64]。そして、事前指定されるクライテリア群が単純に画一的に適用されたり、個別的判断が単純に合算されたりする。このようにして評価に歪みが生じるのである。ルーブリックは、質的判断の複雑さを完全に表現できるわけではない。

　以上に述べたサドラーの問題意識は、1980 年代におけるサドラーの認識、すなわち「あらかじめ指定されたクライテリアに限定して評価を行うことは自己制限的だ」という認識と地続きのものといえる。

　1980 年代の所論では、創成クライテリアが出現するなど、既存の評価枠組みで適切な評価判断が行えない場合に、つまり「ルーブリックの破れ」[65] が明らかとなったときに、適宜、評価者が潜在的クライテリアを持ち出すことは、正当に認められるべき行為であるとしていた[66]。ただし、2000 年代以降は、ルーブリックという採点装置の厳格性や規範性が高まっている背景もあり、「それを認めることは、指定されたクライテリアだけが使用されるという教師と学習者間の暗黙的契約に違反する」と氏は指摘している[67]。

② スタンダードの成文化に対する批判の論理

　次に、スタンダードを言語で定義すること、すなわちスタンダードの成文化は可能かという第二の論点について見ていこう。

　　国際的に、学業成果スタンダード（academic achievement standards）の明示的な記述を開発する試みは着実に強化されている。[……] このような実践は、単一の評価課題のルーブリックから、教育プログラムの修了に求められる学術パフォーマンスのベンチマークとして

95

使用されるナショナル・スタンダードの記述にまで及んでいる[68]。

言葉、図、または記号で構成された明示的な説明または記述を成文
化（codifications）と呼ぶ。[……]理想的には、成文化すること は
「異なる時、異なる場所、または異なる集団によって知識を再構成
するために役立つ」（Amin and Cohendet, 2004, p. 21）。[……]成文化は、
学習者、大学教師、認定機関、専門機関、雇用者の間で「スタン
ダードの知識」を伝達し、共有するための主要な手段とみなされて
いる[69]。

　このように氏は、スタンダードを成文化する試みが、課題レベルから
カリキュラムレベルに至るまで国際的に広がりを見せ、それがあたかも
評価枠組みの知識を伝達し共有する手段として、万能であるかのように
みなされていることを指摘する。
　これに対して氏は、言語によるスタンダードの完全な成文化は本質的
に不可能であるため、スタンダードを適切に外化し共有するためには、
成文化とは根本的に異なる表現形式が必要であるとする。その主な論拠
は、スタンダード記述は直感的に理解できるように思われるものの、記
述文で用いられる語句や修飾詞は、具体的な文脈なくして解釈すること
はできず、よって決定的な意味を表現することはないからである。この
ようなサドラーの問題意識は、1980年代におけるサドラーの認識、す
なわち「スタンダードを言語で定義することは困難である」という認識
と地続きである。

現在のクライテリオン準拠方式の根本的な問題は、記述語
（descriptors）や記述文（statements）で使用される主要な用語（または
「指定子（specifiers）」）が、その表現に込められた留意や詳細にかか
わらず、普遍的な意味を持たないことにある[70]。

スタンダード記述の修飾語は、絶対的ではなく相対的に解釈される。

ルーブリックの場合修飾語が意味することはコホートに限定されう
る[71]。

　このように、スタンダードが明確に指定されないために、相対的な修
飾語を用いることが多いスタンダード記述は、一般的に相対主義に陥り
がちであると氏は批判する。たとえば「非常に優れた論理性を示す」や
「説得性がやや弱い」などといった記述語は、相対的な修飾詞を用いる
ものであり、「非常に優れた」「やや弱い」とはどの程度なのかが絶対的
でないために、結果として、対象の集団に依拠して相対的にその水準が
解釈されることになるというわけである。
　このことは、要求される質の水準は明確に異なるのにもかかわらず、
同じルーブリックが、学部1年、4年、大学院生の作品に等しく適用で
きてしまう場合があることを想起すると理解しやすい。要するに、ルー
ブリックが、評価におけるクライテリアは指定しても、スタンダード
（求められる質の固定的水準）は明確に固定できていないことを意味するの
である。
　1980年代の氏の所論においては、スタンダード記述を作品事例によっ
て補完することでこうした問題は解決可能であるとしていた。しかし、
氏はこの考え方を後に否定する。

　　記述を作品事例で補うことで、必要な固定的な観念は得られるのだ
　　ろうか。記述とその「関連する」作品事例の組み合わせは、二段階
　　の解釈を必要とする。言語による記述は、一般に、特定の作品事例
　　を正確に記述することはできない。［……］教育におけるスタン
　　ダード記述は、その性質上、あるものの階級についての一般的な記
　　述である。作品によっては、質やレベルを正しく決定する上で極め
　　て重要な側面が、記述には全く出てこないことがある[72]。

　氏は、スタンダード記述は、あくまで特定レベルの一般的な特徴の記
述であるため、それを補完するいくつかの作品事例とは、一対一で対応

するものではないことを指摘する。そのために、スタンダード記述と作品事例群を適切に紐づけることが困難というわけである。「認識論的理由から、スタンダードを純粋に命題的・宣言的形式で表現することはしばしば不可能である」[73]。

　ただし、氏はスタンダードを成文化する試みは、その過程において一定の利点があるとも指摘している。

　　　カリキュラムの計画、学術プログラムの開発、指導、評価を導くための貴重な手段として確かに機能する。その策定過程における協議プロセスは、学術的価値としての共有されたスタンダード概念に対する合意とコミットメントを促進し、学術的内容と統合的で高次な成果の追求に貢献する。しかし、それ以上の利益をもたらすことはなく、スタンダードの成文化は学業スタンダードを保証することも、学習者の成績判断において高い比較可能性をもたらすこともできない。[74]

　要するに、スタンダード記述の作成に参画した教師らは、その過程において、学術的価値としてのスタンダード概念の合意を形成したり、それらに対するコミットメントを共有したりすることができるものの、結果として生み出されたスタンダード記述それ自体を、質保証の装置として有効に機能させることは難しいというわけである。

　以上に見てきたサドラーのルーブリック批判の論理は、氏が1980年代の所論で提案した「スタンダードの一般的記述とそれを補完する作品事例」というスタンダードを外化する方法論を明確に否定する。1980年代のスタンダード準拠評価論においては、教師らの質的判断が準拠しなければならない評価枠組みを、スタンダード記述とそれを補完する作品事例という形態で外化する方法を提唱していた。

　とはいえ、急いでことわっておくと、スタンダードを外化すること、それ自体を否定するわけではない。サドラーは、スタンダードの外的表現は必要なのかという問いに、はっきりと必要であると答える[75]。すな

わち、質的判断が準拠しなければならない評価枠組みを、外的表現として明確に示すことを要求する。つまり、サドラーは、1980年代とは違った形式でスタンダードを外化することを求めるのである。スタンダード準拠評価は、教師の熟達した質的判断をその中心原理としつつも、その質的判断は外化された評価枠組みに準拠しなければならず、そのために、評価枠組みの外化は必須事項となる。

　　成文化が有効な手段でないとすれば、抽象的な成果スタンダードの本質をどのように「捉え（capture）」、［……］異なる文脈で意味があり有用なアンカー（anchorages）として確立することができるのか[76]。

　では、サドラーは、どのような物的形態でスタンダードを外化することを提案するのか。

(4) スタンダードの外的表現──スタンダードをいかに外化するか

　サドラーによれば、教育におけるスタンダードの概念は「共同体アカデミーの財産であり、個々の教師らによって個人的に決定または保持されることはない。大学教師は、スタンダードの開発に参加し、［……］それらを適用する方法を知るための専門的な責任を負う」[77]。スタンダードは、合意に基づいて適切に外化され、評価者間で共有知として保持されることが必要であり、こうすることで、質的判断は間主観的となり一貫して信頼できるようになる。

　氏は、教育におけるスタンダードを評価者間で共有するには、4つの要素──作品事例、論拠説明（explanation）、ディスコース、暗黙知──の組み合わせが必要になるとした[78]。このうち、前者の2つがスタンダードの外的表現を構成する。この外的表現は、あるスタンダードを満たす作品事例の集合によって構成され、それぞれの作品事例には、その判断に対する論拠説明（個別的記述）が付加される。各々の作品の論拠説明では、同一のクライテリア群が画一的に用いられるのではなく、それぞれの作品を評価するのに最も適切なクライテリアが用いられてそれ

99

が構成される。

　ここで重要なことは、第一にスタンダードを定義する出発点が言語記述ではなく、作品事例にあることである。ルーブリックの場合これが逆であり、すなわち記述語がスタンダードの定義として位置づき、それを補完する作品事例となっている。第二に、論拠説明（個別的記述）で用いられる言葉が、指示対象としての作品事例と一対一の対応関係を形成していることである。これと対称的に、ルーブリックなどにおけるスタンダード記述は、ある質のレベルの一般的な特徴の記述であるため、その記述とそれぞれの作品事例が一対一で対応しているわけではない。

　　最初の2つの要素は作品事例と、それぞれの作品事例の質に対する判断、および、それに対する説明的記述から成る。この説明では、その判断に関連するクライテリアが盛り込まれている必要がある。［……］出発点は、スタンダードの言語説明ではなく作品事例である。学習者による複雑な作品の質を判断する場合、定義ではなく認識が第一の行為となる。説明的記述の目的は、特定の判断を説明することにある。これは第一の行為に基づくものであり、その後に位置づけられる。［……］言葉は、具体的な指示対象と質という抽象的な概念の間に必要なつながりを形成する[79]。

　　アーティファクト［学習者が実際に作成した成果作品］を用いることで、スタンダードの根拠を形成することは、スタンダードや参照点を捉え伝達する原始的な方法に思えるかもしれないが、この一般的なアプローチは他のいくつかの分野で行われていることと一致している[80]。

　こうしたスタンダードの外的表現を基盤として、残る2つの要素によってスタンダードはギルド、つまり、教師という専門職集団によって保持される。第三の要素は、作品事例とそれに付随する論拠説明に関連するディスコースである。これは、評価における共通語彙を確立し、曖

昧さを最小限に抑えて評価者間のコミュニケーションを可能にするものである。第四の要素は暗黙知であり、これは経験的に人々が発達させ共有するものである。暗黙知は、その定義により、言語化することが不可能であるものの、優れた質的判断はそれに依存する。

(5) スタンダードの外的表現によるキャリブレーション

スタンダードが物的形態として外化することで、評価者の質的判断は、それらによってキャリブレーション（calibration）される——評価枠組みの共有が可能となる[81]。キャリブレーションとは、外化された評価枠組みによって教師の質的判断を調整するプロセスを指す。氏は、計器の調整に擬えながら、その過程を次のように説明する。

物理的計器は、絶対的な基準（たとえば、kg原器）に照らし合わせ適宜調整される。教育の文脈では、外化されたスタンダード（作品事例集）がそのような原器（標準器）となる[82]。高品質の計量器は、正確な測定値を何度も生成するため信頼できるが、正確な値が無限に生成されるとは想定されていない。そのため計量器は、標準化された原器により定期的に、または必要に応じてキャリブレーションされる。これと同様の原理が教師の質的判断のキャリブレーションに対しても適用される。

要するに、スタンダードの外的表現が、キャリブレーションを行う際の原器として機能し、教師がそれを知覚し認識し解釈することで、教師の質的判断が調整されるのである。

> 評価者は、合意されたスタンダードに対する評価の責任を受け入れ、[……] 毎回というわけではないが定期的に再キャリブレーションを行うことで、意思決定の大部分を独立して実行できるようになる[83]。

このように、教師は、毎回というわけではないが定期的に、スタンダードの外的表現（原器）を参照することで、その質的判断をキャリブレーションし、そのことによって、規定された評価枠組に準拠して質

的判断を下すことができるようになる。

　適切にキャリブレーションされた評価者の質的判断は、間主観的合意としての評価枠組みに準拠しているという意味で、間主観性を有するものとなる。氏は、評価者を適切にキャリブレーションすること、すなわち、間主観性を有する質的判断の行使が、目指すべきゴールであると強調している。「究極的な目的は、『キャリブレーションされた』大学教師を育てることである」[84]。

> 目指すべき目標はこれだ。多様な範囲にわたる同じ現象や対象が提示されたとき、同じ目的を持つ専門職の集団に属するメンバーが許容範囲内の誤差で同じ判断を下すことである。［……］つまり、同じ刺激が与えられたとき、判断を下す人々が類似した反応や応答を示し、同様の判断を行う状態を目指すものである。この状況に最も近い意味を持つ既存の用語は「間主観性（intersubjectivity）」である[85]。

　まとめると、サドラーは、教師が準拠すべき評価の枠組みを、作品事例に補完されたルーブリック（スタンダード記述）として構成するのではなくて、論拠説明としての個別的記述が付された作品事例群として構成することを提案する。サドラーは、このようにしてスタンダードの外的表現を形作ることにより、確かなキャリブレーションが実現され、規定枠組みに基づいて熟達した質的判断を行うというスタンダード準拠評価の理念が達成されると考えた。

第四節　スタンダード準拠評価論における変化とその示唆

　本節では、1980 年代と 2000 年代以降のサドラーのスタンダード準拠評価論を比較し、共通点と相違点について検討することで、本章の議論を総括する。氏の所論における決定的な変化はどこにあり、それは何を

102

意味しているか。

① 共通点と相違点

　氏が示したスタンダード準拠評価の考え方は、間主観的合意（同意された評価枠組み）に準拠して、教師が学習成果の質に対して熟達した質的判断を行うものであるという点で一貫する。また、教師が準拠すべき評価枠組みを物的形態として外化する点においても一貫する。これらが共通点である。

　一方、質的判断が準拠すべき評価枠組みをどう外化するのかという方法論、すなわち外的表現の形態については明確な変化が見られた。1980年代の所論においては、スタンダード記述（あるスタンダードの一般的な特徴の記述）とそれを補完する作品事例という方式を提示していた。これに対して、2000年代以降の所論においては、あるスタンダードを満たす作品事例群と個々の事例に対応する個別的記述（論拠説明）という方式に改められた。これが相違点である。

　言語記述と具体的事例の両者を補完的に用いることでスタンダードを外化するという点は一貫しているものの、(1) 言語記述と具体的事例のどちらが第一にスタンダードを定めるのか——言い換えれば、どちらが定義でありどちらが説明であるのか——という点、(2) 言語記述を、スタンダードに関する一般的記述として構成するのか、個々の事例に対応する個別的記述（論拠説明）として構成するのかという点で外的表現の形態が改められた。2000年代以降に氏が提案する外的表現の形態は、言語記述ではなく具体的な作品事例を定義の出発点に据える。そして、一般的記述ではなくて個別的記述を構成するという意味で、より事例主義的にスタンダードを定義するものと捉えられる。では、こうした変化は何を意味するのか。

② 変化が意味すること

　まず、スタンダードを第一に定義づけるものを、言語記述ではなく作品事例であるとすることは何を意味するか。このことで、パフォーマン

103

スの質的レベルを捉えようとする際の評価者の思考が、質についての一般的記述であるスタンダード記述を読解し解釈することから、具体的な作品事例を知覚・認識し解釈することへと変化する。質的判断は、パフォーマンスにおけるゲシュタルトとしての質を直観的に認識することがその中心である。氏は「スタンダードそれ自体は定義ではなく、具体的事例に基づいた帰納的プロセスによって把握および伝達される」と強調する[86]。つまり、記述を解釈していく過程で具象を用いるのではなく、具象を解釈していく過程で言語記述を用いるという理路が求められるとする。

　次に、スタンダードに関する一般的記述ではなくて、個々の事例に対応する個別的記述を用いることは何を意味するか。ルーブリックにおけるスタンダード記述では、その特性上、あるレベルのパフォーマンスを共通に特徴づけるクライテリア（共通項）に焦点が合わせられる。しかし、共通に出現するクライテリアが、必ずしも各パフォーマンスの評価判断において突出するクライテリアだというわけではなく、このことは注目すべきクライテリアへの意識を埋没させ、評価に歪みを生じさせる。

　これに対して、論拠説明の記述では、それぞれのパフォーマンスを評価するのに最もふさわしいクライテリアが用いられる。このような外的表現の形式では、作品事例と言語記述の間に一対一の対応が形成されるため、パフォーマンスの質を判断する際にどのようなクライテリアに焦点が向けられるべきか、そして、抽象的な言語記述が意味することが何かがより明確に定まる。この問題は、言語記述が定義か説明かという点とも連動する。

　スタンダードを外化する方法論の変化は、どのようにしてスタンダードを外化すれば、より適切なキャリブレーションが実現できるのか、その装置の形態を模索した結果であるといえる。サドラーは、作品事例を手がかりとして一般的記述としてのスタンダード記述——ルーブリックにおける記述語——を読解することではなく、個別的記述を手がかりとして具体的な作品事例を知覚し認識することが、キャリブレーションの中心に据えられることで、より確かなキャリブレーションが可能となる

第二章　スタンダード準拠評価論の成立と新たな展開

と考えたのである。

　氏のこうした試みは、評価行為における権威（authority）をルーブリックなどにおける言語記述から、その元になっている鑑識眼へと立ち戻らせることを求めるものであるといえる。こうした事例主義的な方法には、それがコンパクトでなく可搬性に優れていないため、あまり現実的ではないとの指摘が向けられがちである。とはいえ、ルーブリックなどの場合でも、それを適切に解釈するためには、ルーブリックの記述語を補完するいくつかの作品事例が必要である——そのため、いずれのアプローチにおいても複数の作品事例が必要である。

　ところが、ルーブリックのようにスタンダードが宣言的形式で提示されると、ある種の利便性から作品事例が伴わず、記述文それのみが一人歩きしてしまうことが少なくない[87]。サドラーは、作品事例が抜け落ちてルーブリックが一人歩きしていくことを不可避的な事象と捉え、スタンダード記述が一人歩きしてしまうことを抑制することを企図したといえよう。

　先に述べた通りサドラーの問題意識の根本は、学習成果に対するコミットメントが損なわれていることにあった。本章では、ルーブリックなどのスタンダード記述がクライテリアは指定できていても、スタンダード（質の水準の固定点）を明確に指定できていない問題を指摘した。具体的事例群は、クライテリアをルーブリックほどに厳密には指定しないが——むしろこれが重要ともいえる——、作品事例同士の直接比較を可能にするために、スタンダードをより厳密に指定できる可能性がある。サドラーは、スタンダードを保障するために、パフォーマンスが求められる水準（スタンダード）を満たしているか否かに関心を向けており、このことがスタンダード準拠評価の新たな展開に結実したといえよう。

小括

　サドラーは、教師の熟達した質的判断によって学習成果の全体的な質

の水準を見取る評価、すなわちスタンダード準拠評価をどう構想するかということを、1980 年代から現在に至るまで論究し続けてきた。本章では、氏の所論に即して、(1) サドラーによるスタンダード準拠評価論 (1980 年代) の背景、主張、特質がいかなるものであったか、(2) スタンダード準拠評価論の理論的土台はいかなるものであったか、(3) 2000 年以降、氏はいかなる論理でルーブリックを批判し、それに対して氏はどのようなオルタナティブを提唱したか、(4) 1980 年代の所論と 2000 年以降の所論の共通点と相違点は何かということを読み解き、氏のスタンダード準拠評価論の展開と到達点を明らかにした。

教育における評価が、教師の専門的力量に依存せずに、どんな人がどんなときにも同じ結果を導くことができることの追求によって、定式化・分割化されたアルゴリズムへと矮小化され、結果として評価に歪みが生じていくことを危惧する点で、氏の批判的認識は 80 年代以来一貫している。1980 年代の所論において、それは、要素還元主義の特徴を有するドメイン準拠評価への批判という形で表出した。他方、2000 年代以降の所論においては、それは、ルーブリックという採点装置に対する批判として表れた。

氏の学習評価論は、ホリスティックな質的判断を、機械的なアルゴリズムに定式化せずに、評価の中心に位置づけることを一貫して目指すものであるといえる。そのために、氏のスタンダード準拠評価論では、人の質的判断をどう洗練させ調整するか、そして、その過程や装置の形態をどのように構想するかということが一貫して問われてきたのである。

質的判断では、作品のゲシュタルトとしての質を直観的に認識する行為が肝となる。ただし、直観的と言っても、これは質的判断を評価者の個人的な好みに依拠させることを意味しない。それは、教師という専門職集団における間主観性に確かに根ざすものである。ホリスティックな質の判断は、具体物であるさまざまな作品事例への意識的、無意識的な参照・比較を通して行われる。ホリスティックな質を認識することの重視が、作品事例を中心に据えるという新たなアプローチを導いたのである。

第二章　スタンダード準拠評価論の成立と新たな展開

　このように、スタンダード準拠評価という考え方は、ルーブリックという評価基準表ではなく、具象に対する人間の質的判断や解釈をその根底原理とするものである。「ルーブリック評価」という言葉に代表されるような、ルーブリックがまずありきで、その記述をただ単に当てはめていくような評価は主客転倒というわけである。けれども、ルーブリックが強い拘束性や規範性を帯びてくると、このように両者の関係が転倒していく危険性を孕む。氏の提起は、このような傾向性に対する強い警鐘として受け止めることができよう。

注

1) 留意すべき点として、サドラーは、2000年にグリフィス大学高等教育研究所の所長となり、以降高等教育研究に専念しているということがある。しかし、サドラー自身も言及するように、氏の所論における議論は、高等教育の文脈のみに限定されるものではない。氏の論考は一貫して、複雑で高次な学習の文脈における評価の方法論に向けられており、それは確かに高等教育を特徴づけるものであるが、その他の教育段階でも重視されているものである。この点に関して、サドラーは、「私自身の見解と希望は、学習評価について私が言ったこと、考えたこと、書いたことは、幼児から博士に至るまで、すべての学習の段階で適用可能だということである（Personal Communication, 8th, January 2021 by email）」と答えている。

2) Sadler, D. R.（1987）. Specifying and promulgating achievement standards. *Oxford Review of Education*, 13(2), pp. 191-209.

3) 以下、クイーンズランドにおける教育評価制度の史的展開については、Clarke, E.（1987）. *Assessment in Queensland secondary schools: Two decades of change 1964-1983*. Department of Education, Queensland, Australia. が詳しい。

4) Radford, W. C.（1970）. *Public Examinations for Queensland Secondary School Students: Report of the Committee Appointed to Review the System of Public Examinations for Queensland Secondary School Students and to Make Recommendations for the Assessment of Students Achievements*. Queensland. Department of Education.

5) Sadler, D. R.（1992）. Expert review and educational reform: The case of student assessment in Queensland secondary schools. *Australian Journal of Education*, 36, p. 303.

6) ここでの問題は、以下に示す2つの報告書で詳しく論じられている。Campbell, W. J., Basset, G. W., Campbell, E. M., Cotterell, J. L., Evans, G. T., & Grassie, M. C.（1975）. *Some Consequences of the Radford Scheme for Schools, Teachers and Students in Queensland: Final Report of Project*. Queensland.; Fairbairi, K., Mcbryde, B., & Rigby, D.（1976）. *Schools under Radford: A report on aspects of education in secondary schools in Queensland since the introduction in 1971 of school-based assessment*. Queensland.

107

7) Scott, E., Berkeley, G. F., Schuntner, L. T., Walker, R. F., & Winkle, L. (1978). *A Review of School-Based Assessment in Queensland. Report commissioned by the Board of Secondary School Studies*. Brisbane, Queensland.

8) Sadler, 1992, p. 303.

9) Campbell, W. J., Archer, J., Beasley, W., Butler, J., Cowie, R., Cox, B., Galbraith, P., Grice, D., Joy, B., McMeniman, M., Sadler, D. R., & Wilkes, R. (1983). *Implementation of ROSBA in Schools*. Unpublished report to the Minister for Education, Brisbane.

10) Assessment Unit of the Board of Secondary School Studies (1986-1987). *Discussion Papers on Assessment No. 1-21*. Queensland, Australia. 以下に本報告書を引用する際は、各報告書の著者名、タイトル、出版年を付す。

11) Maxwell, G. S., & Cumming, J. J. (2011). Managing without public examinations: Successful and sustained curriculum and assessment reform in Queensland. In Yates, L., Collins, C., & O'Connor, K. (Eds.), *Australia's Curriculum Dilemmas: State perspectives and changing times*. Melbourne Univ. Publishing, p. 193.

12) Sadler, D. R. (1986a). *ROSBA Discussion papers 1: ROSBA's Family Connections*, pp. 1-5.

13) Sadler, 1987, p. 192.

14) B. S. ブルーム、J. T. ヘスティングス、G. F. マドゥス著、梶田叡一、渋谷憲一、藤田恵璽訳『教育評価法ハンドブック：教科学習の形成的評価と総括的評価』第一法規、1973 年。原典は、Bloom, B. S., Hastings, J. T., & Madaus, G. F. (1971). *Handbook on Formative and Summative Evaluation of Student Learning*. McGraw-Hill.

15) 田中耕治「教育目標とカリキュラム構成論の課題：ブルームとアイスナーの所説を中心にして」『京都大学教育学部紀要』第 28 号、1982 年、pp. 101-113。

16) Sadler, 1987, p. 192.

17) Ibid., p. 193.

18) Ibid., p. 194.

19) Ibid.

20) Sadler, D. R. (1986b). *ROSBA Discussion papers 5: Subjectivity, Objectivity, and Teachers' Qualitative Judgments*, p. 23.

21) Ibid., pp. 24-25.

22) Sadler, 1987, p. 194.

23) Ibid., p. 191.

24) Ibid.. p. 193.

25) Ibid., p. 206.

26) Sadler, D. R. (1986c). *ROSBA Discussion Papers 4: Defining Achievement Levels*, pp. 14-19.; McMeniman, M. (1986). *ROSBA Discussion Papers 3: A Standards Schema*, pp. 11-13.

27) Sadler, 1986c, p. 15.

28) Sadler, 1986b, p. 25.

29) Sadler, 1987, p. 194.

30) Maxwell & Cumming, 2011, p. 193.

31) Gipps, C. V. (1994). *Beyond Testing: Towards a theory of educational assessment*. Routledge.（C. V. ギップス著、鈴木秀幸訳『新しい評価を求めて：テスト教育の終焉』

論創社、2001 年)。

32) 石井英真『現代アメリカにおける学力形成論の展開〔再増補版〕』東信堂、2020 年。

33) Gipps, 1994, p. 10.

34) Sadler, D. R.（1982）. Why the explicit definition of standards is not always possible. *Ideas in Education*, 1（2）, pp. 12-13.

35) Sadler, D. R.（1985a）. *Theory and Practice of Educational Evaluation: a methodological inquiry*（unpublished doctoral dissertation）. the University of Queensland, Brisbane, Australia, pp. 66-85.

36) Sadler, 1985a, pp. 69-72.

37) Ibid., pp. 72-82.

38) Sadler, 1987, p. 207.

39) Ibid.

40) Sadler, 1982.

41) Ibid., p. 13.

42) Ibid.

43) Sadler, 1987, p. 206.

44) Sadler, D. R.（1985b）. The origins and functions of evaluative criteria. *Educational Theory*, 35（3）, p. 296.

45) Personal Communications, February 2019 at the University of Queensland.

46) Ibid.

47) Ibid.

48) Sadler, D. R.（2009b）. Grade integrity and the representation of academic achievement. *Studies in Higher Education*, 34, pp. 807-826.

49) Ibid., p. 807.

50) Ibid.

51) Ibid., p. 812.

52) ここでいう忠実度（fidelity）という概念は、学習評価における一般的な妥当性の概念と同様のものである（Sadler, D. R.（2010）. Fidelity as a precondition for integrity in grading academic achievement. *Assessment and Evaluation in Higher Education*, 35, pp. 727-743）。

53) Sadler, 2009b, p. 813.

54) Sadler, 2010, p. 742.

55) Sadler, 2009b, p. 814.

56) Sadler, 2010, pp. 732-740.

57) Ibid., pp. 736.

58) Sadler, D. R.（2009c）. Transforming holistic assessment and grading into a vehicle for complex learning. In Joughin, G.（Ed.）, *Assessment, Learning and Judgement in Higher Education*. Springer, p. 45.

59) Sadler, 2009c, p. 46.

60) Sadler, D. R.（2009a）. Indeterminacy in the use of preset criteria for assessment and grading in higher education. *Assessment and Evaluation in Higher Education*, 34, p. 159.

61) Ibid.

62) Ibid., pp. 164-168.

63) たとえば、最高レベルと評価された一連のライティング作品があるとする。ある作品は喩えとレトリックの巧みさによって高い説得力を有する点、ある作品は重厚に文献が引用されることで主張が堅牢に紡がれる点、ある作品は、オリジナルなアイディアが斬新かつ華麗に展開される点から、その卓越さが特徴づけられる。このように、各作品が最高だと判断される論拠（クライテリア）はさまざまに異なるため、評価における同一クライテリア群の画一的な適用は不適切となる。

64) Sadler, 2009a, pp. 168-172.

65) 筆者による造語である。分析的・全体的評価の不一致や、創成クライテリアが出現するなどして、既存の評価枠組み（たとえばルーブリック）に則ると適切な評価が行えないことが明らかとなった状況を指す。この現象は、ルーブリックが、あくまで評価知の部分的で不完全な表現（representation）であることによって生じる。

66) Sadler, D. R. (1983). Evaluation and the improvement of academic learning. *Journal of Higher Education*, 54, pp. 72-73.

67) Sadler, 2009c, p. 54.

68) Sadler, D. R. (2014). The futility of attempting to codify academic achievement standards. *Higher Education*, 67(3), p. 273.

69) Sadler, 2014, pp. 274-275.

70) Sadler, D. R. (2017). Academic achievement standards and quality assurance. *Quality in Higher Education*, 23(2), p. 91.

71) Sadler, 2014, p. 281.

72) Ibid., p. 282.

73) Sadler, 2009b, p. 820.

74) Sadler, 2014, p. 287.

75) Ibid., pp. 283-284.

76) Sadler, 2017, p. 92.

77) Sadler, 2009b, p. 819.

78) Ibid., p. 821.

79) Ibid.

80) Sadler, 2017, p. 13.

81) Sadler, D. R. (2013a). Assuring academic achievement standards: From moderation to calibration. *Assessment in Education: Principles, Policy and Practice*, 20, pp. 5-19.

82) 外化されたスタンダード（作品事例群）は、標準器に擬えられるものとはいえ、物理的な標準器とは異なって不変なものではなく、コミュニティーの同意のもと必要に応じて適宜改定されるものである。

83) Sadler, 2013a, pp. 17-18.

84) Ibid., p. 17.

85) Sadler, D. R. (2013b). Making competent judgments of competence. In Blomeke, S., Zlatkin-Troitchanskaia, O., Kuhn, C., & Fege, J. (Eds.), *Modeling and Measuring Competencies in Higher Education: Tasks and challenges*. Rotterdam: Sense Publishers, p. 22.

第二章　スタンダード準拠評価論の成立と新たな展開

86）Sadler, 2017, p. 93.
87）松下佳代「パフォーマンス評価による学習の質の評価：学習評価の構図の分析に
　　もとづいて」『京都大学高等教育研究』第 18 号、2012 年、pp .75-114。

第三章

形成的アセスメント論の成立と新たな展開
──学習者の鑑識眼を練磨する学習評価──

第三章では、サドラーによる形成的アセスメント論の成立と展開に焦点を合わせ、学習を改善し導くものとしての学習評価のあり方を氏がいかに構想したのかということに迫る。そして、形成的アセスメント論における氏の所論の位置づけと特質を明確にする。結論を先取りすれば、サドラーによる形成的アセスメント論は、学習者の鑑識眼を練磨することを目指すものであり、学習者による質的判断の熟達化がいかになされるかという問いが氏の考究の中心に位置づく。

　1990 年代末以降から国際的に広がりを見せる形成的アセスメントの考え方は、氏の 1989 年の論考をその理論的土台とするものと広く認識されている。しかしながら、2000 年以降、氏は、昨今の形成的アセスメントの論調、特にフィードバックの扱われ方に対してラディカルな批判を展開しているというパラドキシカルな状況があった。

　本章では、こうした状況を解明することを念頭に置きつつ、(1) サドラーによる形成的アセスメント論（1980 年代）の背景、主張、特質がいかなるものであったか、(2) 形成的アセスメント論の理論的展開において、氏の所論（1980 年代）がどのように受容され位置づけられたか、(3) 1990 年代末以降の形成的アセスメント論の展開と論調に対して、氏はどのような論理で批判を行ったか、(4) 氏はいかなるオルタナティブを提唱し、氏の所論はどう特徴づけられるのかということを読み解いていく。以上を通して、氏の形成的アセスメント論の理論的到達点を明らかにする。

第一節　サドラーによる形成的アセスメント論の提唱

　第一節は、1980 年代にサドラーが提唱した形成的アセスメント論に焦点を合わせる。本節では、氏の問題意識を押さえつつ、氏が 1980 年代に構想した形成的アセスメント論の内実と特質を明らかにしていく。

(1) 形成的アセスメントの提唱に至る背景

　氏の形成的アセスメント論は、1983 年の論文「アカデミック・ラーニングの評価と改善（Evaluation and the improvement of academic learning）」と 1989 年の論文「形成的アセスメントと教育システムの設計（Formative assessment and the design of instructional systems）」において描き出された[1]。氏が、形成的アセスメントについて初めて論じた 83 年の論文では、特に人文社会学における大学教育を念頭に、学術的パフォーマンスの向上のための学習評価がどのように構想されうるか、その試案が提示された。この論文は、氏が学習評価について初めて論じた論文でもある。1983 年の論文で示された一連のアイデアは、サドラー自身の教育実践から着想を得たものであり、人文社会学におけるアカデミック・ライティングの指導と学習の文脈を念頭に構想されたものである。

　続く 89 年の論文では、人文社会学系の大学教育に留まらず、より幅広い教育文脈を想定して形成的アセスメント論が構想され、83 年の試論で示された諸概念を下敷きとしつつ、それらのより精緻な体系化が行われた。1989 年の論文は、氏が執筆した学術論文の中で最多被引用数を誇るもので、現代における形成的アセスメント論の理論的淵源の 1 つとして捉えられている。

　はじめに、これら 2 つの論文の執筆に至る氏の問題意識を確認しよう。「学習者は、しばしば脅威的なものとして評価を認識する。しかし、それは正反対でなければならない」[2]。このように氏は、評価を学習者の敵ではなく、むしろ味方にしていく必要があると考えていた。ただし、氏は学習者に対して偽りの称賛を与えたり、評価を分散させてストレスを軽減させたりすることを志向するわけではない。サドラーは、学習者が「善さ」の意味、つまり目指すべきパフォーマンスがどのようなものかの理解を深めたり、それに向けて改善したりしていく学びの場としての学習評価を構想しようとした。こうした発想は、「優れた評価は、優れた教育の付属物ではなく、それ自身が優れた教育なのである」という氏の言葉に端的に表れている[3]。

第三章　形成的アセスメント論の成立と新たな展開

　氏は、当時の学習評価研究に対して、次の課題を見出していた。第一に、そもそも学習評価研究の多くが、形成的評価ではなくて総括的評価のあり方に向けられていることである。第二に、形成的評価研究が、要素習得主義的で行動主義的なパラダイムに支配されていることである。氏は、これを「マスタリー・ラーニング（完全習得学習）」と関連づけられた考えであり、行動心理学における刺激―反応理論を起源とする系譜に位置づくと批判的に捉えた[4]。実際のところ、当時の形成的評価論をリードする代表的論者であったブルームらの所論は、要素習得的な形成的テストがその中心に位置づけられていた。この場合、形成的評価が対象化できる学力は、正誤の二分法で評価できるものに限定される傾向が生じる。そのため氏は、認知的に複雑で高次な学習の文脈では、全く異なるアプローチや考え方が必要となると感じていた（ブルームらによる形成的評価論の内実については本章第二節で詳述）。

　このように、氏の意図は複雑で高次な学習の文脈における形成的アセスメントのあり方を考究することにあった。言い換えれば、学習成果としてのパフォーマンスが、複雑に絡み合った多重クライテリアを参照して、質的に判断されるような学習の文脈における形成的アセスメント論の構築を試みたのである。氏は、自身が構想する形成的アセスメント論が、どのような教育・学習文脈を主な対象としているのか、次のように説明している。

　　理論、アイデア、事実を操作することを通じて高次な認知能力（たとえば、統合的思考や批判的思考）を育成することを目的とする芸術、人文科学、社会科学で一般的に見られる学識の一種を指す[5]。

　　本稿で示す形成的アセスメントの理論はさまざまな種類の科目の幅広い範囲の学習成果と関連がある。特に、学習者の応答の質に対して判断を下すときに、多重クライテリアが用いられる場合に適用される[6]。……直接の質的判断を行うことによって評価されるタイプの複雑な学習成果は、中等教育、職業教育、高等教育のさまざまな

117

科目で共通する。[……] これらの分野で設定される課題は、学習者がアイデア、コンセプト、ムーブメント、スキルを積極的に総合・統合し、何らかの形で拡張されたパフォーマンスを生み出すことを伴う[7]。

このように氏は、単純な知識や技能の習得といった教育・学習文脈ではなく、学習者が知識や技能を総合的・統合的に活用して複雑なパフォーマンスを生み出すような教育・学習文脈において適用される形成的アセスメントのあり方を考究して提示しようとしたのである。

(2) 形成的アセスメント論の考え方とその特質

次に、1983 年と 89 年の論文で、サドラーがいかなる考え方を提示したのか、その内実をつまびらかにしていこう。

サドラーは、形成的アセスメントとは、「学習者の応答（パフォーマンスや作品）の質（quality）についての判断（judgement）が、学習者のコンピテンスを形成し改善していくことに、どう用いることができるのか」に焦点を合わせるものであると説明する[8]。すなわち、総括的評価との決定的な違いはその目的と効果にあり、それが実施される時期ではない。そして、形成的アセスメントは、フィードバックとセルフ・モニタリング（self-monitoring）の両者を含むものであり、最終的な目標はセルフ・モニタリングにあると主張する。氏は、フィードバックとセルフ・モニタリングを、評価情報の出所に基づいて区別している。学習者自身が評価情報を生み出した場合はセルフ・モニタリングであり、評価情報が外部から学習者に与えられた場合はフィードバックとなる。氏は、評価判断の行為主体が教師であるフィードバックの提供が、評価判断の行為主体が学習者であるセルフ・モニタリングへと自動的につながることはなく、それを可能にするためには、学習者の評価エキスパティーズ（evaluative expertise）の育成に向けた明確な用意と設計が求められると指摘した。

氏は、従来の教育研究におけるフィードバック概念を捉え直すことか

ら議論を始める。歴史的に教育研究、とりわけ学習科学においては、フィードバックは「結果の知識（knowledge of result）」、つまり、応答の正誤（結果）を学習者に知らせることとして捉えられてきた。氏は、比較的単純な知識や技能の習得においては、こうした考え方が一定有効であるが、複雑で高次な学習の文脈においては、この考え方を改める必要があるとした。

　そこで氏は、システムコントロール機能を強調するラマプラサド（Arkalgud Ramaprasad）によるフィードバックの定義に注目する。ラマプラサドはフィードバックを「あるシステムパラメーターにおける参照レベルと現状レベルのギャップに関する情報であり、そのギャップを変更するために用いられるもの」と定義する[9]。サドラーは、ラマプラサドの定義を援用して、システムコントロールの視点からフィードバックを再定義することを求めた。氏は、このようなフィードバックの捉え方を踏まえて、以下のように述べる。

　　この定義の重要な特徴は、現状レベルと参照レベルのギャップに関する情報が、ギャップを変化させるために用いられた場合にのみ、フィードバックの成立が認められるということである。情報が単に記録されただけであったり、結果を変える知識や能力がない第三者に渡されたり、適切な行動に結びつけるにはあまりにも深くコード化（たとえば、評点化など）されていたりすると、制御ループをつなぐ［成立させる］ことはできず、効果的なフィードバックではなく「宙吊りデータ（dangling data）」となってしまう[10]。

　要するに、学習改善を意図して学習者にフィードバック情報を与えても、それが実際の学習改善につながらなければ、それは本来の意味でのフィードバックとはならないという訳である。

　以上の考え方に立脚し、氏は、学習改善のループ（フィードバックやセルフ・モニタリングのループ）が成立するためには、学習者が満たすべき3つの条件があることを指摘した[11]。それは、第一に、学習者が、目指

すべき質（quality）がどのようなものかを理解すること、第二に、学習者が、目指すべき質と比較して自身のパフォーマンスの質について適切な判断を下せること、第三に、学習者が、自身のパフォーマンスを修正するための手段や方略の豊かなレパートリーを持つことである。この第一と第二の条件は、氏が評価エキスパティーズ（評価熟達知）と呼ぶものを構成する。これら3つの条件に即して、氏の形成的アセスメント論は体系的に描き出されている。

① 目指すべき質を理解すること

第一の条件は、教師がもつ質の概念、すなわち良いパフォーマンスとはどのようなものかという理解を、教師と学習者が共有することを要求する。教師は、優れているものはどのようなものかという目指すべき質のイメージを、学習者のさまざまなパフォーマンスを見る経験を無数に重ねることで、暗黙的に獲得している。氏は、このように教師集団の間で暗黙的に保持されている知識を、ギルド知識（guild knowledge）の一形態であると表現し、次のように指摘する。

> ギルド知識は、スタンダードの概念を学習者が比較的アクセスしにくい状態とし、パフォーマンスの質に対する判断を教師に依存する傾向を導く。ゆえに、教師の頭の中にある卓越性（excellence）の概念を引き出し、それに外的な表現を与え、学習者が利用可能にすることが、非常に重要な問題である[12]。

このように、氏は教師が頭の中に秘められている卓越性の概念を外化し、学習者がそれに対してアクセスできる必要があると主張する。その上で氏は、卓越性の概念を外化して学習者に提示する具体的な方法として、質の一般的な様相を言語で記述した「言葉による記述（descriptive statement）」と作品事例（exemplar）を組み合わせて用いることを提案した[13]。ここでいう「言葉による記述」は、いわゆるルーブリックに類するものとして理解して良いだろう。

サドラーは、「教師には2つの役割がある。学習者の卓越性の概念を発達させるのを助けること、そして、それを達成するためのスキルと方略を発達させるのを助けることである」と強調する[14]。つまり、氏は、高次で複雑な学習の文脈においては、「優れたパフォーマンスとはどのようなものか」という理解そのものを第一に学習者が深めることが、とりわけ重要な問題となると捉えた。そして、氏は、「エンド・イン・ビュー」[15]と称されるこのような目標概念のイメージが明確で豊かになることで、実際のパフォーマンスがそれに引き上げられていくという発想を示す。なお、ここでいう目標概念の理解には、パフォーマンスが評価される際に用いられるクライテリアとスタンダードに対する理解が含まれる。

このように氏は、優れたパフォーマンスがどのようなものであるか、すなわち「善さ」の意味を掴みとっていくことの重要性を強調する。なぜなら、目指すべきパフォーマンスに対するイメージが洗練されていくことによって、実際のパフォーマンスが引き上げられていくと考えるからである。このような考え方を、サドラーは図3.1のように図式化し、

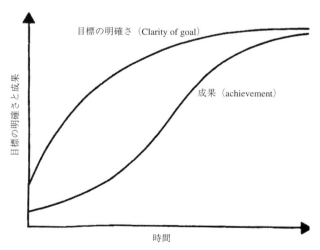

（図3.1）エンド・イン・ビューとパフォーマンスの関係性
出典: Sadler, D. R. (1983). Evaluation and the improvement of academic learning. *Journal of Higher Education*, 54, p. 64.

次のように説明を加える。

　　本稿で提案した、卓越性の概念の発達と実際のパフォーマンスとの
　間の動的な関係は、図式的に表現することができる。このモデルの
　主要な要素は、相互依存する2つの曲線であり、どちらも着実に上
　昇するものである。第一の曲線は「アンフォールディング曲線
　（unfolding curve）」と呼ばれ、時間の経過とともに目標［のイメージ］
　が発達していく様子を表す。ここでいう発達には、（1）何が質を構
　成するのかの学習者の理解が明確になっていくという個人的知識
　（personal knowledge）の向上（つまり、クライテリアとスタンダードの知
　識）、および（2）理想に対する願望を含むものである。第二の曲線、
　すなわち「パフォーマンス曲線」は、パフォーマンス、達成度、熟
　練度、または専門性のレベルを表し、古典的な学習曲線におおよそ
　対応する。アンフォールディング曲線はエンド・イン・ビューを、
　第二の曲線はコンピテンスを表している[16]。

　高次で複雑な学習の文脈では、目指すべきパフォーマンスがどのよう
なものであるか、それ自体の理解を深めることが必ずしも容易ではない
――たとえば、優れたレポートとはどのようなものかという洗練された
理解を形成することが容易でないように。しかしながら、ゴールのイ
メージが明確にならなければ、理知的にパフォーマンスを改善していく
ことは難しい。そのためサドラーは、形成的アセスメントを通して、学
習者が目指すべき質に対する理解を深めていくことが第一に肝要である
ことを強調する。

② ホリスティックな質的判断を下すこと

　第二の条件は、学習者が目指すべき質と比較して、自身のパフォーマ
ンスの質に対して適切な判断を下せることである。氏は、複雑な質的判
断を下す際に、分析的アプローチと全体論的アプローチという2つの方
法があるとする。前者は、いくつかのクライテリアを特定することから

122

始め、クライテリアごとに判断を下し、それぞれの判断を全体的評価へと合算・統合するものである。一方、後者は、パフォーマンス全体を見通してホリスティックに判断を行った後に、あらかじめ指定された、もしくは任意のクライテリアを参照し、判断を正当化するものである。

氏は、全体論的（holistic）アプローチを次のように特徴づける。「このアプローチでは、不完全に分化されたクライテリアがある種のゲシュタルトとして結合され、フォーマルな規則ではなく評価者の脳の統合力によって、単一の尺度に投射される」[17]。パフォーマンス全体に対する質の認識は、さまざまな側面（クライテリア）に意識を向けながら行われるが、その際、焦点化される側面（クライテリア）は画一的ではなく、事例ごとにさまざまであり、どのクライテリアに焦点化するのかはいわゆる暗黙知によって導かれる。

氏は、形成的アセスメントではどちらの方法も用いることができると留保しつつ、後者のアプローチ、すなわち学習者がパフォーマンスの質についてホリスティックに判断できるようになることが目指されると主張する[18]。では、サドラーは、なぜパフォーマンスの質をホリスティックに判断できるようになることを求めるのか。端的に述べれば、それは複雑に絡み合った多重クライテリアが、質的判断においてどのように用いられるのかという質的判断の複雑性を学習者に理解させることを企図するからである。他方、分析的アプローチにおいては、評価者がこのような質的判断の複雑性に直面することはない。

氏は、質的判断の複雑性を説明する際に、「潜在的クライテリア（latent criteria）」と「顕在的クライテリア（manifest criteria）」という考え方を導入する[19]。ここでいう顕在的クライテリアとは、明示的・意識的に用いられるクライテリアである。他方、潜在的クライテリアは、評価者の予測から逸脱するパフォーマンスがある場面に、必要に応じて機能するものである。通常、潜在的クライテリアは評価者が全く意識していないものである。ただし、注目すべき質を感知した際に、これが引き金となってクライテリアが顕在化する。一度に顕在化できるクライテリアの数は限られるため、評価の複雑な過程では、潜在的なものが顕在化され、顕

在化されたものが潜在的となるという過程が頭の中で繰り広げられる。クライテリアが、潜在から顕在、顕在から潜在へと往来する中で、複雑な質に対するホリスティックな判断は行われる。氏は、形成的アセスメントにおいて重要なことは、この顕在的クライテリアと潜在的クライテリアの遷移（translation）を学ぶことにあると語る。

　　潜在的クライテリアに重大な違反があるとき、教師はそのクライテリアを呼び出し、（少なくとも一時的に）顕在的クライテリアの運用群に追加する。このような対応が可能なのは、熟練した教師がクライテリアの完全なまとまりと、それを使用するための（不文律の）ルールを熟知しているからである。しかし、学習者が自分自身のパフォーマンスを適切にモニターできるようにするためには、まさにこの種の知識を学習者自身が身につける必要がある。［……］形成的アセスメントの技法とは、クライテリアが潜在的なものから顕在的なものへ、そして、再び潜在的なものへと、学習者が理解しやすいように遷移（往来）させるという、効率的で部分的に可逆的な進展を生み出すことである。その目的は、お決まりのクライテリアが十分に当然視され、もはや明示する必要がなくなる段階にまで到達することにある[20]。

　氏は、形成的アセスメントを通して、学習者がこのような複雑な質的判断を下すことを可能にする熟達知を獲得し、複雑でホリスティックな質的判断を下すという技芸がなせるようになることを重視する。このことによって、学習者が自身のパフォーマンスを自らモニターすることができるようになる。

③ 評価エキスパティーズを育むこと

　以上に見てきた通り、サドラーは、形成的アセスメントにおいて、学習者が教師の評価判断に頼るのではなくて、学習者自身が評価エキスパティーズ（評価熟達知）を形成することを重視する。このような認識は、

第三章　形成的アセスメント論の成立と新たな展開

「学習者が、鑑識眼を持つ教師と評価枠組みを共有する内部者（insiders）とならない限り、学習者は評価の単なる消費者にすぎず、判断者の権威と能力に頼るほかない」という氏の指摘にもよく表れている[21]。

　では、サドラーは、学習者の評価エキスパティーズはどのように形成されると考えるのか。氏は、評価エキスパティーズは、学習者自身が評価判断を下す経験を重ねることで育まれていくと主張する。サドラーは以下のように述べる。「クライテリアの知識は、定義からではなく経験を通して『掴まれる』ものである。これは、鑑識眼を備えた人の導きの下で共有される評価活動への長期的な関与という、帰納的プロセスによって発達する」[22]。サドラーは、学習者が真正な評価経験に教師の導きの下で参画することで、評価エキスパティーズが育まれ、それによってホリスティックに質的判断を下すという技芸ができるようになっていくと理解する。氏は、初心者と熟達者の間で共有される評価経験を、鑑識眼の形成において不可欠とする。このような考え方は、評価エキスパティーズは、直接的に教えられるものではなくて、教師と学習者が評価経験を共有していくことで、徒弟的に学ばれるものであるという認識に根ざしている。

　氏は、このアプローチの具体的な実践形態として、ピア・アセスメントという方式を提案する。ここでいうピア・アセスメントは、一般に想起されるピア・アセスメント、たとえば、ペア同士で相互に作品を評価しあったりするような評価活動ではない。それは、同じ課題に取り組む他の学習者の多くの作品（パフォーマンス）に向き合い、それらに対して教師と学習者集団が批評を行う活動である。その中で、自己と他者のさまざまなパフォーマンスに対して質的判断を下す経験を積むことで、評価エキスパティーズを育もうとする。

　このような作品批評を中心とするピア・アセスメントを通して、学習者は幅広いパフォーマンスのあり様に接することになる。このことで、先述した第三の条件——改善手段や方略の豊かなレパートリーを持つこと——が緩やかに達成されていく。よって、第一から第三の条件が満たされ、アセスメント活動を通した、コンピテンスないしはパフォーマン

スの形成と改善が生起する。

　サドラーは、ピア・アセスメントの利点として次の4点を挙げる[23]。
(1) ピアの作品 (パフォーマンス) は学習者自身が取り組んでいるものと
同種のものであり、学習者が自分ごととしてそれに向き合うことができ
る点、(2) 他者のさまざまな作品に触れることで、課題に対する多様な
アプローチや解決策のあり様を知り、自分自身のパフォーマンスの改善
方略を増やすことができる点、(3) 一般的にピアの作品はある程度の不
完全さを持っており、質の幅広いスペクトラムを捉えることができる点、
(4) 協力的な環境でピアの作品を評価することは、自分自身の作品を自
己評価することと比較して、防御的・感情的になりにくいという意味で、
一定の客観的視点を持つことができる点である。

　もちろん、ピア・アセスメントを実践する際には、それが学習の改善
を志向する評価活動であることを、教師と学習者らが共通理解すること
が前提となる。氏は、ピア・アセスメントが、学習者間の軋轢や感情的
な衝突を引き起こしたり、学習者が脅威や屈辱を感じたりしないように、
学習者たちが一致協力していくような雰囲気を醸成する必要性を強調し
ている[24]。

＊　＊　＊

　以上をまとめると、氏が1980年代に構想した形成的アセスメントの
理論と技法 (arts) は、セルフ・モニタリングを目指し、評価エキスパ
ティーズと称される質に関する理解と質的判断の力量を、学習者自身が
磨く重要性を説くものであり、このような評価熟達知は、熟達者の導き
の下で、学習者自身が評価判断を下すという真正な評価経験、つまり、
徒弟的で帰納的なプロセスを通して育まれると主張するものであると理
解して良いだろう。

　従来の形成的評価に関する学習評価論では、評価の行為主体は主に教
師であり、学習者が評価の行為主体としてみなされることはほとんどな
かった。たとえば、ブルームらの学習評価論では、教師が学習者の学習
状況を把握し、教師が学習者に対してフィードバックを与えることを求

めるものであった。また、ブルームらによる形成的テスト論のように、従来の形成的評価論では、認知的に低次な学習過程（単純な知識や技能の習得）がその対象とされることが多く、その場合、学習者にとっても目指されるものが何かということが明瞭であるために、目標概念それ自体の理解を深めていくという発想は生じえなかった。

　しかしながら、複雑で高次な学習の文脈においては、優れているパフォーマンスがどのようなものかということそれ自体を適切に理解することが必ずしも容易ではなく、また、パフォーマンスの質に対して評価判断を下すことも一筋縄ではいかない。したがって、複雑なパフォーマンスの達成を目指す教育・学習文脈では、質に関する理解と質的判断の力量を豊かにする、すなわち、学習者の評価エキスパティーズを育むことがとりわけ重要となる。氏は、パフォーマンスの行為主体である学習者自身が、評価エキスパティーズを身につけることで、学習者自身の鑑識眼の導きによってパフォーマンスの改善が理知的に行われていくことが可能となるという道筋を描いた。80年代という時代背景を踏まえれば、こうした提案は、形成的アセスメントの新しいパラダイムを切り開く先駆的なものだったといえよう。

第二節　形成的アセスメント論の理論的展開
——サドラーの位置づけ

　第二節では、形成的アセスメント論の理論的展開を俯瞰し、サドラー所論の位置づけを明確にする。とりわけ、第一節で見てきた氏の所論がどのような経緯で国際的に注目を集め、以後の形成的アセスメント論の展開に対してどのような影響を与えたのかについて検討する。本節では、（1）1970年代における形成的評価論の展開と特質はいかなるものであったか、（2）サドラーの所論が形成的アセスメント論の国際的展開においてどのように援用され位置づけられたのか、（3）2000年代以降の形成的アセスメント論の展開と論調にはどのような特徴があるのか、（4）そ

の特徴とサドラーの主張にはどのような共通点と相違点があるかを明らかにする。

(1) ブルームらによる形成的評価の提唱

はじめに、サドラーが1980年代に形成的アセスメント論を提唱する以前の形成的評価論の展開と特質を確認しよう。これらを確認することで、サドラーが批判した形成的評価論の内実を具体的に示し、サドラーが何を乗り越えようとしたのかを明確にすることができる。

1967年、スクリヴァンは、カリキュラム評価の文脈において形成的評価（formative evaluation）という用語を初めて用いた[25]。スクリヴァンはカリキュラム開発における評価の役割を論じる中で、開発途上におけるカリキュラム改善を意図した評価と開発を終えたカリキュラムの価値に対する評価を区別して扱うべきだと論じ、前者を形成的評価、後者を総括的評価（summative evaluation）と名づけた。その後、スクリヴァンが生み出した形成的評価という用語に注目したブルームは、その発想を学習評価に発展的に適用させていく。

1970年代初頭に、ブルームは、特に「マスタリー・ラーニング」論の文脈において、「形成的評価（formative evaluation）」の考え方を提示した[26]。マスタリー・ラーニングとは、すべての学習者に学習内容を習得させることを目指してブルームらが提唱した考え方である。ブルームは、カリキュラムのみならず、指導や学習の改善にも形成的評価が有効であるとし、形成的評価を「カリキュラム作成、教授、学習の3つの過程の、あらゆる改善のために用いられる組織的な評価」と定義した[27]。ブルームは、形成的評価の主な目的は、「学習課題の習得の程度を決定することであり、かついまだ習得されていない課題はどの部分かを正確に指摘する」ことにあると説明する[28]。否定形でいえば、学習者の成績をつけたり修了を認定したりすることがその目的ではないということである。ブルームは、目的、時期、対象という視点から、学習評価を診断的評価、形成的評価、総括的評価の3つの区分で整理した。

形成的評価の具体的な方法論としてブルームらが提案したのは、教育

活動の途上で「形成的テスト（formative test）」を実施することであっ
た[29]。形成的テストとは、教育活動の途上において、学習到達状況を体
系的に把握するためのテストである。形成的テストの作成は、教育目標
の分類学（タキソノミー）のカテゴリーに基づく、学習単位構成要素の
分析から始まる。分析では、内容と行動の２つの視点から、学習単位の
目標群を表の形（目標細目表）に組織する。図3.2は、化学における学
習単位の目標細目表の例である。いくつかの要素を結ぶ線は、要素同士
の関連を示すものであり、ある要素がより複雑な水準な要素の必要条件
になっていることを示す。このように作成・実施された形成的テストに
よって、学習単位の習得・未習得の状況を体系的に把握することを企図
する。学習状況を適切に把握することで、完全習得学習への道が拓かれ
る。

　ブルームらは、形成的テストについて、これは特定の単元のために作
られたものであって、その単元のどこで学習者が困難を感じているのか
を明らかにしようとするものであるため、総合点は重要な意味を持たず、
むしろ各種技能や能力が習得されているか否かを示す項目への反応様式
が、単元内の各段階における進捗状況の点検に用いられる、とその趣旨

A用語の知識	B事実の知識	C法則性と原理の知識	D手続きとプロセスを利用する技能	E変換する能力	F応用する知識
原　子　①		ボイルの法則　⑫			
分　子　②		気体の属性　⑬			
元　素　③				物質の図形的表示	
化合物　④		原子理論　⑯		㉒	
	2価の気体				実験状況に適合する
2価原子　⑤	⑪	化学式　⑲		化合物の化学式的表示 ㉑	式を書いて解く　㉘
化学式　⑥		アボガドロの仮説⑭			㉓
アボガドロ数　⑦		ゲイ・ルサックの法則⑮			㉔
モ　ル　⑧		グラムをモルになおす⑱			㉕
					㉖
原子量　⑨		分子量	分子量⑳		㉗
分子量　⑩		⑰			㉙

（図3.2）化学における目標細目表

出典：B. S. ブルーム、J. T. へスティングス、G. F. マドゥス著、梶田叡一、渋谷憲一、藤田恵璽訳
『教育評価法ハンドブック：教科学習の形成的評価と総括的評価』第一法規、1973年、p. 168。

化学テスト、解答用紙、名前（　　　　）日付（　　　）試験番号（　　　）

正しいものに○をつけなさい。

このテストを採点する時、正答の時にはRを書きこんで下さい。誤答の時は、そのまま空白にしておいて下さい。

このテストについて：このテストは、あなたの弱点がわかるように作られています。このテストは成績評価には用いられません。あなたがまだ学習する必要のある箇所を解説してあるページが、下の表に示されています。誤答項目に該当するページの解説を読みなさい。

	正 答 (R)	教科書	
		化学：実験化学	化学：物質、エネルギー変化の化学
1. A　B　C　D　E		P.21	P.19
2. A　B　C　D　E		P.21	P.18
3. A　B　C　D　E		P.28	P.14
4. A　B　C　D　E		P.28	P.15
5. A　B　C　D　E		P.31	P.76
6. A　B　C　D　E		P.31	P.16
7. A　B　C　D　E		P.33	P.86
8. A　B　C　D　E		P.32	P.84
9. A　B　C　D　E		P.33	P.84
10. A　B　C　D　E		P.33	P.84
11. A　B　C　D　E		P.31	P.77
12. A　B　C　D　E		P.17	P.53
13. A　B　C　D　E		P.21	P.19
14. A　B　C　D　E		P.25	P.71
15. A　B　C　D　E		P.25〜26	P.69-70
16. A　B　C　D　E		P.28	P.50
17. A　B　C　D　E		P.33	P.98
18. A　B　C　D　E		P.34	P.105
19. A　B　C　D　E		P.31	P.16
20. A　B　C　D　E		実験手引P.14-18	P.81
21. A　B　C　D　E		P.32	P.136
22. A　B　C　D　E		P.28	P.50
23. A　B　C　D　E		P.27	P.69-71
24. A　B　C　D　E		P.34	P.106
25. A　B　C　D　E		P.34	P.106
26. A　B　C　D　E		P.25〜26	P.81-82
27. A　B　C　D　E		P.34	P.86-87
28. A　B　C　D　E		P.37	P.88-91
29. A　B　C　D　E		P.33	P.98
30. A　B　C　D　E		P.38	P.104-105

（図3.3）形成的テストにおけるフィードバック

出典：B. S. ブルーム、J. T. ヘスティングス、G. F. マドゥス著、梶田叡一、渋谷憲一、藤田恵璽訳『教育評価法ハンドブック：教科学習の形成的評価と総括的評価』第一法規、1973年、p. 178。

を説明する。このように、ブルームらが提起した形成的テスト論は、完全習得学習を達成する上で必要となる下位要素の習得状況を点検するものである。

「学んだものと、まだ学ばねばならないものとを知らせるフィードバックこそが、学習者の必要としているものである」との言葉が示すように、ブルームは、形成的評価の最も重要な価値は、学習単位において教材を学習し目標群を達成していく上で、学習者を援助できる点にあると考えていた[30]。そして、習得・未習得の状況に加えて、学習すべき教材の箇所を明示した処方箋のようなものを、フィードバックとして学習者に提供することを提案した（図3.3）。

以上のように、ブルームは形成的テストを通じて指導を調節・改善するだけでなく、学習者自身に対して、各学習単位要素で何が未習得であるのか知らせるフィードバックを提供できるという点にその重要性を見出していた。形成的テストを通して、教師と学習者が、何ができていて何ができていないのかを逐一把握することで、完全習得学習の達成を目指したのである。

ブルームらの所論は、学習評価を学習の改善のために用いるという理念と具体的方途を明確に打ち出した点で、形成的評価論のまさに原点といえる。実際こうしたブルームによる形成的評価の考え方は、今日に至るまで世界中の教育実践に多大な影響を与えた。

とはいえ、行論からも明らかな通り、ブルームらの形成的評価論は比較的単純な知識や技能の習得に親和性の高いものであり、要素積み上げ的な性格を帯びている。言い換えれば、ブルームらの所論は、ドメイン準拠評価の考え方に根ざした形成的評価論といえるだろう（詳しくは、第二章を参照）。1980年代のサドラーの所論、そして、1990年代末以降から広がる形成的アセスメントの考え方は、学習改善のための評価というブルームの理念を継承しつつ、ブルームらの所論が抱える課題を乗り越えようとするものとして構想された。

(2) 形成的アセスメント論の隆盛——ブラックとウィリアムによるサドラーの援用

　次に、1990年代末ごろから生起した国際的な形成的アセスメント（Formative Assessment）の隆盛に焦点を合わせる。1990年代末からの形成的アセスメント論の広がりで、当初、大きな役割を担ったのはブラックやウィリアムら、英国のARG（Assessment Reform Group）を構成する研究者たちであった[31]。ARGは、「学習のための評価（Assessment for learning）」をスローガンとして形成的アセスメント論を推進するとともに、実践的方途を探る学校現場との共同研究（KMOFAP：King's-Medway-Oxfordshire Formative Assessment Project）などを主導した[32]。以下、形成的アセスメント隆盛の火つけ役となった英国のブラックとウィリアムの所論を中心に、サドラーの所論が形成的アセスメント論の新しい展開においてどのように援用され位置づけられたのかを見ていこう。

　1998年のブラックとウィリアムによる「評価と教室での学習（Assessment and classroom learning）」と『インサイド・ザ・ブラックボックス（Inside the Black Box）』の公刊を契機に、形成的アセスメントの考え方は国際的に衆目を集めるようになる[33]。膨大な文献をレビューすることで、学習成果の向上という視点から形成的アセスメントの有効性を裏づけたこれら著作は、現在に至るまで形成的アセスメントの理論、実践、政策に大きな影響を与えている。2005年にOECDから*Formative Assessment: Improving Learning in Secondary Classrooms*が発刊（邦訳は2008年『形成的アセスメントと学力：人格形成のための対話型学習をめざして』）されたことなども、2000年以降の形成的アセスメント論の隆盛を後押しした[34]。

　ブラックとウィリアムが、1998年の論文中でサドラーの所論を大きく援用したことは、サドラーの1989年の論文の存在を国際的に知らしめることになった。というのも、国際的な論文データベースWeb of Scienceでの、サドラーの論文（1989年）の被引用数は、現在1288回を誇るものの、1998年以前における被引用数は0回だった[35]。つまり、

第三章　形成的アセスメント論の成立と新たな展開

ブラックらの論文が1989年の論文を、10年近くの眠りから目覚めさせたのである。

1998年以降、形成的アセスメントに関する学術的言説において、サドラーの論文（1989年）は、とりわけ2つの点に集中して引用されるようになる。第一に、フィードバックをループとして捉え直して再定義した点、第二に、学習改善のための3つの条件があることを指摘した点である。このことは、ブラックとウィリアムが、これら2つの箇所を頻繁に引用することに由来すると考えられる[36]。なお、氏が援用したラマプラサドによるフィードバックの定義も、形成的アセスメント研究ではしばしば引用されるが、これは氏の1989年の論文での引用を踏まえたものと解釈するのが妥当である。というのも、ラマプラサドの論文は組織マネジメント論がその主題であり（教育関連の読者を想定して書かれたものではなく）、氏がこれをコロラド大学の工学系図書館で偶然に発見し、引用したことに端を発するからである。この点について、サドラーは、「ラマプラサドの論文の引用の約95％は、1989年の私の論文経由であり、彼が書いた本来の読者からはほとんど引用されていない」と述べている[37]。

以下、ブラックとウィリアムが形成的アセスメントを論じる際に、サドラーの論文（1989年）をどのように位置づけて援用したのか詳しく見ていこう。

ウィリアムは、形成的アセスメントの歴史的展開を描く際に、ブルームによる形成的評価論から議論を始める。ウィリアムは、ブルームらが、総括的目的による学習評価論ではなく、形成的目的による学習評価論の地平を切り開いたものとして評価しつつ、ブルームによるフィードバックの捉え方に大きな問題があったと捉える。とりわけブルームが正誤の結果を学習者に知らせることをフィードバックと呼んだことに対し、フィードバックという用語の本来の意味を不幸な形で歪曲させてしまったと指摘する。

「数学を学ぶ学習者にフィードバックをする場合、たとえそれが真実であったとしても、『もっと勉強しなさい』と言うのは有益ではない。

133

それよりも、どのような間違いを犯しているのか、改善のために何をすべきなのかを指摘する方が有効である」[38]。つまり、できていない点を単に学習者に伝えたとしても、学習者はできていないということは分かるが、ではどうしたら良いのかということは分からない。したがって、そのようなフィードバックでは、学習改善はそれほど望めないということである。

　そこで、ブラックとウィリアムは、サドラーによるフィードバックの考え方を援用する。彼らは、サドラーによるフィードバックの再定義を何度も引用し、システムコントロールのメカニズムとしてフィードバックを捉えることの重要性を強調した[39]。この考え方は、フィードバックを受ける学習者が、フィードバックされた情報をどれほど実際の学習改善に活かすことができるのか、すなわち、フィードバック・ループの成立という視点を強調するものである。このようにブラックとウィリアムは、サドラーによるフィードバックの再定義を援用することで、フィードバック・ループが確かに成立するような意味のあるフィードバックを提供する必要性を強調した。

　加えて、ブラックとウィリアムは、学習評価の行為主体として、教師だけではなく学習者を含み入れていく発想を重視した。このような考え方は、学習者の評価エキスパティーズを育成することの意義を強調したサドラーの指摘を踏まえたものである。ブラックとウィリアムは、こうしたサドラーの指摘も踏まえて、学習者の目標概念理解、ピア評価、自己評価といった考え方を強調し、形成的アセスメントにおいて学習者を受動的ではなく能動的な存在と捉えた。

　以上の考え方を踏まえてブラックとウィリアムは、形成的アセスメントの実践を、「教師」「学習者」「ピア」という3者の評価主体が、「学習者はどこに向かう必要があるのか」「学習者は今どこにいるのか」「学習者がどうやってそこへ向かうことができるのか」という3つの過程を明らかにしていく実践と捉え、それらを掛け合わせたマトリクスで形成的アセスメントを体系的に捉えている（図3.4）[40]。ここでの、3つの過程は、サドラーが1989年の論文で示した学習改善のための3条件を下敷

きとしたものであろう。ウィリアムは、形成的アセスメントの普及を目指し、この枠組みを土台として、学校現場との共同の開発研究に精力的に取り組んでいく[41]。

このように、ウィリアムの所論は、学習の改善に学習評価を役立てようとしたブルームの理念を継承しつつも、サドラーの所論を援用することで、フィードバック概念や評価の行為主体に対する考え方を問い直し、ブルームの所論が抱えていた課題点を乗り越えようとした。とりわけ、サドラー所論の援用は、フィードバック概念の再定義、学習改善のための3条件、学習と評価の行為主体としての学習者、といった側面で行われた。ウィリアムとブラックが、このようにサドラーの所論を援用したことによって、サドラーの所論は形成的アセスメント論の淵源としてみなされるようになった。

(3) 2000年代以降の形成的アセスメント論の展開とその特徴

このように、ブラックとウィリアムの研究によって形成的アセスメント論は盛り上がりをみせ、それに伴って、サドラーの論文（1989年）に

	どこへ向かうのか	今どこにいるのか	どうやっていくのか
教師	学習のねらいと達成クライテリア（success criteria）を明確にし、共有し、理解していく。	学習のエビデンスを引き出していく。 ［方略2］	学習を前進させるフィードバックを提供していく。 ［方略3］
ピア		お互いのための教育リソースとして、学習者［ピア］をアクティベートしていく。 ［方略4］	
学習者	［方略1］	自らの学習の主体として、学習者をアクティベートしていく。 ［方略5］	

（図3.4）形成的アセスメントの枠組みと5つの方略

出典：Wiliam, D.（2018）. *Embedded formative assessment (2nd edition)*, p. 52 で示されている表に、一部加筆修正を行なった。

も光が当てられるようになった。では、以後、形成的アセスメント論はどのような展開をみせ、どのような形成的アセスメントの実践が推奨されていくのか。以下に、代表的論者らの論考を集めた『形成的アセスメントハンドブック（*Handbook of Formative Assessment*）』や、その他の論者の主張も参照しつつ、2000 年以降の形成的アセスメント論の特徴を分析していこう[42]。

なお、形成的アセスメントは、「学習のための評価（assessment for learning）」や「学習としての評価（assessment as learning）」と呼ばれる場合がある。これらには、それぞれ強調点やニュアンスの違いは存在するものの、学習の改善と向上を目的とした学習評価を志向するという点では一致している。

まず、昨今の形成的アセスメント論では、教師のみならず、学習者をも評価の行為主体として捉え、学習者自身に学習の舵取りを求める点に、その特徴を見出すことができる[43]。つまり、アセスメント活動における学習者自身の役割を強調する。このような傾向は、自己調整学習論やメタ認知といった考え方とも歩調を合わせるものである。そして、アール（Lorna Earl）が用いた「学習としての評価」という言葉にも表れているように、形成的アセスメントに関する評価活動が、指導や学習過程に埋め込まれて、ボーダレスに一体化していくような志向性を有している[44]。

以上が目指されたときに重要となるのは、学習者が自身の学習の舵取りの指針として、学習目標や評価規準・基準を理解していくことである。そのため、教師にはそれらを学習者と事前に共有することが求められており、こうした過程は、ビョルクマン（Mats Björkman）の用語を使って、フィードフォワードと呼ばれている[45]。フィードフォワードとして重視されるのは、たとえば、学習や評価行為に先立って明確な学習目標を提示する、ルーブリックなどを用いて評価規準（クライテリア）と評価基準（スタンダード）を可視化するといったことである[46]。これによって、学習・評価課題への取り組みに見通しが与えられ、課題への取り組みが円滑化されると考えられている。なお、ここでのルーブリックの役割は、評価の信頼性や妥当性を上げる評価・採点ツールとしてではなく、

第三章　形成的アセスメント論の成立と新たな展開

フィードフォワードを行うための装置として機能するものである。

　フィードフォワードに加えて、とりわけ、形成的アセスメントの中心的要素として捉えられているのは、フィードバックを促進することである。昨今、形成的アセスメント言説では、効果的なフィードバックを行うことが形成的アセスメントの中心にあると理解されている[47]。このような理解のもとに、学習を促進し改善するような効果的なフィードバックはどのようなものかが問われ、学習の改善に資するフィードバックの方法論が理論と実践の両面で模索されている[48]。実際、形成的アセスメント研究では、「何が効果的なフィードバックを構成するのか」を明らかにしようとする理論的・実証的研究が勢いを増している[49]。とりわけ「教育効果の可視化（visible learning）」研究を推進するハッティ（John Hattie）らによるフィードバック研究は衆目を集めた[50]。

　フィードバックの提供に関して、概ね推奨されていることは、フィードバック・ループをしっかりと成立させるために、フィードバックをより詳細で丁寧なものにしていくことである。特に、何がすでにできていて、どこに改善の余地があるのかという情報を学習者に丁寧に提供するのみならず、目標と現状のギャップを縮小するために、どのような改善方略がありえるのかという行動指針を分かりやすく学習者に提示することが重要であるとされている。

　このようなフィードバック、フィードフォワードを効果的・効率的に機能させるツールとして期待されているのが、ルーブリックである。ルーブリックは、学習者に対して評価規準・基準を可視化し共有することを可能にするために、形成的アセスメント（フィードフォワードとフィードバック）の効果的・効率的な媒体としても期待されている[51]。つまり、（1）課題に先立ち重要な評価のクライテリアが提示されることで、学習者が課題への取り組みを円滑に進めることができ、（2）課題返却時にルーブリックに基づいて評価判断の理由が示されることで、クライテリアごとに学習者の強みと弱みが明示され、学習者が自己の学習を調節し改善することができると考えられている。

　これら、フィードバックとフィードフォワードという考え方は、制御

137

に関する理論、サイバネティクス（cybernetics）の考え方に由来する。舵手を意味するギリシア語を由来として「サイバネティクス」という言葉と生み出し、新たな研究領域を切り拓いたのは、アメリカ合衆国の数学者ウィーナー（Norbert Wiener）である。制御理論においてフィードフォワードは、目標の出力を得るため、外乱を予測しそれを打ち消そうとする制御のことを指し、フィードバックは、出力の目標からの逸脱に対して、それを修正し目標とする出力に向かうよう調整する制御のことを指す。

　フィードバックとフィードフォワードの考え方は、形成的アセスメント実践における前提ないしは公理のようなものとしてみなされている。このことは「効果的なフィードバック（フィードフォワード）はいかなるものか」という問いが、形成的アセスメント論の中心に位置づいていることに表れている。

　このように、昨今の形成的アセスメントに関する言説では、学習の改善サイクルを成立させるために、学習者に対して丁寧なフィードフォワードとフィードバックを行うことが中心に語られ、それらが強く推奨されている。概ね、こうしたアプローチによって、学習・教授過程における、真のフィードバック・メカニズムの成立が目指されているのである。

(4) サドラーとの共通点と相違点

　では、以上に見てきた形成的アセスメント論とサドラーの1980年代の所論との共通点と相違点は何か。前項で見てきた形成的アセスメント論の論理は、たとえば、学習者を評価の行為主体として位置づけている点、学習者による目標概念の理解を目指す点などで、サドラーの主張と軌を一にしている。他方、それを実現するためのアプローチについては、決定的な違いがあると指摘できる。というのも、先に述べた通り、サドラーは、教師からの詳細なフィードバックやフィードフォワードの提供によってループを成立させるというよりも、むしろ学習者が自身でループをつなげることができるような力量、つまり評価エキスパティーズを

育成することに主眼を置いていたからである。そして、このような評価熟達知は、熟達者の導きの下で、学習者自身が評価判断を下すという真正な評価経験、つまり、ある種徒弟的で帰納的なプロセスを通して育まれるとしていたからである。

とはいえ、1980年代の氏の論文を見返してみると、確かに、氏の意図や立場が読み取りにくい記述も垣間見られる。いずれも、論文全体の議論を踏まえれば、氏の主張は、本章の第一節で示したように概ね理解できるが、たとえば、「フィードバックは形成的アセスメントにおいて鍵となる要素である」といった記述も論文中にはある[52]。

また、2000年代末以降は、ルーブリックなどを用いたフィードフォワードを明確に拒否するのに対し、1989年の論文では、良い作品の特徴を伝達する方法として、質の高い作品の一般的特徴が叙述された言語記述（ルーブリックのようなもの）の有用性も指摘していた。また、与えられたクライテリアに基づいて評価を行う分析的評価も明確には否定しておらず、形成的アセスメントにおいては、分析的評価と全体的評価の両者のアプローチを用いることができるといった記述も見られた。

つまり、氏が1980年代からフィードバックやフィードフォワードに完全に否定的であったというよりも、教育研究・実践の世界において、形成的アセスメントが、広く一般的なものとして語られる言説となり、多くの論者がさまざまな所論を展開していく中で——フィードバックやフィードフォワードが形成的アセスメント言説の中心となっていく中で——、氏は自身の立場をより明確に自覚し、強調するようになっていったと解釈することが妥当であろう[53]。いずれにせよ、氏の真意にはそぐわない形で昨今の形成的アセスメント論が展開していることは確かだといえよう。

第三節　サドラーによる形成的アセスメント批判の論理

第三節では、2000年以後に展開されるサドラーの所論に焦点を合わせ、

昨今の形成的アセスメントの展開に向けられる批判の論理をつまびらかにすることで、氏の主張や立場を鮮明にする。フィードバックに懐疑的な立場を示す氏の所論は、2010年の論文を核として、2013年、2014年の論考へと展開されている[54]。また、ルーブリックといった事前指定される固定的なクライテリアを用いることの危うさについては、2009年の論文で主に論じられる[55]。

(1) フィードフォワード、フィードバック批判の論理

① フィードバックの問題

まず、氏が展開するフィードバック批判の内実と論理をみていこう。氏はフィードバックが形成的アセスメントの中心に据えられていること、そして、その実質的な効果に対して根本的な疑問を投げかける。

> 学習者に対し、作品の強みと弱みについて詳細なフィードバックを与え、改善のための提案をすることは、高等教育において一般的な慣行となりつつある。多くの学習者にとって、フィードバックは、その作成にかけられた多大な時間と労力にもかかわらず、ほとんど、または全く効果を発揮していないように思われる[56]。[……] どれほど巧みでかつ誠実に作成されたものであっても、フィードバックがその特性にかかわらず、改善のための主要な手段であるという役割を果たすことを期待するのは難しい[57]。

氏は、フィードバックが効果的だと結論づける4つの論文[58]を引き合いに出して、これらが初等・中等教育レベルの学習のうち、とりわけ測定しやすい限定的な学習成果を対象としていることを指摘する。要するに、複雑で高次な学習成果の育成を企図する教育文脈においてもフィードバックが同様に有効であるかどうかは、検討の余地があるというわけである。

フィードバックがどれほど実際の学習改善につながるかは、学習者が

フィードバック内容を適切に解釈し、それを実行に移す能力に依存する。したがって、フィードバックが有効化されるためには、学習者がフィードバック内容に関連する十分な背景知識を持っている必要がある。氏は、こうした背景知識の欠落により、フィードバックが有効化されていない状況が生じていると理解する。

> 本論は、学習者の学習意欲の程度に依らず、彼らがいくつかの基本的な概念についての十分な実用的知識を保たなければ、フィードバックの内容を改善のための行動に変換することができないという前提に立つ。フィードバックを構成する教師は、明らかにこれらの実用的知識を身につけており、それに基づいて行動している。そして、教師らは、学習者も少なくともそれなりに備えていると想定しがちである[59]。［……］教師が［フィードバックの］情報をできる限り完全かつ客観的で正確に伝えようとしても、多くの学習者は適切に理解できない。これは、後述するように、学習者がそれらのメッセージを正確に解読するための準備ができていないからである[60]。

　形成的なコミュニケーションを有効化するためには、教師がフィードバックを構成する際の背後にある知を、学習者も一定共有している必要がある。ところが、多くの学習者はその用意ができていない状況にある——フィードバックの意味を学習者が適切に理解し、改善のためのアクションを駆動させるためには、そのような知が不可欠にもかかわらず。

② 評価エキスパティーズの重要性

　以上の認識に立脚して、サドラーはそのような知の本質はいかなるもので、学習者がそれをどのように形成できるかを考察する。氏は、フィードバックを有効化するために必要なこのような知を評価エキスパティーズと呼び、その内実を「課題適合性（task compliance）」「質」「クライテリア」という３つの側面で捉える[61]。なお、80 年代の所論にお

いても、評価エキスパティーズに対しては論究がなされていたが、2010
年の論考では、それが異なる形で語り直された。氏はこのような評価エ
キスパティーズが培われることで、フィードバックの重要性は低下し、
教師のフィードバックに依存する必要性が、究極的にはなくなってしま
うと考える。以下、評価エキスパティーズを構成する「課題適合性」
「質」「クライテリア」の内実が 2010 年の論文においてどのように規定
されているか確認しよう。

　「課題適合性」とは、課題規定（task specification）で指定された応答の
種類と、実際に学習者が提出した応答の種類との一致を指す[62]。ここで
いう課題規定とは、どのようなジャンルのパフォーマンスや作品を要求
するのかという規定を明確に叙述・提示するものを指す。たとえば、課
題規定が「批評」という形式を要求するにもかかわらず、「説明」とい
う形式で論述が行われる場合、批評としてその質は判断できない。そこ
で学習者は、まず、批評とはどのようなものか、そのジャンルがいかな
るものかを理解しなければならない。

　次に、「質」とは、作品が全体として、どの程度うまくいっているか
の度合いを指す。氏は、教師の経験に擬えながら、質の概念について次
のように説明する。教師は、さまざまな学習者のパフォーマンスに触れ
る中で、2 種類の理解を発達させる。第一は、質の高低に関する垂直的
理解である。第二は、質の「同等性（comparability）」であり、これは同
等の質と判断される作品にも多様な形態や様相があることの水平的理解
を指す。よって、質概念の二次元的広がりが構成される。学習者もこう
した質概念を発達させていく必要があり、良質なものがどのようなもの
か、そして、どのように質が構成されるのかを理解しなければならない。

　「クライテリア」とは、作品の質を判断する際に有用な側面や次元を
指す。学習者自身もさまざまなクライテリアに精通し、評価行為の中で
それらがどのように機能するのかについて深く理解しなければならない。
このことで、学習者自身が、さまざまなクライテリアを操りながら評価
判断を下し、その論拠を説明する評価ディスコースに参画できるように
なる。

142

第三章　形成的アセスメント論の成立と新たな展開

　氏は、以上のように捉えられる評価エキスパティーズ、すなわち、課題適合性、質、クライテリアに関する知を深めることに加え、評価に関する暗黙知をも発達させる重要性を指摘する。ここでいう暗黙知とは、以上に示した評価概念を自在に操るノウハウのようなものである。力量ある評価者はある種無意識的に、言い換えれば、暗黙知の導きの下で、ある作品の質を見定める上で重要なクライテリアを知覚・認識し、それに意識を向ける。このような暗黙知を得ることによって、作品の全体的様相に対する視点と、あるクライテリアへの局所的な視点をうまく切り替えながら評価していく技法（arts）がなせるようになる。

　このように氏は、評価エキスパティーズの育成を、80年代と同様に、形成的アセスメントの核心に位置づける。「全体的な目標は、学習者が質を認識したり、判断したり、判断の説明をしたりできるような明示的な知と暗黙的な知を、学習者に十分に授けることである」[63]。このように、サドラーは、フィードバックではなく、学習者の評価エキスパティーズを育むことが形成的アセスメントの中心に位置づけられるべきだと考えるため、フィードバックを中心原理として展開する形成的アセスメント論を批判的に捉えるのである。

③ ルーブリックの問題

　氏は、以上のように評価エキスパティーズを育む重要性を強調するが、それを育成する手段として、ルーブリックなどを用いることを徹底的に拒絶する[64]。ルーブリックは、評価規準（クライテリア）と評価基準（スタンダード）を明示し学習者に可視化するため、評価エキスパティーズを育む有効なツールになりうると一見思われる。ところが氏は、ルーブリックなどを用いることは、むしろ、この種の知識、すなわち質やクライテリアに対する複雑な理解の発達を阻む可能性があると指摘する。ルーブリックを用いる場合、本来、質的判断が持つ複雑さとダイナミズムを学習者が学ぶことができなくなり、この点に問題がある。

　氏は、複雑な評価を行う際にクライテリアがどのように機能するのか、そして、パフォーマンス全体に対する質というものがどのように表れる

143

のかということについて、複雑な理解をもたらさなければならないと強調する。ただし、こうした複雑な理解は、単純にルーブリックや固定されたクライテリアを提示して得られるものではないのである。

　　多くの学習者は、事前指定されたクライテリアを使用することが複雑な作品を評価する唯一の方法または最善の方法であるという原則を無意識に信じ込んでしまっている。このような条件づけは、はっきりと学びほぐされ（unlearn）なければならない[65]。

　　特に、ルーブリックは、［……］全体的な質よりも特定の質（クライテリア）を優先づける傾向があるために、全体としての質の概念形成を阻害する可能性がある。特にルーブリックといった形式のフィードバックは、質全体としての概念ではなく、特定の質（クライテリア）を優先する傾向があるため、全体的な質の概念形成を阻害する可能性がある[66]。

　サドラーは、フィードフォワードとしてルーブリックを提示する行為も、その意図とは裏腹に、不適切な導きとなっている場合があると指摘する。これは、本当に優れたパフォーマンスを追求するのではなくて、ルーブリックの記述語を表面的に見繕うような、ルーブリックで示されたクライテリアに最適化されたパフォーマンスが追求されてしまうという問題である。

　　事前にクライテリアを正式に設定し、それを評価の主要なツールとして強調するという一般的なやり方は一見論理的に思えるが、重大な欠点がある。評価者と学習者はともにクライテリアに集中してしまう［……］簡単にいえば、グリル［ルーブリック］は邪魔なのだ。それは学習者にとって本当に重要なこと、つまり作品が提示された目的をどれだけ達成しているかという全体的な効果に目を向ける力を制限してしまう。語彙、文章の質、包括性、参考文献の役割は極

144

めて重要であるが、それ自体が目的ではなく、良質な作品を生み出すための道具にすぎない。[……] しかし、これらが自己目的化すると、最終的な作品の特徴はクライテリアに従属し、その結果として生じる妥協や制限に対する自覚も薄れてしまう[67]。

　ここでいうグリルとは、ルーブリックのことを指している。明示化されたクライテリアの達成に最適化することによって、パフォーマンスの質が本質的に向上しているわけではないのにもかかわらず、ルーブリックによる評価では、パフォーマンスの質が高いと評価されてしまう場合がある。サドラーは、評価ツールとしての指標（indicator）が定まることで、たとえパフォーマンスの質が低下したとしても、指標スコアが最大化されるような決定や行動が優先されるようになることを懸念する。

④ 学習目標批判の論理

　ここで、サドラーの学習目標批判についても取り上げよう。学習目標に対する批判は、フィードバック批判やフィードフォワード批判と一見、関係がないように思われるかもしれない。しかしながら、形成的アセスメント論においては、学習のゴール、すなわち学習目標を学習者と共有していく行為も、その重要な部分とみなされている。

　サドラーは、学習目標の叙述に対して、それがフィードフォワードとして有効に機能しているかに疑問を投げかける。端的にいえば、氏は、学習者が、実際にどれほど学習目標を理解できているのか（目指すべきことが適切にイメージできているのか）という視点で、言語記述による学習目標の有用性に限界があると指摘する[68]。

　学習目標（意図された学習成果（intended learning outcomes）ともいう）を学習に先立って学習者に明示することは、一般的に広く支持されている（「学習めあて（learning target）」の提示）。学習目標を事前に提示することで、学習者は自らが目指す場所を理解し、見通しを持って学習を進めることができ、自身の学習の舵取りの指針とすることができる。このような指摘は、心理学者オーズベル（David Ausubel）が指摘した「先行オーガナ

イザー（advance organizer）」の有効性といった研究成果にもつながる部分がある[69]。

　このように学習目標が明示されることで、それを実践の指針とするような発想は、教育研究においては、カリキュラム論におけるタイラー原理にまで遡ることができるが、ここでの議論の焦点は、あくまで学習目標にある。すなわち、教師や学校が、カリキュラムや指導の計画を立て、実践して評価していくという営みの指針としての教育目標ではなく、学習者が自らの学習を進める上での指針としての学習目標である。このように、学習者に対するフィードフォワードとして、学習目標を叙述することが期待されている。こうした論調に対してサドラーは次のように指摘する。

　　　一般的に、科目の学習目標に学習者がアクセスできるようにすることは、学習者に情報を与え、学習を支援するための有益な行動と見なされている。［……］多くの学者が、明示的な学習成果の記述に強くコミットしており、その有用性の見込みに自信を持ち疑っていない。疑いの余地があるのは、意図を明確かつ実践的に意味のある方法で伝えることができているのかということである[70]。意図された学習成果は、それ自体では、学習者、同僚、または第三者に、意図や期待、スタンダードを伝えることができない。それなのに、意図された学習成果は、そうできるかのようにみなされているのである[71]。

　つまり、サドラーは、学習目標の提示によって見通しを与えることを目指すことは重要であるが、学習目標を提示する行為だけで、それが実現できるわけではないということを強調する。要するに、学習目標を提示しただけでは、学習者がゴールとして求められている質やパフォーマンスがどのようなものであるかを具体的にイメージすることは難しいということである。そこで、氏は、言語叙述として構成された学習目標ではなく、具体的な評価課題とその評価課題に対する具体的な成果物を、

指導と学習過程のゴールを表現するものとして提示することが望ましいと主張する。このような学習目標批判の論理は、複雑な知を言葉で伝えることに限界があることを強調している点で、フィードバックに対する批判の論理とも通底している。

⑤ フィードフォワード、フィードバック批判の根底

では、つまるところ、氏の形成的アセスメント批判の根底にある認識はいかなるものであるのか。端的に述べれば、氏の批判の根底は、フィードバックやフィードフォワードが、本質的に「伝えること（as telling）」であるという認識にある。氏は、学習改善を促進する主な手段として、伝えることに依存するのは、重要な評価知を発達させるために、「情報伝達モデル（information transmission model）」に依存することだと次のように批判する。

> 学習改善を促進するためにアセスメント活動を用いる教師の責任は、評価課題の設定に関する丁寧なコミュニケーションを提供し、評価された作品の質に関する情報、同様の評価課題に対して今後どのように取り組むべきかについてのアドバイスを提供することによって、十分に果たされると一般的には考えられている。前者は、フィードフォワードと呼ばれ、後者はフィードバックと呼ばれている[72]。
> [……]基本的な問題はフィードフォワードやフィードバックの質それ自体ではなくて、複雑な学習において伝えること、それも詳細に伝えることが改善への最も適切な方法であるという仮定そのものにある。[……]簡潔にいえば、学習者の改善を促進する主な手段として、伝えること（フィードフォワードとフィードバックで具現化されている）に依存することは、重要な評価概念の発達のために、情報伝達モデルに頼ることを意味する[73]。

このように氏の批判意識は、フィードバックやフィードフォワードの質ではなく、「伝えること」が複雑な学習の改善に向けた最も適切な方

法だという仮定そのものにあると理解できる。「明確な目標は、学習者に作品の質について『伝えること』(開示)から、質の理由を『見て理解させること』(目視)に焦点を移し、その過程で複雑な判断を行う個人的な能力を育成することである」[74]。このような批判意識に根ざして氏は、教師が「伝えること」ではなくて学習者が「経験すること」を主軸に、学習者自身の評価熟達知を育む形成的アセスメント論を展開していく。

(2) フィードフォワード、フィードバック批判に至る認識の原点

ここで、フィードフォワード批判、フィードバック批判に至るサドラーの認識の原点を確認しておこう。それは、大学教師としてのサドラーの実践的経験、そして、サイバネティクス的発想の有効性に対する理論的検討に根ざしている。

① 大学教師としての経験

まず、大学教師としてのサドラーが残した実践記録「あぁ！ これが『質』か (Ah! ... So *That's* 'Quality')」(2002 年)の内容に目を向けよう[75]。ここに、氏のフィードバック批判、フィードフォワード批判の萌芽を見出すことができる。この実践記録では、氏が担当する授業科目における約 2000 語のエッセイ課題を巡って生じたある事件の顛末が描かれている[76]。本実践において氏は、エッセイ課題を出題する際に、課題の意図を明確に伝えるために、1 ページに及ぶ課題規定 (task specification) を作成し、学生に対して課題作品がどのように評価されるかを知らせることができるように、5 つのクライテリアを事前に提示していた[77]。

課題作品の採点が終了し、エッセイ作品を学生に返却する際に、ある学生から「私の作品は、すべてのクライテリアを満たしていて、点数がこれほど低いのはおかしい」と教師サドラーに対する抗議が行われたという。氏は、自分と他の教員で独立して課題作品の再採点を行うことを申し出て、実際にそれを行った。しかし、両者の再採点の結果は、サドラーがつけた評点と同様のものであった。その結果を学生に伝えたが、

第三章　形成的アセスメント論の成立と新たな展開

それでも学生は納得しなかった。

　そこで、氏は、その学生に対して、満点近い得点を獲得した他の学生のエッセイ作品を提示した。すると、その学生はすべてを理解して「あなたの求めていることが何か分かった」と納得したという。そして、その後、氏がお手本として例示したものと同程度に質の高い作品を実際に作成してみせたという。

　　　具体的な作品事例は、他にはできないメッセージを伝える。……今まで私は、普通の言い方ではうまく伝わらなかったので、より手の込んだ言い方をしていた。しかし、私は今、それらを見せようとしている[78]。

　この出来事を通して氏は、クライテリアではなく、質に重心を置く必要性を強く感じることとなったと語る。また、質というものが何かを学生に伝えるために、具体的な作品事例を見ることの重要性を認識し、自身の教育実践を修正する必要に迫られたと回顧する。

② サイバネティクス的発想に対する批判的意識

　サイバネティクス的発想の有効性に関する議論は、氏の 1982 年の論文「教育システム設計における制御変数としての評価クライテリア（Evaluation criteria as control variables in the design of instructional systems）」にまで遡ることができる[79]。この論文は、サイバネティクスの考え方を教育の世界に持ち込むことが可能であるか否かについて検討するものである。

　この論文において、サドラーは、サイバネティクスで用いられている概念や原理の多くは、教育システムの検討や設計に役立つとしながらも、カリキュラム開発にサイバネティクスのパラダイムを単純には適用することはできないという結論に至った。氏は、教育における概念や用語が厳密でないことや教育や学習という営為の複雑性を理由として、サイバネティクス的発想の適用には限界があることを指摘した。

　氏は、1975 年のサザーランド（John Sutherland）の論考[80]を援用して

149

「興味深いことに、彼［サザーランド］は、一次のネガティブ・フィードバック・ループを使ってうまくモデル化できない複雑系の例として、教育を挙げている。特に、サザーランドはベイトソン（Gregory Bateson）の人間学習のモデルを引き合いに出し、低レベルではサイバネティクス・モデルが適切だが、複雑な学習は説明できないことを示す」と述べる。ここに、フィードバックとフィードフォワードというサイバネティクスのパラダイムを、教育と学習の世界に持ち込むことに対する批判的意識の原点がある。

第四節　鑑識眼形成論としての形成的アセスメント

　第四節では、第三節で見てきたサドラーによる形成的アセスメント批判を踏まえて、氏が、いかなる形成的アセスメントの実践をオルタナティブとして構想したのか、その内実を明らかにする。そして、氏の形成的アセスメント論がどのように特徴づけられるのか、その特質を明確にすることで本章の議論を総括する。

（1）評価エキスパティーズを育む形成的アセスメントの技法

　昨今の形成的アセスメント論に対する批判を踏まえて、サドラーはいかなる形成的アセスメントのオルタナティブを提案するのか。端的に言えば、氏は、「伝えること」ではなく、学習者が熟達者の導きの下で多くの本物の事例に接し、ホリスティックな評価判断を下していくという、経験的で徒弟的な方法によって、評価エキスパティーズを育んでいくというビジョンを明確に示す。この立場は、80年代以来一貫しているが、「伝えること」からの脱却が主張されることで、自身の立場がより明確化された。こうした考え方について氏は次のように述べている。

　　　オルタナティブ・アプローチの重要な特徴は、学習者に対して、評価経験を単なる付加的なものとしてではなく、教育設計の戦略的な

第三章　形成的アセスメント論の成立と新たな展開

部分として提供することである。全体的な目標は、学習者が質を認識したり、判断したり、判断の説明をしたりできるような明示的な知と暗黙的な知を、学習者と十分に授けることである[81]。

この方法の明確な目標は、学習者に作品の質について「伝えること」（開示）から、質の理由を「見て理解させること」（目視）に焦点を移し、その過程で複雑な判断を行う個人的な能力を育成することである。[……] 鍵となることは、専門的な評価者が通常使用する方法に似た形で、本質的かつ包括的な判断を行う技法を学習者に育成することにある[82]。

　氏は、学習者が評価エキスパティーズ、特に質に関する概念を発達させるためには、まず、同じジャンルに属する多種多様な、あらゆる質の幅を持つ本物の作品（パフォーマンス）に触れることが重要であるとする。氏によれば、学習者は、多種多様な作品に触れる中で、作品の全体的な質というものがどのように表れてくるのか、とりわけ良質なものはどのようなものであるかという理解を形成していく。そして、ホリスティックな評価判断を行い、その判断を正当化していく過程で、多重クライテリアに対する概念的理解や操作的理解を深めていくことができる。

　クライテリアは、具体物を知覚・認識することによって活性化され、潜在的なものから顕在的なものへと表れる。氏は、このように真正な評価経験に学習者が実際に従事し参画する中で、質やクライテリアに関する知識を徐々に膨らませていくという過程を重視する[83]。氏によれば、この方法に則ることで、学習者は質やクライテリアに対する豊かな理解やレパートリーの獲得に至るのみならず、クライテリアが顕在化したり潜在化したりする質的判断のダイナミズムを掴み取っていくことが可能になるという。氏は、自身の 1980 年の論文を引用しながら「そのために、教師と学習者の両者が、象徴的な形式（言葉、文章、ディスコース）とその具体的な指示対象（インスタンシエーションとしての学習者の作品）を結びつける評価行為の文脈に没入することを必要とする」と述べる[84]。

151

氏は、このような学習・評価活動の具体的実践方法として作品批評として
のピア・アセスメントを提案する[85]。ここでいうピア・アセスメン
トとは、単なる相互評価やペアワークなどではない。これは、上述した
評価エキスパティーズを育成することをもっぱら主眼として、意図的に
構造化された評価活動である。80年代には、その具体が提示されてい
なかったが、2010年と2014年の論文では、具体的な実践形式が提案さ
れた。

氏の提起するピア・アセスメントは、以下の順序による4つの質問で
構成される。初めの3つの質問は、評価エキスパティーズ（課題適合性、
質、クライテリア）に対応し、最後の質問は、1989年の論文でいうとこ
ろの3条件（改善レパートリーの拡張）に対応するものである。

第一の質問は、「作品は、課題規定で指定された問題に対処している
か」である。これは、質の問題ではなく課題適合性に関する質問である。
第二の質問は、「その作品は、全体としてどの程度うまくいっているか」
である。これは、質の判断において中心となる。第三の質問は、「その
判断に至った根拠は何か（評価を正当化するための適切なクライテリアを用
いて）」である。第四の質問は、「どうすれば作品を大幅に改善すること
ができるのか」である。ピア・アセスメントに参加する学習者は、これ
ら4つの質問に即してピアの作品を評価していくことが求められる。こ
のようなピア・アセスメントに取り組むことで、学習者は、課題適合性、
質、クライテリアに対する理解を深め、評価エキスパティーズを豊かな
ものにしていく。氏は、ピア・アセスメントの要件と意義について次の
ように述べる。

　　無作為ではなく計画的に作品事例に触れる機会や、質についての判
　　断を行う経験が必要である。また、さまざまな作品がどのようにす
　　ればより良くなったかについて、その根拠や説明を言語化する力も
　　求められる。さらに、教師や他の学習者と評価に関する対話を行う
　　ことも重要である。この3つを組み合わせることで、学習者は教師
　　が持つのと本質的に類似した質の概念を発達させ、特に優れた質を

第三章　形成的アセスメント論の成立と新たな展開

生み出す要因を理解できるようになる[86]。

　氏は 2013 年の論考で、以上の 4 つの質問により計画的に設計され、構造化されたピア・アセスメントのサドラー自身による実践の様子を説明している[87]。ここでの実践は、小エッセイ課題に取り組んでいくというものである。氏の実践においては、ルーブリックなどはもちろん用いられず、学生らは、ピアの多様なエッセイ作品に接してホリスティックな判断を下していく。

　ただし、このように作品事例を中心とする場合、学生の作品群の質に学習の範囲が限定されてしまうという問題が生じる。そこで氏は、作品事例の質が学生集団の質に限定されないよう、作品の束に自身が作った匿名のエッセイ作品をも織り交ぜていく。そして、氏の導きの下で、それらを語る評価ディスコースを形成し、質やクライテリアといった概念、すなわち学習者の評価エキスパティーズを磨いていくのである。こうして育まれる評価エキスパティーズが、パフォーマンスをよりよく磨いていくことを導く羅針盤として機能していく。

(2) エンド・イン・ビューに導かれる「実践」

　このようにして評価エキスパティーズを育むことで、エンド・イン・ビュー（目論見とも訳される）に導かれる「実践」を実現するという発想が可能となる。ここでいう「実践」とは、それ自身の内部に善を内在させている活動である。「実践とは、各々の実践に内在するそれぞれ固有の善さ（内的善）の達成を目指して行われる、あるいはその内的善に照らして判定される卓越性（よりよき・すぐれた達成）を目指して行われる、目的的・意図的活動」のことである[88]。

　エンド・イン・ビューに導かれる「実践」とはどのようなものか。サドラーは、2014 年の論文において、1983 年の自身の論文におけるエンド・イン・ビューの考え方を下敷きにしながら、「ゴール知識（goal knowledge）」という概念を用いて、この点についての議論を発展的に展開している[89]。ゴール知識とは、目標概念に対する理解やイメージを指

153

す。

　　大学教師と高等教育機関の課題は、ゴール知識が成長するための最
　　適な条件を設計し、構築することである。彼らは、独創的で複雑な
　　作品を知的に作り上げる際の指針となるゴール知識の発達が極めて
　　重要であることを認識しなければならない[90]。

　氏は、ゴール知識の発達を、複雑な作品を知的に制作していく上で欠
くことができないものであると強調する。氏は、ゴール知識の性質につ
いて、ボールディング（Kenneth Boulding）のイメージ論（『ザ・イメージ
（The image）』）を引き合いに出しながら次のように説明する[91]。「自分の
概念化や推論が最終的にどこに行き着くのかを事前に正確に知っている
わけではないが、最初は不明瞭であっても、最終的な反応がどのような
ものであるかのイメージを持っている。[……] しかし、彼らの作品が
最終的な形になり、『完成』するまでは、完全な意味で『知る』ことは
できない」[92]。そして、サドラーは、エッセイの執筆に取り組む際に、
ゴール知識がどのような役割を果たすのか、豊かなゴール知識を有する
学習者のエッセイ執筆過程を、以下のように描きながら説明する。

　　要求されたジャンルの作品を作り上げることに自信を持っている学
　　習者は、たとえそれが不明瞭であったり濁っていたりしても、初期
　　のイメージがあることで制作に取りかかることができる。彼らは、
　　最初の「柔らかい」イメージ（ボールディングがいう未来のイメージ）
　　と、最終的な応答［制作物］の形が大きく異なることが珍しくない
　　ことを知っている。そして、例外はあるにせよ、最終的な形は１つ
　　ではなく、無数にありうることを理解していて、そのことに動揺す
　　ることはない。[……] 力のある学習者は、制作中に自分のイメー
　　ジが徐々に明確になっていくと理解しており、多少のぼやけた部分
　　があっても恐れることはない。[……] 作品が進むにつれて、イ
　　メージの暫定的な部分は確認されたり、反証されたり、修正された

りする。最終作品のイメージは、制作を完了させるための方向性と動機づけを十分に提供するが、制作プロセスが終わるまで未決のままとなる。そして常に、作品が果たすべき目的が制作全体のプロセスに優先している[93]。

評価エキスパティーズを獲得することで、エンド・イン・ビューを学習者が描くことができるようになる。なぜならそれは卓越性の知を包含するからである。エンド・イン・ビューとは学習者の内側から湧き出してくる構想であり、学習者が目指そうと意図するゴールのイメージであり、「実践」を導くものである。このようにして、学習者がエンド・イン・ビューを構想しながら、自身のパフォーマンスの質についてホリスティックに認識し、より良いパフォーマンスを形作っていくことが可能になる。これが鑑識眼によって導かれる「実践」である。

フィードフォワードとして学習者に与えられるルーブリックや学習目標の叙述と、エンド・イン・ビューは何が異なるのだろうか。それらもエンド・イン・ビューも、両者とも、将来に向かっての行為を促す（それらによって将来の行為が引っ張られる、導かれる）という点で、未来、そして、意図を表現することである。他方、それらとエンド・イン・ビューを対比的に描けば、それは、（1）外在的なものか（学習者の外部にあるものか）、それとも、内在的なものか（学習者の内部から湧き出てくるものか）、（2）変化しない固定的なものか、それとも、変化し続ける可変的なものか、（3）言語表現であるか、それとも、非言語的要素（暗黙知）を含むイメージであるかといった相違がある。サドラーの形成的アセスメント論は、学習者に鑑識眼を授けることで、学習者自身が自らのエンド・イン・ビューを膨らませ、自身の「実践」を駆動させていくことを企図するものである。

（3）鑑識眼形成論としての形成的アセスメント論

以上、本章での議論をまとめると、氏の主張が次のように明確になったといえる。まず、複雑で高次な学習の文脈では、評価エキスパティー

ズと称される評価熟達知を磨く、すなわち学習者は目指すべき質が何か
を理解し、質の判断に用いられる複雑に絡み合ったクライテリア体系が
どのようなもので、どう機能するのかを理解していくことが重要である。
そして、評価エキスパティーズは、「伝えること」ではなく、熟達者の
導きの下で行われる真正な評価経験に参画することで、学習者自身に
よって掘り起こされ、技法（arts）として身についていく。そして、そ
れは、ルーブリックなどで事前指定されたクライテリアによって判断を
下すのではなく、質へのホリスティックな判断を下し、その判断を適切
なクライテリアを用いて正当化するという過程を通して形成される。こ
うして磨かれた評価エキスパティーズが、学習者の学びを導いていくの
である。

　では、こうした氏の所論の根底にはどのような認識論があるのか（第
四章で詳しく論じる）。氏は、自身の所論に最も深い影響を与えた人物と
して、ポランニーの名を挙げる。氏は、ポランニーは、知識の本質性や
知るということがどのようになされるのかの深い理解と洞察を自身に与
えてくれたと次のように語っている。

　　このアプローチは、ポランニー（1962）の研究に由来する。それは、
　　学習者が目利き（connoisseurs）になることへの道を歩み始めるもの
　　として描き出される[94]。

　　ポランニーの著作では、「知ること」の本質や、私たちがどのよう
　　に知識を得るかについて非常に多くの示唆が含まれている。多くの
　　「学習アルゴリズム」はあまりにも単純化されている。私にとって
　　彼は、非実証主義的な証拠、および、状況や結論の本質を示す指標
　　の組み合わせに基づく個人的判断（personal judgement）を正当化して
　　くれた[95]。

　これまでの議論を踏まえると、氏の意図は、伝えること、すなわち伝
達の質を改善するのではなく、伝達とは原理的に異質にして、それを無

156

用にしてしまうような形成的アセスメント論を築くことにあるといえる。こうした評価エキスパティーズの育成を主眼とする形成的アセスメントでは、教師が枠づけた学習改善サイクルを学習者が超えていくことも可能となる。要するに、教師によって与えられた枠組み内での質の改善を図っていくのみならず、学習者に内在する鑑識眼の導きによって、新たな質やクライテリアを認識して掘り起こし、枠組み自体をも問い直していくような力量を学習者に授けることができるのである[96]。

このような氏の形成的アセスメント論へのアプローチの根幹は、専門家共同体としての鑑識眼形成にあるといえる。氏の所論では、学習者の鑑識眼を磨き、その導きによって学びが切り拓かれていくという方法論が構想されている。氏によれば、「鑑識眼とは、質的判断の能力が高度に発達したものである」[97]。氏の形成的アセスメント論は、質やクライテリアといった概念の「社会的・共同体的構築」を目指すことを強調するものであり、これはすなわち、鑑識眼の共同所有に学習者を誘うことを意味している。

ただし、鑑識眼形成といっても、経験によってそれが形成されるのを闇雲に任せたり、評価判断を「好み(taste)」の問題に収斂したり、独りよがりなものとするわけではない。「質を認識することは第一義的な評価行為であるが、それは個人的な好みの問題ではない。判断は、定められた社会的専門性(socio-professional)の文脈の中でなされ、それぞれの特定のケースに顕著であると認められているクライテリアを参照することで、立証される必要がある」[98]。つまり、ここでいう鑑識眼とは、専門家共同体の間主観性に根ざすものである。

氏の形成的アセスメント論で描かれる技法は、こうした鑑識眼形成が目指されて、意図的に構造化・体系化された教授・学習方法なのである。この意味で、氏の所論は設計志向性を有している。

氏は、質やクライテリアの概念を、伝えられるのではなく、学習者自身によって掴み取ることを重視するために、「質を構成するものは何か」「善さとは何か」を具体的文脈の中で掴める評価経験の機会を用意する必要性を強調する(作品批評としてのピア・アセスメント)。これによって、

評価エキスパティーズが育まれ、豊かなエンド・イン・ビューを学習者が頭の中に描けるようになる。このように氏は、形成的アセスメント論において最も重要なことを、学習者の鑑識眼を洗練させ、エンド・イン・ビューを豊かにする評価活動を構想することにあると考えるのである。

小括

　本章では、サドラーの所論について、それが形成的アセスメント論のルーツの1つとされているのにもかかわらず、氏が昨今の形成的アセスメント論に対してラディカルな批判を展開しているという状況を端緒として、(1) 氏が1980年代に提唱した形成的アセスメント論の背景と内実、(2) 形成的アセスメント論の国際的展開におけるその受容、(3) 昨今の論調に対して氏が展開する批判の論理、(4) そこから見えてくる氏の立場と氏の所論の特質について明らかにしてきた。

　氏の所論は、もっぱら、複雑で高次な学習の文脈における学習者のコンピテンスをどのように育成するかに主眼が向けられるもので、それを可能にする形成的アセスメントの理論と技法を、学習者の鑑識眼を錬磨することを主軸とするアプローチによって切り拓こうとするものであった。このような氏の所論は、教師からのフィードフォワードとフィードバックの提供による学習改善サイクルの成立という比較的単純なロジックで、学習過程を効率的・直線的にコントロールしていこうとする立場に対峙するオルタナティブを示すものであった。

　サドラーは、フィードバックを批判する際に、フィードバックを適切に解釈する背景的知識の欠落によりそれが有効化できないことを指摘していたが、質やクライテリアについての理解を深めた際には、すなわち、評価エキスパティーズがそれなりに獲得された場合には、フィードバックをある程度有効に解釈できるようになる。では、サドラーはその際に、フィードバックを重要であると主張するだろうか。その答えは否である。

158

第三章　形成的アセスメント論の成立と新たな展開

　もちろん、フィードバックは、「実践」の一定の手助けになるだろう。ただし、フィードバックが「実践」を主導する役割を果たすわけではない。あくまで、実践主体の鑑識眼による絶えざる評価行為（セルフ・モニタリング）によって、「実践」は舵取られていくからである。この意味で、行為者の鑑識眼を豊かにすることが第一に重要なのである。むしろ、フィードバックは「実践」を主導するものではなくて、独りよがりになることを防ぐための「キャリブレーション」として位置づけられるべきである。このような認識の下に、サドラーは、形成的アセスメントの中心的営為を、フィードバックの提供ではなくて、評価活動を通して鑑識眼を育むことに位置づけるのである。

　氏の所論は、学習者の鑑識眼形成を中核とするアプローチとして描出できたが、これは昨今の形成的アセスメント論の主流派ではない。しかし、氏が提案するオルタナティブ・アプローチに、我々が目を向けることは、形成的アセスメント論のさらなる展望を考える上で有益である。というのは、氏は、フィードバックという伝達の質をより良くしていくのではなく、それとは原理的に異質なアプローチの可能性を提起していたからである（鑑識眼形成論としての形成的アセスメント）。この点で、氏のラディカルな試みは、複雑で高次な学習の文脈における形成的アセスメントの新たな可能性を切り拓いていく1つの方向性を示すものとなっているといえる。

注

1）Sadler, D. R.（1983）. Evaluation and the improvement of academic learning. *Journal of Higher Education*, 54(1), pp. 60–79.; Sadler, D. R.（1989）. Formative assessment and the design of instructional systems. *Instructional Science*, 18(2), pp. 119–144.

2）Sadler, 1983, p. 71.

3）Ibid., p. 63.

4）Sadler, 1989, pp. 122–123.

5）Sadler, 1983, pp. 60–61.

6）Sadler, 1989, p. 119.

7）Ibid., p. 125.

159

8) Ibid., p. 120.

9) Ramaprasad, A.（1983）. On the definition of feedback. *Behavioral Science*, 28(1), p. 4.

10) Sadler, 1989, p. 121.

11) Ibid.

12) Ibid., p. 127.

13) Ibid. なお、この指摘は、Sadler, D. R.（1987）. Specifying and promulgating achievement standards. *Oxford Review of Education*, 13(2), pp. 191-209. を援用したものである。

14) Sadler, 1983, p. 64.

15) 氏は、83 年の論文で「エンド・イン・ビュー（end-in-view）」という言葉を用いるが、これはデューイがいうところのエンド・イン・ビューとも類似する。ただ、サドラー自身は、当時、デューイの言葉は知らなかったと回顧しており、あくまで自身の考えによる言葉だったと説明する。氏はこの概念に関連して、2014 年にゴール知識（goal knowledge）という概念を提起し、これらの役割について改めて詳細に検討している（Sadler, D. R.（2014）. Learning from assessment enents: The role of goal knowledge. In Kreber, C., Anderson, C., Entwistle, N., & J. McArthur（Eds.）., *Advances and innovations in University Assessment and Feedback*. Edinburgh University Press.）。

16) Sadler, 1983, p. 64.

17) Sadler, 1989. p. 132.

18) Ibid., pp.131-132, p. 136.

19) これら概念（「顕在的クライテリア」と「潜在的クライテリア」）の初出は、Sadler, 1983, p. 7. である。Sadler, 1989, p. 134. においても詳しく説明がなされている。

20) Sadler, 1989, p. 134.

21) Sadler, 1983, p. 68.

22) Sadler, 1989, p. 135.

23) Ibid., p. 140.

24) Ibid.

25) Scriven, M.（1967）. The Methodology of Evaluation. In Tyler, R. W., Gagné, R. M., & Scriven, M.（Eds.）, *Perspectives of Curriculum Evaluation*（pp. 39-83）. Chicago: Rand McNally.

26) B. S. ブルーム、J. T. ヘスティングス、G. F. マドゥス著、梶田叡一、渋谷憲一、藤田恵璽訳『教育評価法ハンドブック：教科学習の形成的評価と総括的評価』第一法規、1973 年。

27) 同上書、p. 162。原典は、Bloom, B. S., Hastings, J. T., & Madaus, G. F.（1971）. *Handbook on Formative and Summative Evaluation of Student Learning*. McGraw-Hill, p. 117.

28) ブルーム他、1973 年、p. 89。

29) 同上、pp. 162-190 を参照。

30) 同上書、p. 182。

31) 二宮衆一「イギリスの ARG による『学習のための評価』論の考察」『教育方法学研究』第 38 巻、2013 年、pp. 97-107。

32) KMOFAP の研究成果は、以下の文献にてまとめられている。Black, P., Harrison, C., & Lee, C.（2003）. *Assessment for learning: Putting it into practice*. Maidenhead, U.K.:

Open University Press.; Black, P., Harrison, C., Lee, C., Marshall, B., & Wiliam, D.（2004）. Working inside the black box: Assessment for learning in the classroom. *Phi Delta Kappan*, 86（1）, pp. 8-21.

33）Black, P., & Wiliam, D.（1998a）. Assessment and classroom learning. *Assessment in Education*, 5（1）, pp. 7-74.; Black, P., & Wiliam, D.（1998b）. Inside the black box: raising standards through classroom assessment. *Phi Delta Kappan*, 80（2）, pp. 144-148.

34）OECD（2005）, *Formative Assessment: Improving Learning in Secondary Classroom*, OECD Publishing.（OECD 教育研究革新センター編『形成的アセスメントと学力』明石書店、2008 年。）

35）学術論文データベース Web of Science にて最終確認（URL: https://www.webofknowledge. com/［2020 年 10 月 30 日最終確認］）。

36）たとえば、Black et al., 1998a, pp. 16-17, 53-54.; Wiliam, D.（2011）. What is assessment for learning. *Studies in educational evaluation*, 37（1）, p. 4.; Wiliam, D.（2010）. An integrative summary of the research literature and implications for a new theory of formative assessment. In Andrade, H. L., & Cizek, G. J.（Eds.）, *Handbook of Formative Assessment*. Routledge, p. 19.

37）Personal Communication, 6th August 2020 by email.

38）Wiliam, 2011, p. 4.

39）たとえば、以下に示す箇所において引用を行っている。Black et al., 1998a, pp. 53-54.; Wiliam, 2011, p. 4.; Wiliam, 2010, p. 19.

40）この枠組みの成立過程のおおよそは以下のようである。まず、この枠組みの原型（5 つの方略ではなく 3 × 3 のマトリクスの 9 つのセルで構成されているもの）は、2004 年 6 月に米国フィラデルフィアで開催された International Association for Educational Assessment（IAEA）第 30 回大会におけるウィリアムの発表 "Keeping learning on track: integrating assessment with instruction" の資料において示されている。その後、5 つの方略という考え方は、Leahy, S., Lyon C., Thompson, M., & Wiliam, D.（2005）. Classroom assessment: Minute-by-minute and day-by-day. *Educational Leadership*, 63（3）, pp. 19-24. で示されている。そして、その後 5 つの方略を示す枠組みについて、Wiliam, D., & Thompson, M.（2007）. Integrating assessment with learning: what will it take to make it work. In Dwyer, C. A.（Ed.）, *The Future of Assessment: shaping teaching and learning*. Routledge, p. 63. や Black et al., 2009, p. 8. において、理論的な説明が付加されている。

41）Wiliam, D.（2018）. *Embedded Formative Assessment（2nd edition）*. Solution Tree Press.

42）Andrade, H. L., & Cizek, G. J.（Eds.）.（2010）. *Handbook of Formative Assessment*. Routledge.

43）Andrade, H. L., & Heritage, M.（2017）. *Using Formative Assessment to Enhance Learning, Achievement and Academic Self-regulation*. Routledge.

44）Wiliam, 2018. ; Earl, L.（2003）. *Assessment as Learning Using Classroom Assessment to Maximize Student Learning*. Thousand Oaks, CA Corwin Press.

45）Björkman, M.（1972）. Feedforward and feedback as determiners of knowledge and policy: Notes on a neglected issue. *Scandinavian Journal of Psychology*, 13（1）, pp.152-158.

46) Brookhart, S.（2013）. *How to Create and Use Rubrics for Formative Assessment and Grading*. ASCD.

47) Andrade & Cizek, 2010.; Andrade & Heritage, 2017.; Ruiz-Primo, M., & Brookhart, S. （2017）. *Using Feedback to Improve Learning*. Routledge.

48) Hattie, J., & Timperley, H.（2007）. The power of feedback. *Review of educational research*, 77（1）, pp. 81–112.; Ruiz-Primo and Brookhart, 2017.

49) Hattie & Timperley, 2007.; Brookhart, 2013.; Nicol, D. J., & Macfarlane-Dick, D.（2006）. Formative assessment and self-regulated learning: A model and seven principles of good feedback practice. *Studies in Higher Education*, 31, pp. 199–218.

50) J. ハッティ著、山森光陽監訳『教育の効果：メタ分析による学力に影響を与える要因の効果の可視化』図書文化、2018 年（Hattie, J.（2012）. *Visible Learning for teachers: Maximizing impact on learning*. Routledge.）。

51) Brookhart, 2013.; Andrade et al., 2010.

52) Sadler, 1989, p. 120.

53) 1998 年のブラックらの論文が掲載された雑誌の同巻号に、ブラックらに向けたサドラーの寄稿「形成的アセスメント：その領域の再考（Formative Assessment: revisiting the territory）」が掲載されているが、ここにおいてもフィードバックの役割は好意的に意義づけられており、フィードバックに批判的な論調は展開されてない（Sadler, D. R.（1998）. Formative assessment: revisiting the territory. *Assessment in Education*, 5（1）, pp. 77–84.）。

54) Sadler, D. R.（2010）. Beyond feedback: Developing student capability in complex appraisal. *Assessment and Evaluation in Higher Education*, 35, pp. 535–550.; Sadler, D. R. （2013）. Opening up feedback: Teaching learners to see. In Merry, S., Price, M., Carless, D., & Taras, M.（Eds.）, *Reconceptualising Feedback in Higher Education: Developing Dialogue with Students*（pp. 54–63）. London: Routledge.; Sadler, D. R.（2014）. Learning from assessment events: The role of goal knowledge. In Kreber, C., Anderson, C., Entwistle, N., & McArthur, J.（Eds.）, *Advances and Innovations in University Assessment and Feedback*（pp. 152–172）. Edinburgh: Edinburgh University Press.

55) Sadler, D. R.（2009）. Transforming holistic assessment and grading into a vehicle for complex learning. In Joughin, G.（Ed.）, *Assessment, Learning and Judgement in Higher Education*（pp.45–63）. Springer.

56) Sadler, 2010, p. 535.

57) Ibid., p. 541.

58) Natriello, G.（1987）. The impact of evaluation processes on students. *Educational Psychologist*, 22（2）, pp. 155–175.; Crooks, T. J.（1988）. The impact of classroom evaluation practices on students. *Review of Educational Research*, 58（4）, pp. 438–481.; Black et al., 1998a.; Hattie et al., 2007.

59) Sadler, 2010, p. 537.

60) Ibid., p. 539.

61) これらの概念の詳細については、Sadler, 2010, pp. 542–546. より引用した。

62) なお、課題規定の詳細は、Sadler, 2014. が詳しい。

63) Sadler, 2010, p. 542.

第三章 形成的アセスメント論の成立と新たな展開

64）Sadler, 2009. ただし、氏は、同論文で「柔軟性のないアルゴリズムに依存しない形で、少なくともいくつかのクライテリアを事前に示すこともできる」（Sadler, 2009, p. 55）とも指摘している。

65）Sadler, 2009, p. 60.

66）Sadler, 2010, p. 548.

67）Sadler, D. R.（2014）. Learning from assessment events: The role of goal knowledge. In Kreber, C., Anderson, C., Entwistle, N., & McArthur, J.（Eds.）, *Advances and Innovations in University Assessment and Feedback*. Edinburgh: Edinburgh University Press, pp. 166-167.

68）Sadler, D. R.（2020）. Assessment tasks as curriculum statements: a turn to attained outcomes. *The Japanese Journal of Curriculum Studies*, 29, pp. 101-109（ロイス・サドラー著、石田智敬訳「カリキュラムを表現するものとしての評価課題：達成された成果への転換」『カリキュラム研究』第 29 巻、pp. 91-100）.

69）Ausubel, D. P.（1968）. *Educational Psychology: A cognitive view*. New York: Holt, Rinehart, & Winston.

70）Sadler, 2020, p. 95.

71）Ibid., p. 96.

72）Sadler, 2010, p. 548.

73）Ibid.

74）Ibid., p. 546.

75）Sadler, D. R.（2002）. Ah! ... So *That's* 'Quality'. In Schwartz, P., & Webb, G.（Eds.）, *Assessment: Case studies, experience and practice from higher education*（Chap. 16, pp. 130-136）. London: Kogan Page.

76）以下の説明は、Sadler, 2002. の内容を要約したものである。

77）ここでの 5 つのクライテリアとは、1. Relevance, 2. Comprehensiveness, 3. Coherence, 4. Logical reasoning, 5. Presentation である。

78）Sadler, 2002, p. 136.

79）Sadler, D. R.（1982）. Evaluation criteria as control variables in the design of instructional systems. *Instructional Science*, 11（3）, pp. 265-271.

80）Sutherland, J. W.（1975）. System theoretic limits on the cybernetic paradigm, *Behavioral Science*, 20, pp. 191-200.

81）Sadler, 2010, p. 542.

82）Ibid., pp. 546-547.

83）Sadler, 2009, pp. 56-59.

84）Sadler, 2010, p. 546.

85）Ibid., p. 547.

86）Ibid., p. 544.

87）Sadler, 2013, pp. 59-62.

88）松下良平「自生する学び：動機づけを必要としないカリキュラム」グループ・ディダクティカ編『学びのためのカリキュラム論』勁草書房、2000 年、p. 240.

89）Sadler, 2014.

90）Ibid., p. 162.

163

91) Boulding, K. E.（1956）. *The Image: Knowledge in Life and Society*. University of Michigan press（K. E. ボウルディング著、大川信明訳『ザ・イメージ』誠信書房、1962 年）.

92) Sadler, 2014, p. 163.

93) Ibid., pp. 163-164.

94) Sadler, 2009, p. 56.

95) Personal Communication, 8th January 2021 by email.

96) 与えられたルーブリック（クライテリア）によって評価する行為が習慣化すると、学習者は、ルーブリックで示される評価枠組みを問い直すことが難しくなる。一方、力のある評価者はルーブリックの背後にある深い評価知を、過去の評価経験から十分獲得しているため、ルーブリックで妥当な評価ができない場合、それに気がつき、ルーブリックを再構成することができる。

97) Sadler, 2009, p. 57.

98) Sadler, 2010, p. 547.

第四章

熟達した質的判断のメカニズム
──鑑識眼アプローチの認識論──

第四章は、熟達した質的判断、すなわち鑑識眼の本質とメカニズムを
サドラーがどのように捉えているかという認識論（theory of knowledge）
に焦点を合わせる。

　第二章と第三章では、氏が現代における学習評価論の提唱者でありな
がら批判者でもあるというパラドキシカルな立場を念頭において、1980
年代から現在に至るまでの氏の学習評価論を包括的に検討した。

　総括的評価の視点で、氏が一貫して論究してきたことは、教師の質的
判断をいかに洗練させ調整するか、そして、準拠すべき評価枠組みをど
のように外化できるかということであった（第二章）。他方、形成的アセ
スメントの視点で、氏が一貫して論究してきたことは、学びを導く羅針
盤として学習者の評価エキスパティーズをいかに形成できるか、すなわ
ち、学習者の質的判断をいかに洗練させ調整するか、そして、そのため
の教育実践をどのように構想するかということであった（第三章）。質的
判断の行為主体が教師か学習者かで異なっているものの、いずれも人間
の質的判断をどう洗練・調整できるのかということが問われている[1]。

　氏は、「鑑識眼とは質的判断の能力が高度に発達した形態」と規定し
ており[2]、この意味で氏の所論は、学習評価における鑑識眼アプローチ
（熟達した質的判断による学習評価）、ないしは、鑑識眼形成論ということ
ができる。鑑識眼アプローチとは、質的判断アプローチの中でも暗黙知
の役割をとりわけ重視する立場である。

　第二章では教師間での鑑識眼の共有、第三章では教師から学習者への
鑑識眼の共有として、鑑識眼形成論が主題化された。両章における氏の
批判意識は通底するものであり、氏はルーブリックなどの言語記述を構
成することによって評価熟達知の形成と共有を目指すアプローチを明確
に否定する。なぜサドラーは、鑑識眼の形成と共有が、ルーブリックを
用いるアプローチでは実現できないと断言するのか。

　第二章と第三章では、学習評価の具体的方法論に関する氏の主張の変
遷を読み解き、その一貫部と変容部を整理したが、鑑識眼形成に関わる
主張——ルーブリックの拒絶と事例主義的アプローチの重視——の基底
にどのような認識論があるのかは十分に示さなかった。さらにいえば、

167

サドラー自身が、氏の主張の根底にある認識論を十分に提示しているとは言い難く、それゆえに、氏の思想的源泉を突き止める作業が必要となる。

　そこで本章は、熟達した質的判断を中心原理とするサドラーの学習評価論の根底にある認識論がどのようなものか、すなわち、氏が質的判断のメカニズムをどのように捉えるのかを明らかにする。第一節では、氏がどのような概念装置を用いて質的判断のメカニズムを体系化するのか、氏の学習評価論の構造原理をつまびらかにする。第二節と第三節では、氏の質的判断に関わる認識が、どのような哲学者の影響を受けるものかを読み解くことで、熟達した質的判断に関わる氏の認識論を特徴づける。以上により、氏の評価方法論に関する主張がどのような評価の原理的理解に支えられているかを明確とし、氏の主張がなぜそのようなものになるのかの根底的な認識を浮き彫りとする。

第一節　熟達した質的判断のメカニズムを記述する概念装置

　第一節では、サドラーが質的判断の複雑なメカニズムをどのようにして体系的に捉えるのか、氏の主要概念——議論を展開する際に用いられる固有の概念装置——をつまびらかにしていく。氏の主要概念の意味と構造を明確にすることで、熟達した質的判断に基づく学習評価の構造原理を描き出す。

　はじめに、サドラーが評価をどう規定しているかを改めて確認しよう。

　　評価（evaluation）とは、基本的に質（quality）や価値（value）についての判断（judgement）である。［……］何かが良い（good）と呼ばれるに値するならば、それは一揃いのクライテリアが、当該の文脈の中で良いものとは何かの適切な定義として認められており、対象がそれらのクライテリアにおいて最低限の強さやレベルのパフォーマンスを示すからである。ゆえに絶対的判断は、関連する次元軸にお

ける参照固定点（fixed points of reference）であるスタンダードを前提
とする[3]。

　ここに、評価とは質や価値についての判断であり、その枠組みがクラ
イテリアとスタンダードによって規定されるという氏の基本認識が示さ
れている。ここでいう、クライテリアとは、あるものの質の良し悪しを
評価するときの、次元、側面、観点のことを指す。言い換えれば、クラ
イテリアとは、評価における価値軸である。他方、スタンダードは、あ
るものの質がどの程度優れているのか、質の水準やレベルの固定点を指
す[4]。これは、価値の高低を表す垂直軸における固定点である。
　サドラーは、以上に示すように評価の基本構造を捉え、質的判断とし
ての学習評価論がどのように理論化されるのかについて、質、スタン
ダード、クライテリアに対する考究を深めることで体系的に理解しよう
とする。以下では、質的判断、質、スタンダード、クライテリアに対し
て、氏がどのように理解しているのか、その内実を読み解いていく。

（1）質的判断、質、スタンダード

　ここでは、質的判断、質、スタンダードといった概念がどのように規
定されているか確認する。

① 質的判断

　複雑なパフォーマンスにおける質の程度は、素朴なものから洗練され
たものまでグラデーションとして表れる。この意味で、質は垂直的な広
がりを有する。また、同等の質と判断されるパフォーマンスであっても
さまざまな表現やアプローチの可能性が存在する。この意味で質は水平
的な広がりを有する。質的判断は、このような質の二次元的広がりに照
らし合わされて行われる。評価者が、対象の質を吟味して質的判断を下
すということは、質の二次元的な広がりの中に対象を位置づけることで
ある。
　サドラーは、このような質的判断は、人の脳によって直接的になされ

169

るものであり、熟達した質的判断は非専門家によって適用される手続き
に単純化できないものとする[5]。質に対する理解が発達すること、すな
わち、質の二次元的な広がりが拡張され濃密になることで、熟達した質
的判断を下すことができるようになる。

　　質的判断（qualitative judgment）は、人間によって直接に行われるも
　　のであり、その人の脳がその判断の源かつ道具となるものである
　　（Sadler, 1987）。このような判断は、非専門家が適用できるような公
　　式には還元することはできない[6]。

　サドラーは質的判断を次のように特徴づける[7]。第一に、用いられる
クライテリアの少なくとも一部は、シャープではなくファジーであると
いうこと。第二に、クライテリア同士が絡み合って複雑に連動するため、
各クライテリアの組み合わせやコンフィギュレーション（configuration）
が重要になるということ。第三に、評価において顕在化するクライテリ
アの背後に、使用される可能性のある無数の潜在的クライテリアが存在
するということである。このように特徴づけられる質的判断は、その正
しさを独立して確認する方法、すなわち同様の結論に到達するかどうか
を確認するために、本質的に異なる手段を用いてそれを検証する方法が
原則として存在しない。なお、独立した他者によって、質的判断を行う
ことは、本質的に異なる手段を用いているわけではない。
　これらが意味することの詳細は、本章の議論を通して敷衍していくが、
端的に言ってしまえば、熟達した質的判断とは、複雑に絡み合うさまざ
まなクライテリアを自在に操りながら、質の二次元的な広がりの中に対
象を精緻に位置づけることである。そして、質的判断の能力が高度に発
達した形態が鑑識眼である。

② 質

　　質とは、意図した目的を達成するために、全体として作品がどの程

第四章　熟達した質的判断のメカニズム

度まとまっているかの度合いを意味する。複雑な現象が評価される
とき、質は構成要素の特定の尺度の合計ではなく、しばしばコン
フィギュレーション［配置、構成］（Kaplan, 1964）として見極めら
れる[8]。

　このように氏は、質とは対象の全体的な出来栄えであり、それは人間
によってゲシュタルトとしてホリスティックに知覚され認識されるもの
であるとする。ここで重要なことは、氏が、構成要素の合計ではないと
指摘するように、評価対象としてのパフォーマンス（作品）の質が、分
割すると本来の質を失うという意味で一まとまりを構成するものと強調
する点にある。サドラーは、質というものがどのように表れどのように
捉えられるのか、以下のように述べる。

　　質を見極める際には、多重クライテリアを相互に絡み合う形で同時
　　に考慮するホリスティックな判断が必要となる。判断を下すために
　　は、個々の作品の表面的な違いを超えて、より深く繊細で抽象的な
　　側面に目を向けることが求められる。個々のクライテリオンに結び
　　ついた複数の側面を単に評価するだけでは不十分である。そのため、
　　ここでは「質」という概念を、個別のクライテリアで行われた判断
　　を何らかの形で「構成（composed）」、または積み上げるものではな
　　くて、それ自体として統合された性質として扱う[9]。

　　不完全に分化されたクライテリアがある種のゲシュタルトとして結
　　合され、定式化された規則ではなく評価者の脳の統合力によって、
　　単一の質の尺度に投射される[10]。

　ここに、質というものは「統合された性質」、そして「ゲシュタルト」
として表れ捉えられるものであるという、サドラーの認識が示されてい
る。要するに、一まとまりの質は、諸要素の組み合わせ、配置、関係が
重要な意味を有するため、諸要素に単純に分割したり合算したりするこ

171

とはできないということである。

　たとえば、ある作品Ｘの質を評価するとき、「α」「β」「γ」という
クライテリア（諸要素）に言及することができるとする。諸要素の組み
合わせ、配置、関係が無視されてしまうため、作品Ｘの質は「α」「β」
「γ」に対する個別的判断の合算には還元できない。このことは、「α」
「β」「γ」などの各要素が、それぞれ最良であっても、それらが組み合
わされて一まとまりのパフォーマンスとなったときに、それが最良でな
い場合があることを想起すると理解しやすい。したがって、作品Ｘの質
を評価する際は、「α」「β」「γ」というクライテリア（諸要素）を手が
かりとしつつも、あくまで作品Ｘとしての一まとまりの質、すなわちあ
る作品が全体としてどう構成されどの程度の出来栄えであるのかを直接
的に捉えなければならない。

　補足しておけば、「α」「β」「γ」という各部分に焦点を合わせれば、
それらも、それぞれに一まとまりの質を構成するものとして捉えられる
ということである。たとえば「α」という側面の質に焦点化して評価す
るのであれば、たとえば「δ」「ε」「ζ」といったより下位のクライテ
リア（諸要素）に意識を向けつつ、「α」の質をゲシュタルトとして直接
的に捉える必要がある。「α」の質は、「δ」「ε」「ζ」のクライテリア
に対する個別的判断の合算や、作品Ｘに対する評価の分解によって導か
れるものではない。要するに、質というものは、一まとまりとして意味
を持つゲシュタルトとして直接的に知覚され認識される必要があるとい
うことである。

　以上の認識に加えて、サドラーは、質というものが、単一の実例
（instance）によって規定されるものではなく、複数の実例にまたがって
表れるものであることを強調する。

　　　同じジャンルの中でも、卓越しているとみなされる対象にはしばし
　　　ば大きな多様性がある。学習者がこの理解に至り、表面的な特徴が
　　　異なるが同等と判断される事例に共通する特性を抽象化する方法を
　　　学ばない限り、質の概念を真に理解しているとは言いがたい[11]。

172

第四章　熟達した質的判断のメカニズム

　先述した通り、同等の質と判断されるパフォーマンスであってもさまざまな表現やアプローチの可能性が存在する（水平的な広がり）。優秀とみなされるものにも多種多様なものがあり、その表面的な様相や特徴はそれぞれ異なるものであったとしても、それぞれが同程度の質と判断されうる。この意味で、質とは表面的な特徴を超えて、複数の実例にまたがって表れてくる概念である。したがって、単一の実例を見ることによって得られる質に対する理解は不十分であり、多種多様な実例を見ることによって、質というものがどのように表れるのかということを抽象的に理解することが重要となる。

　このように、サドラーは、質というものが、ゲシュタルトとして知覚・認識されるものであり、そして、表面的な様相や特徴だけではなくて、その背後に表れるものであるとの基本認識に立脚する。

　質（や価値）というものは、客観的に「ある」ものではない。そうではなくて、質は、人間に知覚・認識されることで、表れるものである——文字や文をゲシュタルトとして捉え、そこに意味を見出すのと同じように。質とは、ゲシュタルトを知覚・認識することによって、捉えられるものである。ここに質的判断という行為の核心がある。

③ スタンダード

　　［スタンダードは］質の連続体の（任意に決定された）固定された区
　　切り（partitions）に適用される標識と考えることができる[12]。

　このように氏は、スタンダードを、質の連続体における任意の固定点と規定する。言い換えれば、スタンダードは質の垂直的な広がり（連続体）における閾値のことを指す。

　相対的な評価（ある集団の中での序列）ではなく、絶対的な評価を行う場合、評価枠組みとしてスタンダードを規定することが必要となる。というのも、絶対的に評価を下すということは、対象同士を比較するのではなくて、対象を定められたスタンダードと比較することを意味するか

173

らである。通常、評価枠組みにおいては、S（素晴らしい）、A（とても
良い）、B（良い）、C（合格）などと複数のスタンダードが設定され、対
象がどのスタンダードを満たすのかということによって、評価が行われ
る。

　「任意に決定された」と付記されている通り、スタンダードは、あく
まで任意に決定される固定点である。任意に決定されるとはいえ、高す
ぎるスタンダードや低すぎるスタンダードの設定は有効ではない。合理
的に達成されうると期待される学習成果に照らし合わせて、それは設定
される。どの程度の水準が、「素晴らしい」ないしは「合格」レベルで
あるとみなされるのかということは、社会的・共同体的な合意や期待に
基づいて定められることになる。

　評価で用いられるクライテリアがシャープなクライテリアのみである
場合、尺度と閾値を厳密に指定できるため、スタンダードを明示し共有
することは容易である。たとえば、タイピングの技能に関するスタン
ダードは、単位時間あたりの文字数、誤字率などのクライテリアに対し
て、○○字や○○％などと数値指定を行うことで一意的に定めることが
できる。他方、ファジーなクライテリアが重要な位置にある質的判断に
おいては、スタンダードを規定することがたちまち困難なものとなる[13]。

(2) クライテリア

　サドラーは、クライテリアに関するさまざまな概念を考案し適用する
ことで、質的判断のダイナミズムとメカニズムを説明する。以下では、
それらの諸概念の意味と構造を読み解く。

① クライテリアの源泉——創成原理と規範原理

　氏はクライテリアの根本的な源泉（origin）をどのように理解している
か。氏は価値づけることについて考究する際に、デューイ（John Dewey）
の次の言葉を手がかりとする。

　　価値づけ（valuation）は、「生命衝動の即時的かつ説明不可能な反応

第四章　熟達した質的判断のメカニズム

と、我々の本性の非合理的部分から発する[14]。人間は絶えず価値づ
けを行っている。こうした価値づけは、さらなる価値づけと価値づ
けの一般理論のための主要な素材を提供する[15]。

サドラーは、以上のデューイの言葉を踏まえて、次のように述べる。

言い換えれば、推論（reason）ではなく認識（recognition）が第一義的
な評価行為であり、これはいかなるクライテリアにも先立つ。物事
の質は、優れているか美しいかのルールが明確に定まる前に、優れ
ている、美しいと認識されることが多い。［……］クライテリアは、
すでに行われた判断を振り返り、それを合理化する過程の一環とし
て生成される。この意味で、クライテリアの根源は当初は説明的
（descriptive）である。しかし、過去と将来の評価の間に立つとき、
クライテリアは次第に規範的に機能し始める[16]。

このようにサドラーは、優れている、美しいなどと認識されることが
第一義的な評価行為であり、これがいかなるクライテリアにも先立つと
する。この意味で、クライテリアの根源は当初は説明的というわけであ
る。クライテリアが説明される、すなわち、質的判断を正当化する過程
でクライテリアへの言及が行われることで、（1）他者に自身の質的判断
への同意を求めること、（2）以後の評価行為で、言及されたクライテリ
アに注意を向けることが促される。そのため、頻繁に言及されるクライ
テリアは、類似の評価において一定の規範性を帯びることになる──こ
れがクライテリアの規範化である。このように、クライテリアが創成さ
れる原理を「創成原理」、クライテリアが規範化する原理を「規範原理」
と呼ぶこととしよう。

　価値体系の形成における最も原初的状態──価値の体系が全くない状
態──において、人間は「生命衝動の即時的かつ説明不可能な反応」と
して価値づけを行う。何らかのクライテリアなしに、対象を優れている、
美しいと知覚・認識するのである。この知覚・認識は、ほとんど生理的

175

反射に近いものであろう。とはいえ、人間は良いと知覚・認識したものを、なぜ良いと知覚・認識したのか、理知的に考えることができる。そして、価値づけを合理化し説明する際に、クライテリアが言明される。クライテリアを言明することは、自分の価値づけを合理的に捉えること、自分の価値づけに対する同意を他者に求めることを可能にする。そして、それは自己と他者の後続の価値づけに対して一定の規範性を与える。

このように、価値づけること、すなわち知覚・認識とクライテリアの言明が無数に繰り返されることで、徐々に価値の体系が形成されていくのである（クライテリアの規範化）。とはいえ、クライテリアの源泉が根本的には創成原理に求められるため、クライテリアが強固に規範化した状態に至ったとしても、常に新しい価値が認識される可能性に開かれている。これは、価値づけるという行為が、「生命衝動の即時的かつ説明不可能な反応」に根ざしているからである。価値は、客観的に「ある」ものではない。そうではなくて、人間に知覚・認識されることによって、生まれるものである。

② 価値軸としてのクライテリア

以上の認識に立脚して、サドラーは評価におけるクライテリアがどのように定められるべきか論究する。

　　学業作品の質を評価する際に使用すべきクライテリアをすべて事前に同定することは可能か。もし創成原理を認めるのであれば、その答えは否定的にならざるを得ない。クライテリアのリストを作成しても、それが網羅的であることはなく、さらに多くのクライテリアが必要になる可能性や、新しいクライテリアが出現する可能性が常に存在するからである[17]。

このように、氏は、創成原理を主な論拠として、評価におけるクライテリアをあらかじめ完全に指定することはできないと主張する。他方で、氏は次のようにも述べる。

176

第四章　熟達した質的判断のメカニズム

　　ここでの主張は、事前にいかなるクライテリアも定めるべきではな
　　いということではない。評価を始めるためには、ある程度の基本的
　　な関心が必要である。[……] ただし、事前に指定された次元のみ
　　に照会を制限するのは間違いである[18]。

　この指摘は、カリキュラム評価について議論する文脈において行われ
たものであるが、学習評価においても当てはまる指摘である。要するに、
評価枠組みを規定するようなクライテリア（「公理としての価値軸」）は必
要であるが、評価で参照されるクライテリア（「参照次元としての価値軸」）
は、あらかじめ定められたものに限定すべきではないということであ
る[19]。参照次元としてのクライテリアを固定的に事前指定することの危
うさについて、氏は次のように述べる。

　　指標（indicators）を主要な評価ツールとして使用すると、たとえプ
　　ログラムの有効性が低下しようとも、プログラム管理者は指標のス
　　コアを最大化するような決定や行動を優先させるようになる[20]。

　「参照次元としての価値軸」であるクライテリアが固定的に明示され
ると、それが評価における良い指標では無くなってしまう問題がしばし
ば生じる。第二章でも詳しく述べたが、とりわけ 2000 年代以降、サド
ラーは参照次元としてのクライテリアを事前指定することを明確に拒否
するようになる[21]。
　では、評価におけるクライテリアを一切示さないとするのであれば、
質や価値は、どのような価値軸に照らし合わせて判断されるのか。そこ
で、氏が導入するのが課題規定（task specification）という概念である。氏
はこれについて「一度課題規定が定められると、学習者に期待されるレ
スポンス構成の設計パラメータが設定されると想定」されるものと規定
する[22]。課題規定が質を判断する上での評価枠組みを与えるというわけ
である。

177

大学教師は、あらかじめ指定され、他のすべてに優先される単一の
クライテリオンに従って課題作品を作成していく方法を学習者に教
える必要がある。この「主柱のクライテリオン（Capital C）」として
のクライテリオンは、「学習者の作品が、課題規定に定められた目
的をどれだけ達成しているか」というものである。つまり、提示さ
れた問題をどれだけうまく解決しているか、指定された問題にどれ
だけ適切に取り組んでいるか、質問されたことにどれだけ正確に答
えているか、要求された手順をどれだけ適切に実行しているか、指
定されたパフォーマンスをどれだけ実証することができているのか
ということである[23]。

　要するに、課題規定（課題文）が、評価枠組みを規定するものとして
の「主柱のクライテリオン」として機能する。課題規定の枠組みに則る
ことで、そこで定められた目的を作品全体がどの程度達成しているかと
いう、質（出来栄え）の判断が可能になる。
　まとめると、他のすべてに優先される単一のクライテリオン、すなわ
ち「主柱のクライテリオン」（「公理としての価値軸」）によって評価枠組
みを規定し、評価において参照される下位階層のクライテリア（「参照次
元としての価値軸」）は一定オープンにすることが重要であると、氏は考
える。ここでの議論は、クライテリアを階層構造として捉える議論とも
結びついており、これについては後述する。

③ ジャンル

　さて、ここで課題規定について、ジャンルという考え方に言及しつつ、
補足しておこう。氏は、課題規定とは、作品のジャンル（genre）を指定
するものであるとする[24]。ジャンルの中で評価するという考え方は日常
生活の中でも自然なものである。ジャンルを設定することで、評価で正
当に用いられるクライテリア群――ただし、明示的な場合もあれば、暗
黙的な場合もある――が慣習的に規定される。たとえば、衣類の評価に
おいては、その衣類がフォーマルな正装、スポーツウェア、寝巻きのど

第四章　熟達した質的判断のメカニズム

のジャンルとして評価されるのかが、まず問われる必要がある。なぜなら、それぞれのジャンルの衣類には独自の目的があり、よって独自のクライテリア群への参照が必要になるからである。これは、小論文において、説明、分類、分析のどれを要求するかによって、異なる構成形式やレトリックが求められるのとも同様である。

④ クライテリアの構造——上位階層と下位階層のクライテリア

　氏は、上位階層と下位階層のクライテリアという概念を用いることで、クライテリアを階層構造として理解する。

> クライテリアを整理する１つの方法は、階層構造によるものである。一般的に、任意の与えられたクライテリオンは、より高次のクライテリオンの構成要素として（階層を上げる）、ないしは、より低次ないくつかのクライテリアの集合として表現することができる[25]。

　たとえば、プレゼンテーション（口頭発表）の良し悪しが評価される際には、「内容」や「表現」といったクライテリアが設定されうる。さらに、ここで「表現」というクライテリアは、「スライド」「発話」「ジェスチャー」といった下位階層のクライテリア群で同定されうる。さらには「発話」というクライテリアは、「発声」「抑揚」「間合い」といった下位階層のクライテリア群で同定されうる。このように、下位階層のクライテリアを同定する——あるクライテリアをいくつかの構成要素（下位階層のクライテリア）で表現する——ことは、演繹ではなく解釈の問題、すなわちあるクライテリアの意味がどのように解釈されるかという問題である。

　他方、あるクライテリアになぜ価値があるのかを問うことで、上位階層のクライテリアが明らかとなる。上位階層のクライテリアを問い続けると、クライテリアは高度に抽象的となる。ただし、上位階層のクライテリアは問い続けると限りがないため、一種の信念として「公理的価値（axiological values）」を採用しなければならない[26]。氏は、ナイダー

179

（Zdzisław Najder）の言葉を借りて、このようなクライテリアを公理的価値と呼ぶ[27]。先に議論した「主柱のクライテリオン（Capital C）」は、それが価値をアンカーするものであるために、「公理的価値」の一種と捉えることができるだろう。

　公理的価値は、高度に抽象的であるため、その内実が不特定である限り万人に対して普遍的な魅力を有する。けれども、下位階層のクライテリア群が同定されると、その意味が具体的となるため、たちまち論争的となる。氏は、下位階層のクライテリアを同定していくことで、クライテリアの階層構造として整理することの実践的意義を、以下のように説明する[28]。

　（1）意味の明確化とコミュニケーションに役立つ。つまり、評価における意見の不一致の理由を探るための仕組みを提供する——ただし、下位クライテリアが詳細になりすぎる場合、全体的な評価を見失う。（2）下位階層のクライテリアは判断プロセスを単純化し、ある部分要素の判断に限定することで、価値の主張が容易となる——ただし、特定部分の判断は全体に対する評価ではない。（3）階層構造がクライテリア同士の折り合い（trade off）の仕組みを提供する。「上位階層のクライテリアは下位階層のクライテリアを調整し統合する役割を果たす」[29]。氏は、（3）のように、あるクライテリアの停止を要求し正当化するクライテリアを、メタ・クライテリアと呼ぶ。このメタ・クライテリアの考え方は、後述する「潜在的クライテリア」の考え方とも連関している。

　　たとえば、ある論旨を展開する際に論理的な順序があるとしよう。しかし、論旨を展開する目的によっては、最も説得力のある展開が必ずしも論理的な順序に従わない場合も考えられる。つまり、状況によっては、説得力が優先され、段階的な論理を一時的に中断することが正当化される場合もある。より優先順位の高いクライテリアを発動させる必要があるこの状況は、すべての価値づけに付随する判断の不可分の残余部分である[30]。

階層構造としてクライテリアが整理されることで、どのクライテリアが優先されるのかということが示される。言い換えれば、階層構造に関わる議論は、目的手段関係の問題としても捉えられる。つまり、上位階層のクライテリアは目的と、下位階層のクライテリアは手段と位置づけられるということである。とはいえ、クライテリアが上位か下位か、すなわち、目的か手段かという位置づけは、相互関係的に定められる——あるクライテリアが目的（上位階層）となる場合もあれば手段（下位階層）となる場合もあるように。

⑤ 顕在的クライテリアと潜在的クライテリア

質的判断のメカニズムを説明する際に、氏は「顕在的クライテリア（manifest criteria）」と「潜在的クライテリア（latent criteria）」という概念を持ち出す[31]。顕在的クライテリアとは、評価行為で明示的、意識的に用いられるクライテリアである。他方、潜在的クライテリアは、評価者の予測から逸脱するパフォーマンスがある場面に、必要に応じて作動するものである。通常、潜在的クライテリアは評価者が意識しないままに頭の中で横たわっている。評価行為において注目すべき質を認識し、これが引き金となって顕在化する。

一度に顕在化できるクライテリアの数は限られるため、評価の複雑な過程では、潜在的なものが顕在化され、顕在化されたものが潜在的となるという過程が頭の中で繰り広げられる。クライテリアが、潜在から顕在、顕在から潜在へと往来する中で、質的判断は行われる。氏は、質的判断のダイナミズムを、この顕在的クライテリアと潜在的クライテリアの遷移（translation）という視点で特徴づける。氏は、顕在的クライテリアの行使について次のように述べている。

> 潜在的クライテリアに重大な違反があるとき、教師はそのクライテリアを呼び出し、（少なくとも一時的に）顕在的クライテリアの運用群に追加する。このような対応が可能なのは、熟練した教師がクライテリアの完全なまとまりと、それを使用するための（不文律の）

ルールを熟知しているからである[32]。

　潜在的なクライテリアが顕在化することは、不公平なものとみなされるのではなく、むしろ必然的で全く正常なことと考えるべきである[33]。

　顕在的クライテリアと潜在的クライテリアの遷移は、学習者にとっては、ときに不可解かつ困惑するものとなる場合がある。なぜなら、明示されていなかったクライテリアが持ち出されることは、後出しジャンケンのようなものに映るからだ。とはいえ、顕在的クライテリアと潜在的クライテリアの遷移は、質的判断のダイナミズムを本質的に特徴づけるものであるため、どのようにして顕在的クライテリアと潜在的クライテリアが遷移するのかということを理解しなければ、質的判断のダイナミズムを理解したことにはならない。
　このように、氏は質的判断において潜在的クライテリアと顕在的クライテリアの両者の世界を考えることが重要であると認識する。これら両者の世界が想定されることで、(1) 明示的に事前指定されたクライテリアがあくまで部分的で不完全であること――常に正当に使用されうるクライテリア群が潜在的クライテリアとして控えている、(2) 場合によっては、これまでほとんど言及されてこなかったような「創成クライテリア」が発動しうること――潜在的クライテリアのアクティベーション、(3) 明示的に事前指定されたクライテリアを、正当な行為として停止させる必要があることなど、質的判断の複雑なメカニズムが説明されるのである。

⑥ ファジーなクライテリアとシャープなクライテリア

　最後に、「ファジーなクライテリア」と「シャープなクライテリア」について取り上げておこう。
　シャープなクライテリアとは、ある状態から別の状態への非連続的な跳躍を含み持ち、合意された解釈体系を前提とするものを指す。合意さ

れた解釈体系とは、たとえば正書法といった決まりごとである。シャープなクライテリアの最も単純な形は二分法、すなわち単純な正誤で評価される。

　他方、ファジーなクライテリアは、ある状態から別の状態へのグラデーションを内含するもので、その意味を理解する上で、実在物の指示対象を前提とするものを指す。たとえば、小論文での首尾一貫性や説得性などがこれにあたる。ファジーなクライテリアは、正誤で評価できず、どの程度優れているのかは連続的に表れる。また、これらは合意された解釈体系を持たないため、それが何を意味するか言葉で決定的に定義できず、スタンダードは、具体物の提示や言及がなければ伝達できない。「ファジーなクライテリオンとは、文脈から独立して絶対的で明白な意味を持たない言語表現で示される、抽象的で観念的な構成概念である」[34]。質的判断とはファジーなクライテリアが必ず関与するものである。

　ライティングにおける評価を考えてみよう。「誤字・脱字」に対する判断は、正誤がハッキリしている。そして、正誤を判断するような合意体系（言葉のルール）が存在する。同じように、「語彙の正確さ」「文字数」といったクライテリアも一定明確に定義され、解釈する人によってその意味が変わることはほとんどない。そのためこれらはシャープなクライテリアである。他方、たとえば、「なめらかさ」「首尾一貫性」「説得性」「明快さ」といったクライテリアは、正誤で評価することはできず、どの程度優れているのかということは、連続的に表れる。そして、明確に言語で定義されるような解釈体系を持たない。そのためこれらはファジーなクライテリアである。

　ファジーなクライテリアが重要な位置にある評価においては、評価枠組みを規定し共有することが困難である。なぜなら、ファジーなクライテリアにおけるスタンダードを指定して共有すること、そして、ファジーなクライテリアが意味することを一意的に共有することが容易ではなく、具体物への参照が必要不可欠となるからである。なお、この問題については、第二章で詳しく論じた。

シャープかファジーかの区別は、根本的には知の本質に関わる問題、すなわち、どのようにしてクライテリアの意味を知るのかという根本的な差異に由来する。シャープなクライテリアの意味は、言語による定義などによって理解される一方、ファジーなクライテリアの意味は、具体物を見ることによって帰納的に感得されるものである。

　以上、第一節では、サドラーが質的判断の複雑なメカニズムをどのようにして体系的に捉えるのか、氏の主要概念——議論を展開する際に用いられる固有の概念装置——の意味と構造を明確にすることで、熟達した質的判断に基づく学習評価の構造原理を描き出した。第二節と第三節では、鑑識眼と鑑識眼形成について論じる際に、サドラーがポランニーとウィトゲンシュタインの哲学をどう援用するのかを読み解くことで、熟達した質的判断に関わる氏の認識論を特徴づけていく。

第二節　鑑識眼アプローチの認識論
　　　　——ポランニー哲学の援用

　第二節では、第一節でつまびらかにしてきたサドラーの主要概念の意味と構造を踏まえ、(1) 氏の鑑識眼概念の捉え方がどのようなものであるか、(2) 氏は鑑識眼をどう形成、共有できると考えるのかを明らかにする。行論が示す通り、これらはサドラーの所論の基底にあるポランニーの認識論（暗黙知の哲学）を参照することで明快に説明される。

(1) 鑑識眼の技芸——双景的評価法

　熟達した質的判断を行う（鑑識眼を行使する）際に評価者は、さまざまなクライテリアを自在に操りながら、質の程度（どのスタンダードを満たすか）を吟味していくことになる。この過程を、サドラーは次のように描写する。

　　評価者は、はじめに、作品の個別的な質ではなく全体的な質に焦点

第四章　熟達した質的判断のメカニズム

を合わせる傾向がある。とりわけ、前景化（より局所的でクライテリアに縛られたもの）と後景化（より全体的で開放的なもの）の間で視線を自在に移行させるように、評価者は全体的な特性と個別的な特性の間で焦点を移行させる。広い視野を持つことで、対象物を総体的に見ることができ、よりリアリズムを把握する。他方、さらなる正確さを追求するために判断をより小さな要素に分けていくが、その際に生じるアトミズムにも拮抗しようとする[35]。

　こうした熟達した質的判断の技芸を、サドラーは「双景的評価法（dual evaluative agenda）」と呼ぶ。双景的評価法において評価者は、全体的な質に焦点を合わせたり、注目すべき要素や側面に対して意識を向けたりしながら、パフォーマンス全体に表れる質を捉えていく。この中で評価者は、さまざまな次元において表れる質を自在に捉えていく。これは、全体的な質に対する視点とある特定のクライテリアの質に対する局所的な視点を自在に移行させながら質を見定める技であり、鑑識眼行使の核心にある技芸である。

　このような技芸は、評価熟達知に──すなわち、質、スタンダード、クライテリアに対する深淵な理解とそれらを操る暗黙知に──支えられる。ここでいう暗黙知とは、質を見定める際に、さまざまなクライテリアを自在に操るような一種の身体化されたノウハウのようなものである。力量ある評価者は無意識的に、言い換えれば、暗黙知の導きの下で対象の質を見定める上で重要な特徴や部分を感知する。

　前節で説明した概念装置を引き合いに出せば、質的判断の行為者は、（1）ファジーなクライテリアを自在に操ることができ、（2）暗黙知の導きの下で、顕在的と潜在的の世界を自由に操りながら、焦点化すべきクライテリアを感知し、（3）必要に応じて、クライテリア間の折り合いをつけるために、メタ・クライテリアを行使し、あるクライテリアを上位階層のクライテリアを参照して置換するといったことができなければならないのである。このように複雑に駆動するクライテリアを飼い慣らすことで、熟達した質的判断の技芸は行われる。

185

(2) サドラーによる鑑識眼概念の特質──近接項と遠隔項

　サドラーは、自身の所論に最も影響を与えた人物としてポランニーの名を挙げている。とはいえ、サドラーは以下に述べる暗黙知の構造について、直接的に説明したり引用したりはしない。しかしながら、暗黙知の構造という視点に焦点を合わせて、両者の所論を並べて読み解いてみると、サドラーがポランニーの暗黙知の構造的理解──すなわち、焦点的感知（focal awareness）と遠隔項（distal term）、従属的感知（subsidiary awareness）と近接項（proximal term）──を援用して、質的判断の技芸を理解していることが浮き彫りになる。なお、ポランニーの「感知（awareness）」は、「知覚（perception）」とほぼ同義と捉えられる。

　ポランニーは、暗黙知の構造を２つの次元で捉える。近接項としての諸細目（particulars）と、遠隔項としての包括的全体（comprehensive entity）である。人間は、諸細目を従属的に感知することによって、それを手がかりに包括的全体を理解する。

　　　ハンマーで釘を打ち込むとき、釘にもハンマーにも注意を向けるが、しかしその仕方は異なっている。われわれはハンマーの打撃が釘に与える効果を注視し、釘を最も効果的に打つようにハンマーを振るう。ハンマーを振り下ろすときには、その柄が掌を打ったことは感じず、その頭が釘を打ったことを感じる。［……］私は私の掌の感覚の従属的意識［感知］（subsidiary awareness）を持ち、これが、私が釘を打ち込んでいることの焦点的意識［感知］（focal awareness）の中に溶け合っている[36]。

　　　ハンマーの使用法や盲人の杖の使い方は、事実上、どちらの場合も、われわれが、自分の外部の対象物として眺める事物と自分自身との接触点を外の方にシフトさせることを示しているのだ。［……］われわれ自身──操作する個人──の部分を構成するのである。われわれは自分自身をその中に注ぎ込み、それらを自分自身の存在の部

第四章　熟達した質的判断のメカニズム

分として同化する。われわれはそれらを、それらの中に棲み込む（dwell in）ことによって、存在的に受容するのである[37]。

　金槌の柄に伝わる感覚が近接項であり、意識を向けている金槌の頭（打鍵部）の感覚が遠隔項である。我々は、近接項を全く意識しておらず、遠隔項としての包括的全体に意識を向ける。従属的感知を通して、包括的全体を感知し理解することを可能にするのが暗黙知の働きである。要するに、近接項としての諸細目が身体化される（従属的に感知される）ことで、無意識的に（言い換えれば、暗黙知の導きで）それらが操られ、遠隔項としての焦点的感知が可能となる。このような暗黙知を、ポランニーは「詳記不能」なものであるとする。

　　技能的（技能をもって行う）行為の目標が達成されるのは、それに従う個人にはそれ自体としては知られることのない一組の規則を遵守することによってである[38]。

　　それは、個別的要因の従属的意識への自分自身の投出であり、これらの個別的要因は、技能の行為においては技能的達成の用具となるものであり、また、鑑識眼の行使においては、観察された括握的な〈全体〉の要素として機能するものである[39]。

　では、このポランニーの議論と重ね合わせて、サドラーの議論を読み解いてみると、何が見えてくるのか。サドラーは、質を認識する行為を、このポランニーによる暗黙知の考え方を援用して理解していると捉えることができる。パフォーマンスの質を吟味して評価しようとする際、パフォーマンス全体に表れる質を遠隔項として焦点的に感知する。他方で、クライテリア（部分的な質）は、従属的に感知する諸細目となる。サドラーは、質的判断において、クライテリアを身体化した道具と化す（従属的に感知する）ことによって、パフォーマンス全体に表れる質を、包括的全体として捉えられるようになると考える。なお、厳密にいえばク

187

ライテリアというのは概念であってそれを直接見ることはできず、ある
クライテリアにおける質（部分的な質）を感知することになる。

　先に述べた通り、サドラーの鑑識眼の考え方の中心には、双景的評価
法——全体的な様相に対する視点とある特定のクライテリアの質への局
所的な視点を自在に移行させながら質を見定める技——があるとした。
全体的な視点と局所的な視点を移行させる際に生じていることは近接項
と遠隔項とのダイナミックな焦点移動である。要するに、局所的な視点
に目を向けることは、これまで従属的に感知していた近接項を遠隔項に
移すこと、すなわち、局所的な部分を包括的全体としてのゲシュタルト
として捉えることを意味する。つまり、あるクライテリアにおける部分
的な質への焦点化は、近接項として感知されていたものを遠隔項として
捉え直す行為である。先述した、潜在的クライテリアが顕在化するとい
う現象は、従属的に感知していたクライテリアに意識を向け、包括的全
体として把握することといえる。熟達した評価者は、クライテリアを従
属的に感知する方法、そして、焦点を合わせるべきクライテリアを意識
化する方法を、暗黙的に知っているのである。

　さまざまな次元の質を捉えようとする行為、すなわち、近接項と遠隔
項を自在に移行（シフト）することができることが双景的評価法におい
て重要なこととなる。この際、どのクライテリアに焦点を合わせるかと
いうことにおいて、暗黙知が重要な働きをする。熟達した評価者は、ど
の側面や部分、すなわちクライテリアに焦点を向けるべきかということ
を暗黙知の導きによって察知する[40]。こうした技芸は、豊かな潜在的ク
ライテリアの世界を有することによって支えられる。

　近接項が透明化するのは、あくまで遠隔項との関係においてであるこ
とに注意しなければならない。たとえば、楽曲全体に焦点を向けること
も、ある1つの旋律や1つの音の響きに焦点を向けることもできるよう
に、なにが近接項でなにが遠隔項となるかは、状況によって定まるので
ある。ただし、ポランニーが以下に述べる通り、同時に複数の次元に対
して焦点を向けることはできず、1つの旋律や音に焦点を向けると楽曲
全体をゲシュタルトとして把握することがたちまちできなくなってしま

第四章　熟達した質的判断のメカニズム

う——これがゲシュタルト崩壊である。

　　従属的意識［感知］と焦点的意識［感知］は互いに排他的である。
　　もしピアニストが注意を、いま弾いている楽譜から移して、弾くと
　　きに指は何をしているかに向けたとすれば、混乱して停止しなけれ
　　ばならなくなるかもしれない。これは、一般に、焦点的意識を、以
　　前には従属的役割においてのみ意識していたにすぎない個別的要因
　　に向け換えるときに生じることである[41]。

　　われわれの注意は一時にはただ一つの焦点しか保持し得ず、した
　　がって、同じ個別的諸要因を同一時に、従属的にも焦点的にも意識
　　［感知］するというのは自己矛盾である[42]。

(3)　サドラーによる鑑識眼形成論の特質——暗黙知の共有

　以上に概説した鑑識眼の技芸を、サドラーはいかにして形成し共有でき
ると考えるのか。以下では、鑑識眼の形成と共有がいかになされるの
かというサドラーの主張を確認した上で、それがポランニーの認識論と
いかに通底するのかを示す。

① 鑑識眼の形成と共有

　氏が、鑑識眼形成論——すなわち、鑑識眼の洗練と調整の過程——に
おいて強調することは、評価熟達知を言語表現で単に伝えるのではなく、
具体的な事例を実際に見るという経験を共有することの重要性である。
氏の所論では、事例を見るという経験を意図的、体系的に組織すること
を中心として、鑑識眼の形成が目指されている。評価経験を共有するこ
とで、共有されている言語の意味が明瞭となり、また、言葉にならない
領域の知識も共有されうるのである。
　第二章で見てきたように、氏は、評価者の質的判断を外化された評価
枠組みに準拠させることを求めるが、評価者のキャリブレーションにお

189

いては、ルーブリックといった言語記述ではなく、作品事例をその中心に据えることが重要であると喝破していた[43]。また、第三章で見てきたように、学習者が評価エキスパティーズを磨く過程では、フィードバックやフィードフォワードといった言葉で「伝えること」でなく、熟達者の導きの下で行われる真正な評価経験に学習者を参画させるという、徒弟的で帰納的な過程を重視していた。

　第二章では教師間での鑑識眼の共有、第三章では、教師から学習者への鑑識眼の共有として、鑑識眼形成の方法が主題化されているが、その両者において氏の主張は通底しており、このような鑑識眼形成に関するサドラーの立場は、ポランニーの主張と同形である。暗黙知が重要な働きをする鑑識眼は、「詳記不能」なものを含むために、明示知として完全に共有できないというわけである。ポランニーは次のように述べる。

　　詳細に規定する（詳記する、特定する、specify）ことのできない技芸は、指示書きで伝達することは不可能だ——その指示書きが存在しないのだから。それはただ師匠から弟子への例示としてのみ伝えることができる[44]。

　　師匠を見、その例示を前にしてその努力を模倣することによって弟子は無意識に技芸の規則を——師匠自身にも明示的には知られていないものも含めて——採り出すのだ。こうした隠れた規則は、ただ、その程度にまで非批判的に（uncritically）他の人の模倣に自らを投げ出す人のみが同化できるのだ[45]。［……］鑑識眼は、技能と同じく、ただ例示——指示書きではなく——によってのみ伝達可能である[46]。

　暗黙知とは、それを有する人でさえも、「詳記不能」なものである。したがって、その共有に際しては、「指示書き」によって、すなわち、明示知として共有することはできない。サドラーは、質的判断を洗練、調整する手段として、言い換えれば、鑑識眼形成の手段として、ルーブリックを利用することを明確に拒否するが、それは、ルーブリックがい

190

わゆる評価知の単なる指示書きにすぎないからである。サドラーとポランニーは、暗黙知が重要な働きをする鑑識眼というものが、指示書きではなく、例示によってのみ伝達されるという認識を共有する。

　ポランニーは、技芸の行使は「いかなる形式的構成（フォーマリズム）にも助けられることなく、われわれの世界を作り上げる大半の事物の根本概念を形成している」と説明する[47]。つまり、熟達した技芸は、根本的には形式的構成、すなわち、明示的に記述された知識の助けによるものではないとする[48]。

　とりわけ第二章においては、サドラーが、評価枠組みを共有する方法を、事例主義的なアプローチへと転換させていったことを記述した。このように事例主義的なアプローチ、言い換えれば、帰納法に立脚したアプローチを重視するサドラーの姿勢は、慣習法のシステムを重視するポランニーの指摘とも軌を一にする。ポランニーは、次のように述べる。

　　それは、慣習法（common law）の実際に見られるが、これは厳格に理性を働かせた伝統的活動の最も重要な体系である。慣習法は判例に基づいている。今日の事例を判定するに当たって法廷は、同種の事例を判定した他の法廷の例示に従う。なぜなら、そうした活動に法の支配が体現されているのを見るからである。この手順は、あらゆる伝統主義の原理——すなわち、実際的叡智は、活動の規則によりも活動によりよく体現されているという原理——を認知しているのだ[49]。

　ポランニーは、判例の体系に従う慣習法は、決して曖昧なものではなく厳格に理性を働かせる伝統的体系であると評する。サドラーとポランニーは、判断を下すというシステムは、明示化される規則体系ではなくて、むしろ事例に内在する規則体系によってよりよく表現され、厳格に運用されるという認識に共通して立脚するのである。

② 熟達した評価知の共有方法——言語的枠組みと経験的枠組み

　以上に見てきたように、鑑識眼を形成し共有する方法論についてのサ

ドラーの考え方の思想的源泉は、ポランニーの認識論に認められる。これまでの議論をまとめると、サドラーは、ポランニーの認識論に立脚することで、(1) 質を認識するという行為を、従属的感知と焦点的感知という暗黙知の構造で理解し、(2) 詳記不能である暗黙知が、鑑識眼の核心にあると理解し、(3) 暗黙知が例示によってのみ共有されると理解するのである。

　このような思索の原点はどこにあるのか。鑑識眼をどう共有できるのかという問題に対する氏の論究の始まりは、1980 年の論文「評価調査の結果を伝えること（Conveying the findings of evaluative inquiry)」にまで遡ることができる。

　この論文は、「本論文は、ポランニー（1962）が提唱した認識論に注目し［……］」という一文から始まるように、ポランニーの哲学を援用して評価知を伝達することの可能性について論じるものである[50]。これは、カリキュラム評価を念頭にするものであったが、他者への評価知の共有という知的探究の原点であり、ひいてはサドラーの評価論に通底する認識論の一端を示すものである。

　ポランニーは、個人的知識（personal knowledge）のうち、詳記不能な（つまり、記述することができない）部分を暗黙知と呼ぶ。サドラーは、ポランニーの言葉、すなわち「一緒になって全体を構成する個別的要因の相互関係が超言語的であるということがありうる——仮に個別的要因がすべて明示的に詳記可能であったとしても」を引用し、「知っていること」のすべてが、必ずしも明示的に表現されるわけではないとする[51]。

　このような認識論的前提に立ってサドラーが問うのは、では、いかにして評価知の全体が共有されうるのかということである。氏は、評価知の共有がなされるためには、送り手（エンコーダーとしての評価者）と受け手（デコーダーとしての聴衆）の両者が同じ解釈スキーマを共有する必要があるとする。そして、命題的知識（propositional knowledge）と言語化できない知識（ineffable knowledge）にそれぞれに親和性を持つ 2 つの異なる解釈の枠組みの共有がなされることによって、評価知の共有化が実現すると考える[52]。それは、第一に「言語的枠組み（linguistic framework）」

第四章　熟達した質的判断のメカニズム

の共有であり、第二に、「経験的枠組み（framework of experience）」の共有
である。氏は、言語的枠組みと経験的枠組みの共有について次のように
述べる。

> 言語がコミュニケーション手段として持つ力は、次の３つの点に依
> 存する。(1) シンボルセットの特性、(2) シンボルの組み合わせ方
> の豊富さ、(3) 送信者と受信者双方の言語処理に関わる能力である。
> 聴衆とコミュニケーションをとるためには、書き手はメッセージの
> 記号的表現を受け手と同様に使用する必要がある[53]。

> 話し手と聞き手が類似した経験の背景を持っている場合、言語形式
> の共有と経験の共有を組み合わせることによって、言葉にならない
> 領域の知識が（明示的に伝達されるのではなく）伝達される可能性が
> ある。[……] たとえば、『恋に落ちる』ということを知ることがそ
> うである。"fall" と "love" という言葉は、一般的用法において１つ
> の意味を持つが、恋をしたことのある人にとっては、これらの言葉
> が組み合わさることで、経験に基づいた深い意味を呼び起こし、恋
> を経験したことのない人には共有できないものとなる。命題形式は、
> 共有された経験という解釈の枠組みが存在する場合において、言い
> 尽くせない要素の一部を伝えることができる[54]。

　このようにサドラーは、評価知を他者に共有する上で、言語的枠組み
と経験的枠組みの共有が必要不可欠になると考える。なぜなら、評価熟
達知は命題的知識と言語化できない知識の両者を含むからである。言語
的枠組みと経験的枠組みが共有されることで、言語化できない知識をも
共有されうるのである。
　第二章と第三章で議論した通り、サドラーは、評価枠組みを共有する
上で、言語記述と作品事例の両者を補完的に用いる必要性を強調してい
た。言語記述は言語的枠組みに対応し、作品事例は、作品事例を見ると
いう経験を共有するという意味で経験的枠組みに対応する。

193

これは、第二章においては、スタンダード準拠評価において、教師が準拠すべき評価枠組みをどのように外化し共有できるかという問題として主題化された。第三章においては、教師が持つ評価熟達知を学習者に対してどのように共有できるのか、すなわち、学習者の評価エキスパティーズをどう育成できるのかという問題として主題化された。サドラーは、ポランニーの認識論的前提に立ち、暗黙知を含む評価知の共有がいかにしてなされるのかということを論究するのである。

第三節　鑑識眼アプローチの認識論
——後期ウィトゲンシュタイン哲学の援用

　第三節では、サドラーがウィトゲンシュタインからいかに影響を受けたのかに焦点を合わせる。サドラーは、ルートヴィヒ・ウィトゲンシュタインの後期哲学をしばしば援用する[55]。『哲学探究 (*Philosophical Investigations*)』は、1985 年の博士論文で引用されて以降、現在に至るまで頻繁に引用される哲学文献である[56]。

　本節では、サドラーが質的判断、すなわち質を捉えるという行為を論じる際に、ウィトゲンシュタインの『哲学探究』をいかように援用したのかを確認することで、サドラーの認識論とウィトゲンシュタインの哲学との関係を読み解く。これにより、サドラーが質やクライテリアを捉えるという行為をどのように理解しているのかを明らかにする。

(1)　質の認識における「家族的類似性」

　サドラーは、『哲学探究』をいかように援用するのか。氏は、1987 年と 2014 年の論文で、次のように述べている。

　　ウィトゲンシュタイン (1967, 1974) は、多くの日常的な概念に厳密な定義を与えることが不可能であることを認識しており、彼の有名な例はゲームの概念であった。彼によれば、典型的な概念は「複雑

第四章 熟達した質的判断のメカニズム

に絡み合った類似性のネットワーク、重なり合い、交差するもの：ときには全体的な類似性、ときには細部の類似性［……］『家族的類似』」から成り立っている（第66、67項）。このような概念の意味は、定義されるのではなく、言語と現実の現象に基づく経験を組み合わせることで「スケッチされる（sketched in）」ものである[57]。

熟練した評価者が同等の質やレベルとみなす作品は、一般的に互いに異なっており、ときには重要な点で違いがある。言い換えれば、人々は異なる対象について判断を下し、それらを同じ「価値クラス」に分類することが可能である。ウィトゲンシュタイン（1953）は、これを「十分に明確で、安全に分類できる『家族的類似』の認識」と表現している［……］[58]。

ウィトゲンシュタイン（1953）は、「ゲームとは何か」という問いについて繰り返し思案していた。［……］秩序ある分類を可能にしているのは、適切な経験を持つ人々が、たとえ複雑であっても類似性を容易に認識できる点にある。学業スタンダードもこれと同様である[59]。

　以上のサドラーの叙述からは、質というものの性質を、ウィトゲンシュタインの「家族的類似性（family resemblances）」という考え方を援用して理解していることが読み取れる。
　ウィトゲンシュタインは、ゲーム（Spiel）という語を例に、ゲームと呼ばれているもののすべてを特徴づけるような共通項は存在せず、遊戯性や勝敗性など部分的に共通する特徴によって全体が緩やかにつながっているにすぎないことを指摘し、これを「家族的類似性」と呼んだ。要するにゲームという言葉自体にも明確な定義はなく、ゲームという言葉には緩やかなくくりしかないというわけである。『哲学探究』における第66項、第67項のウィトゲンシュタインの叙述を以下に提示する。

195

（第66項）たとえば、我々が「ゲーム」と呼ぶ事象について、一度考えてみてほしい。盤上のゲーム、カードゲーム、ボールを使うゲーム、格闘的なゲーム、などのことを言っているのだ。これらすべてに共通するものは何か？——「何か共通なものがあるに違いない、さもなければ、『ゲーム』とは呼ばれない」と言ってはいけない——そうでなく、それらに共通なものがあるかどうかを見たまえ。——なぜなら、それらをよく眺めるなら、君が見るのはすべてに共通するような何かではなく、類似性、類縁性、しかもいくつもの種類の類似性だからだ。繰り返すが、考えるのでなく見るのだ！［……］そして以上の考察の結果とは、複雑な網目のように互いに重なり、交差しあっているさまざまな類似性を大規模な類似性と小規模な類似性を我々はみる、ということである[60]。

（第67項）こうした類似性の特徴を表現するのに「家族的類似性」という言葉ほど適切なものを私は知らない[61]。

　サドラーは、こうした家族的類似性の考え方を、質とは何か、質を捉えるとはどういうことかという理解に援用する。つまり、質というものに家族的類似性、質的判断という行為に家族的類似性が見出せるというわけである。このような考え方は、言葉や概念（たとえば、質というもの）を厳密で必要かつ十分な条件という観点から定義しようとするよりも、家族的類似性の考え方に基づく方が、正確で有用であると主張するものである。すべてに共通した1つの性質ではなく、多くのさまざまな共通性が錯綜してつながり合い接触しあっている境界のない集合体——これが、家族的類似性である。
　家族的類似性は、明確な定義によって学ばれるのではなくて、事例の集合から帰納的に感得される。たとえば、同じ価値クラスに分類される作品群について考えてみる。これら作品群に、完全に共通する性質はなく、それら作品群における質は、家族的類似性にすぎない。ここにある特定の水準の質（スタンダード）が表れる。だから、作品群を見る必要

第四章　熟達した質的判断のメカニズム

があるのである。見ることによって、家族的類似性という性質を持つ質の概念を感得するのである。ここに、サドラーが、作品事例を第一の定義と位置づけ、それらを見ることによってキャリブレーションを行うことを主張する所以がある。

　このようなウィトゲンシュタインとサドラーの考え方の背後には、言語は人間の活動とは無関係に存在する固定的で抽象的なシステム（言語の規則や慣例は固定的・普遍的なもの）ではなく、むしろ言語が置かれるさまざまな目的や用途によって形成される動的で文脈依存的な活動である（言語ゲームのルールや慣習によって決まる）という認識がある。意味は定義ではなく「使用」によって説明され理解される。

(2) 質の認識における「アスペクトに気づくこと」

　次に、アスペクトという概念に焦点を合わせて、サドラーが『哲学探究』をいかように援用するのか確認しよう。サドラーは、2010年の論文において、「双景的評価法」の技法を論じる際に、以下のような指摘を行なっている。

> 　1つは、作品の全体的な質に対する見解を形成すること、もう1つは特に注目すべき特定の特性（多くの場合、強みや弱点）があるかどうかを確認することである。これらの特定の「気づき（noticing）」は、クライテリア（しばしば定義されていない潜在的クライテリアの集合から引き出されるもの）に関連し、評価者の見解形成やフィードバックコメントの作成に役立つ（Wittgenstein, 1974; Sadler, 1989, 2009）。［……］何が注目に値するかを知ることは、熟練した評価者の暗黙知の重要な要素である[62]。

　サドラーは、質を捉えるという行為について論じる際に、ウィトゲンシュタインの次の項をしばしば引用する[63]。

> 　（113）私はある顔をじっと見ている、そして当然、それが別の顔に

197

似ていることに気づく。私はそれが変化していないのを見ている。それなのに私は、それを違ったように見ている。この経験を私は、「あるアスペクトに気づくこと」と呼ぶ[64]。

　これらの記述から、サドラーは、ウィトゲンシュタインの「アスペクトに気づくこと」という考え方を、クライテリアの知覚・認識に関する原理的理解に援用していることがわかる。サドラーは、質的判断を下す際に、注目すべきクライテリアを、暗黙的に感知できるようになることが大切であると指摘していたが、これは、あるアスペクトにおいて意味を見出すことができるのか——アスペクトを見ることができるか——という問題であり、それは、過去の体験から類似的なものを見出すことができるかという問題でもある（家族的類似性の感知）。つまり、アスペクトに気づくこととは、すなわち「経験的枠組み」における別の何かとの家族的類似性の感知であり、ここにおいてクライテリアが知覚・認識されるのである。

　以上を総括すると、サドラーは、ウィトゲンシュタインに見られる「家族的類似性」と「アスペクトに気づくこと」という考え方を援用して、クライテリアを感知するという行為を特徴づけているといえる。ここに、サドラーと後期ウィトゲンシュタインの類似点を見出すことができる。

　ウィトゲンシュタインにおける原初的な言語習得とは、共同注視に基づく、指差しと言語使用による、家族的類似性の感得として描かれる[65]。スタンダード（質の固定的水準点）の認識と共有においては、共同注視（joint visual attention）（「共同注意」とも呼ばれる）が重要な意味を持つ。スタンダードやクライテリアといった評価知は、共同注視という行為によって共有されていくのである。

第四章　熟達した質的判断のメカニズム

小括

　以上、本章では、質的判断を中心原理とするサドラーの所論の根底に
ある認識や考え方がどのようなものかをつまびらかにし、氏の評価方法
論に関する主張がどのような評価の原理的理解に支えられているのかを
明らかにした。

　氏は、複雑な質的判断のメカニズムを記述する際に、創成原理と規範
原理、階層構造、メタ・クライテリア、シャープとファジーなクライテ
リア、潜在的と顕在的クライテリアといった特徴的な概念装置を用いて
体系化する。このような概念装置で記述される氏の鑑識眼の考え方は、
ポランニーの認識論――暗黙知の哲学――やウィトゲンシュタインの後
期哲学と重ね合わせてみることで明瞭に特徴づけられた。特に、氏は質
を認識するという行為を、ポランニーの焦点的感知（遠隔項）と従属的
感知（近接項）という暗黙知の構造論を援用して理解し、また、氏は質
やクライテリアの性質を、ウィトゲンシュタインの「家族的類似性」や
「アスペクトに気づくこと」という考え方を援用して理解していた。こ
のように本章では、氏の評価方法論に関する主張がどのような評価の原
理的理解に支えられているかを明確にし、氏の主張がなぜそのようなも
のになるのかの根底的な認識を浮き彫りにした。

　最後に、サドラーが提案するアプローチとルーブリックを用いるアプ
ローチとの共通点と相違点を、本章で明らかにしたことに言及しながら
総括しよう。

　まず、熟達した質的判断の形成――質的判断の洗練と調整――におい
て、氏の提起する事例主義的アプローチは、ルーブリックを用いるアプ
ローチと何が異なるのだろうか[66]。両者の共通点は、（1）質的判断を学
習評価の中心に位置づける点、（2）間主観性を重視するために評価枠組
みの外化を求める点にある。他方、相違点は、評価枠組みの外的表現の
形態が異なることにある――鑑識眼をどのように共有するかという方法
論に差異がある。

199

ルーブリックを用いるアプローチは、明文化された価値・規則体系を言語記述として構成し、評価知の共有を企図する。これに対して、氏は、事例主義的アプローチを重視し、これは、作品事例に対する知覚と認識を通して、事例に内在する価値・規則体系を掴み取ることで、評価知の共有を企図する。氏は、教師間での鑑識眼の共有、教師から学習者への鑑識眼の共有のいずれにおいても事例主義的アプローチを重視する。その根底には、そもそも、鑑識眼の中心原理は「詳記不能」なものであり、よって「指示書き」は構成することができず、評価熟達知を「指示書き」で伝達することはできないという認識がある。作品事例を知覚・認識し価値づけるという実践に潜入することで、暗黙知が重要な働きをする鑑識眼の技芸は共有されうるのである。

　両アプローチの対比は、法学における制定法主義と判例法主義の違いとも類似している（この詳細は第五章で論じる）。ルーブリックは明文化された価値・規則体系を表現することで、評価熟達知の共有を試みる。他方、氏の方法では、事例集合によって価値・規則体系を表現することで、評価熟達知の共有を試みる。いずれにおいても、質的判断は外化された価値・規則体系に準拠しなければならない。

　氏は、質的判断において、暗黙知が重要な働きをする双景的評価法が肝となると考えていた。その核心は、（1）部分的な焦点化と全体的な質の感知を臨機応変に移行させること（近接項と遠隔項の自在な移行）、（2）どの部分や特徴（クライテリア）に焦点化するべきかを暗黙的に感知することである。この技芸は、クライテリアや質といった評価概念の深淵な知と、それらを運用する規則体系の知を暗黙的に知っていることによって可能になる。鑑識眼の技芸は「詳記不能」な知によって支えられている。

　ルーブリックは、あくまで明示可能かつ共通項的部分を明文化するものであるため、その背後にある背景的知識は捨象される。よって、ルーブリックは質的判断の複雑さを完全に表現するものではない。力量ある評価者は、深淵な評価熟達知とそれらの複雑な運用規則を暗黙的に知っていることで、ときにルーブリックの記述を破りながら、ルーブリック

には記述されていない背後の意図も踏まえ、ルーブリックを飼い慣らすことができる。ただ、そうでない者がルーブリックによって評価熟達知を形成すること——すなわち、質的判断の技芸の本質を掴むこと——はできず、場合によっては、絶対的な規範に見えるルーブリックを手にすることで、それが足枷ともなるのである。

　総括すれば、氏の主張の根幹には、質的判断という複雑な営みを操るために、明文化された価値・規則体系を適用する技量の形成ではなく、事例の中に内在する価値・規則体系を暗黙的に掴み取ることで、評価熟達知を形成する必要があるという認識がある。これは教師の鑑識眼形成においても学習者の鑑識眼形成においても同様である。鑑識眼を形成するためには、ルーブリックの記述を読解し解釈すること——指示書きによる伝達——ではなくて、具体的な作品事例を知覚し認識し解釈する経験——家族的類似性やアスペクトを見出すこと——が肝要なのである。ルーブリックによって評価熟達知が簡便に授受できるという認識はあまりにも素朴なものである。

　このように評価熟達知を有する者は、定型的な課題を迅速に処理できるのみならず、新規の課題（創成クライテリア）への臨機応変な対応もできる。理想的なルーブリックとは、このような熟達知を型の形式で外化、表現するものといえよう。よって、熟達した質的判断の技量をすでに備える評価者が、「詳記不能」な部分が存在するということを自覚した上で、利用する評価枠組みとしては一定有用に機能しうる。けれども、このような評価熟達知が、ルーブリックそれ自体によって単純に共有できるものではないことは肝に銘じておく必要がある。要するに、評価熟達知からルーブリックを作り出すことができても、ルーブリックから評価熟達知を作り出すことはできないのである。

注

1）質的判断が洗練されているかどうかと、質的判断が間主観的なものであるかどうかは別の問題である。たとえば、音楽コンクールの審査員らは、各自が持つ音楽

的感性に基づいて主観的に評価を行う――個々の審査員の判断がキャリブレーションされている訳ではない。ゆえに、審査員ごとに大きく判断が異なる場合も生じうるが、多様な感性や価値軸を持つ多くの音楽家らを審査員団として構成することで、公平性を担保する。よって、音楽コンクールの場合、誰が審査したかが重要な意味を持ち、賞状に審査員の総員が署名するという行為が重要な意味を持つ。他方、フィギュアスケートや語学試験の評価では、評価者の判断が厳格にキャリブレーションされており、個々の判断が概ね一致する。ゆえに、「誰が」評価したかは問われない。

2) Sadler, D. R. (2009a). Transforming holistic assessment and grading into a vehicle for complex learning. In Joughin, G. (Ed.), *Assessment, Learning and Judgement in Higher Education*. Springer, p. 57.

3) Sadler, D. R. (1985a). The origins and functions of evaluative criteria. *Educational Theory*, 35(3), p. 285.

4) Sadler, D. R. (1987). Specifying and promulgating achievement standards. *Oxford Review of Education*, 13(2), pp. 191-209.

5) Sadler, 1987.; Sadler, D. R. (1989). Formative assessment and the design of instructional systems. *Instructional Science*, 18(2), pp. 119-144.

6) Sadler, 1989, p. 124.

7) Sadler, 1989, pp. 124-125.

8) Sadler, D. R. (2010). Beyond feedback: Developing student capability in complex appraisal. *Assessment and Evaluation in Higher Education*, 35, p. 544.; Kaplan, A. (1964). *The Conduct of Inquiry: Methodology for behavioral science*. San Francisco: Chandler.

9) Sadler, 2010, p. 544.

10) Sadler, 1989. p. 132.

11) Sadler, 1989, p. 128.

12) Sadler, D. R. (2010). Beyond feedback: Developing student capability in complex appraisal. *Assessment and Evaluation in Higher Education*, 35, p. 546.

13) Sadler, D. R. (1982). Why the explicit definition of standards is not always possible. *Ideas in Education*, 1(2), pp. 12-13.; Sadler, 1987; Sadler, D. R. (2014a). The futility of attempting to codify academic achievement standards. *Higher Education*, 67(3), pp. 273-288.

14) Dewey, J. (1939). Theory of valuation. *International encyclopedia of unified science*, 2(4), The University of Chicago Press, p. 18.

15) Dewey, 1939, p. 58.

16) Sadler, 1985a, p. 291.

17) Sadler, D. R. (1983). Evaluation and the improvement of academic learning. *Journal of Higher Education*, 54, p. 66.

18) Sadler, 1985a, p. 294.

19)「公理としての価値軸」と「参照次元としての価値軸」という用語は、サドラー自身が使用しているわけではない。筆者による独自の表現である。

20) Sadler, D. R. (2014b). Learning from assessment events: The role of goal knowledge. In kreber, C., Anderson, C., Entwistle, N., & McArthur, J. (Eds.), *Advances and innovations*

第四章　熟達した質的判断のメカニズム

in University Assessment and Feedback, Edinburgh University Press, pp. 167-168.

21）Sadler, D. R.（2009b）. Indeterminacy in the use of preset criteria for assessment and grading in higher education. *Assessment and Evaluation in Higher Education*, 34, pp. 159-179. なお、1980 年代の氏の所論においては、枠組みを規定するクライテリアと参照次元としてのクライテリアの両者を総称して、クライテリアという言葉が使われているが、2000 年以降の氏の所論においては、クライテリアという言葉は、もっぱら、参照次元としてのクライテリアに限定して使用される。1980 年代における使用法は、クライテリアを広義に捉えるものであり、他方、2000 年以降における使用法は、クライテリアを狭義に捉えるものであるといえる。

22）Sadler, 2010, p. 537

23）Sadler, 2014b, p. 168.

24）Sadler, 2014b, pp. 157-160.

25）Sadler, 1985a, p. 286.

26）ここでいう公理的価値の考え方は、ローティ（Richard Rorty）がいうところの「終極の語彙（final vocabulary）」と同様のものと捉えられる。人々は、自分たちの信念を正当化するために、さまざまな語彙を使用する。そして、それらの語彙の使用を正当化するために、別の語彙を使って説明する。自らの信念にとってより根源的な原因や目的を表し正当化する語彙をたどると、最終的にこれ以上追求することができない、すなわち、その語彙自身でしか正当化できないものにたどり着く。ローティはこのような最後の語彙を「終極の語彙」と名づけている（Rorty, R.（1989）. *Contingency, Irony, and Solidarity*. Cambridge University Press.（R. ローティ著、齋藤純一、山岡龍一、大川正彦訳『偶然性・アイロニー・連帯：リベラル・ユートピアの可能性』岩波書店、2000 年）。

27）Najder, Z.（1975）. *Values and Evaluations*. Oxford University Press.

28）Sadler, 1985a, pp. 288-290.

29）Ibid, p. 290.

30）Sadler, 1983, p. 68.

31）これら概念（「顕在的クライテリア」と「潜在的クライテリア」）の初出は、Sadler, 1983, p.7. である。なお、Sadler, 1989, p. 134. においても詳しく説明がなされている。

32）Sadler, 1989, p. 134.

33）Sadler, 1983, p. 72.

34）Sadler, 1989, p. 124.

35）Sadler, 2009a, p. 57.

36）マイケル・ポラニー著、長尾史郎訳『個人的知識』ハーベスト社、1985 年、pp. 51-52。

37）同上書、p. 55。

38）同上書、p. 46。

39）同上書、p. 61。

40）「最高」の価値クラスに属されると評価された作品群があるとする。質の程度は、どれも「最高」と判断される訳だが、個々の作品への評価判断は、個々に異なる論拠（クライテリア）への参照が行われている。注意したいことは、「最高」と評

203

価される作品群に共通に出現するクライテリアと、個々の作品の評価で最も重要なクライテリアは異なるということである。

41）ポラニー、前掲書、p. 52。

42）同上書、p. 53。

43）一般的に、ルーブリックなどにおけるスタンダード記述では、その特性上、あるレベルの作品を共通に特徴づけるクライテリア（共通項）に焦点が合わせられるが、共通に出現するクライテリアが、必ずしも各作品の評価判断において最も重要なクライテリアではない。このことは最も注目すべきクライテリアへの意識を埋没させてしまうという結果を招きかねない。これに対して、論拠説明の記述では、それぞれの作品を評価するのに最もふさわしいクライテリアが用いられるため、その作品の質を判断する際にどのようなクライテリアに焦点が合わせられるべきか明確に定まるという利点がある。

44）ポラニー、前掲書、p. 49。

45）同上書、p. 50。

46）同上書、p. 51。

47）同上書、p. 61。

48）この論点について、ここで言語習得に擬えて説明したい。言語を操ることは、普遍的エキスパティーズである。我々は、母語の習得を形式的構成（体系的な文法知識）の助けに依らずに行う。文法を体系的に説明できなくても、ある言語表現がおかしいかおかしくないか我々はわかり、流暢に言語を操る。身体が暗黙的に実践の中に内在する規則を知っているのである。他方、形式的構成としての文法をすべて知るコンピュータは、言語を自然に操ることができないのである。ただし、形式的構成の助けによって言語を習得する人々もいる。たとえば、研究者の多くは、外国語として英語を高度に運用する。ただ、高度な語彙・文法の運用は、言語が自然で流暢であることと一致しない。暗黙知が重要な働きをするエキスパティーズは、ここでの自然さや流暢さに関連する。ここでの重要な問いは、形式的構成を学ぶことは不要なのかということである。というのも、先の研究者の事例にように、形式体系の知の獲得は、それが完全な流暢さを導かないとしても十分なコミュニケーションを可能とする。究極的なエキスパティーズは形式的構成を必要としないものの、形式的構成が重要な助けとなる場合も多い。

49）ポラニー、前掲書、p. 50。

50）Sadler, D. R.（1980）. Conveying the findings of evaluative inquiry. *Educational Evaluation and Policy Analysis*, 2(2), p. 53.

51）Sadler, 1980, p. 54.; Polanyi, M.（1962）. *Personal Knowledge: Towards a Post-Critical Philosophy*. London: Routledge and Kegan Paul, p. 88.

52）Sadler, 1980, pp. 54-55.

53）Ibid., p. 54.

54）Ibid., p. 55.

55）Wittgenstein, L.（1974）. *Philosophical Investigations*（Reprinted from 1967, the 3ʳᵈ ed., Anscombe, G. E. M., Trans.）. Oxford: Basil Blackwell.（Original work published 1953）.; L. ウィトゲンシュタイン著、鬼界彰夫訳『哲学探究』講談社、2020 年。

56）Sadler, D. R.（1985b）. *Theory and Practice of Educational Evaluation: a methodological inquiry* (unpublished doctoral dissertation). the University of Queensland, Brisbane, Australia.

57) Sadler, 1987, p. 206. Wittgenstein, 1974.

58) Sadler, 2014, p. 282.

59) Sadler, 2014, p. 287.; Wittgenstein, 1974; Dreyfus, H. L., & Dreyfus, S. E. (1986). *Mind Over Machine: The power of human intuition and expertise in the era of the computer*. Oxford: Basil Blackwell.

60) ウィトゲンシュタイン、前掲書、pp. 75-76。

61) 同上書、p. 76.

62) Sadler, 2010, p. 546.

63) たとえば、Sadler, D. R. (2013a). Opening up feedback: Teaching learners to see. In Merry, S., Price, M., Carless, D., & Taras, M. (Eds.), *Reconceptualising Feedback in Higher Education: Developing dialogue with students* (pp. 54-63). London: Routledge.; Sadler, D. R. (2013b). Making competent judgments of competence. In Blomeke, S., Zlatkin-Troitchanskaia, O., Kuhn, C., & Fege, J. (Eds.), *Modeling and Measuring Competencies in Higher Education: Tasks and Challenges* (pp. 13-27). Rotterdam: Sense Publishers.

64) ウィトゲンシュタイン、前掲書、p. 402。

65) ウィトゲンシュタイン、同上書、p. 22、pp. 42-43。平田仁胤「ウィトゲンシュタイン哲学と言語習得論：共同注意概念の批判的検討」『広島大学大学院教育学研究科紀要第三部教育人間科学関連領域』第59号、2010年、pp. 21-28。

66) ここで主観的評価（認定評価）とサドラーのアプローチの違いは何かについて補足したい。前者では、各個人に内在する価値規範に準拠して評価が行われる。他方、後者では専門家共同体に内在する価値規範に準拠して評価が行われる。また、後者では評価基準が外的に形成される。外化されたスタンダード規範によって、評価者は厳格にキャリブレーションされている。

第五章

ロイス・サドラーによる学習評価論の
到達点と可能性
――ポスト・ルーブリックの学習評価の構想――

第五章では、第二章から第四章までの議論を総括し、サドラーによる質的判断アプローチに基づく学習評価論の特質と到達点を明らかにする。学習評価論におけるサドラーの理論的・実践的貢献はいかなるものであったのかという意味において、氏の所論の意義を明確にするとともに、氏の所論にどのような課題が残されているのかを検討する。そして、質的判断アプローチの学習評価論のさらなる展望——ポスト・ルーブリックの学習評価をどう構想するか——について考察する。

第一節　サドラーによる学習評価論の意義

　第一節では、学習評価論におけるサドラーの理論的・実践的貢献がいかなるものであったのか、氏の所論の意義を明確にする。

（1）熟達した質的判断による学習評価論

　サドラーの所論の特質は、鑑識眼の考え方を基盤として学習評価論を構築する道筋を描いたこと、すなわち、熟達した質的判断に基づく学習評価という考え方を理論化し、学習評価の正当な考え方の１つとして確立させたことにある。特に、（1）暗黙知が重要な働きをする鑑識眼という考え方を基盤として学習評価論を構想する点にその特質があり——学習者のパフォーマンスの評価に対して鑑識眼を適用させるという発想を示したことにその意義がある、（2）間主観性を有する鑑識眼の行使を志向する点にその特質があり——専門家共同体において鑑識眼をキャリブレーションするという発想を示したことにその意義がある、（3）準拠すべき評価基準・規準（スタンダードとクライテリア）を何らかの物的形態として外化することを求める点にその特質があり——鑑識眼の共有を可能にする装置を構築するという発想を示したことにその意義がある。

　行論で示してきた通り、サドラーの所論は、それが、「質的判断の哲学」ともいうべき、原理的考究に裏づけられていることが特徴である。すなわち、氏は、質とは何か、質を知覚・認識するとはどういうことか、

質的判断はいかになされるかといった問いに対して分析的に考究することで、人が複雑な質的判断を下すという行為（鑑識眼の行使）のメカニズムを、特徴的な概念を駆使して体系的に記述する。このようにして構築された独自の概念装置の体系を土台として、質的判断による学習評価実践を批評し構想する。

　氏の学習評価論では、このような質的判断という行為の原理的理解に支えられて、いかにして質的判断を下す力量は熟達するのか、質的判断は調整されるのか、という問いが探究されている。氏の所論の意義は、熟達した質的判断に基づく学習評価という考え方を確立させ、複雑で高次な学習成果を直接的に評価する道筋を切り拓いた点にある。換言すれば、氏は、質的判断をその中核とする学習評価論（広くパフォーマンス評価論を含む）に対して確かな理論的基盤を提供したのである。

① 専門家共同体によって共同所有される鑑識眼

　氏は、評価の中心に位置づく鑑識眼が、専門家共同体によって共同所有されるものであるという考え方を提示する。氏が、熟達した質的判断（鑑識眼）による学習評価論を構想する上で、重視したのは、鑑識眼が個人によって所有されるものではなく、専門家共同体によって共同所有されるものであるという発想であった。これは、鑑識眼を、個人の主観に基づく評価という発想から解放し、「間主観的合意としての客観性」を有するものとして位置づけることを意味する。だからこそ氏は、スタンダードとクライテリアを何らかの物的形態として外化すること――鑑識眼の共有を可能にする装置を構築するという発想――にこだわり続けている。

　氏は、人の質的判断は個人の主観にすぎず、無条件に信じるに値しないものだという考え方を否定するが、同時に、人の質的判断が無条件に信じるに値するものという考え方も否定する。そのために、半世紀近くに及ぶ考究において、氏は常に、スタンダードが物的形態として外化される必要性を強調する。すなわち、それなしに鑑識眼の適切なキャリブレーションは成しえないと理解するわけである。この点が個人によって

第五章　ロイス・サドラーによる学習評価論の到達点と可能性

所有される鑑識眼と専門家共同体によって共同所有される鑑識眼の違い
である。

　鑑識眼という概念は、音楽や美術などの芸術分野や嗜好的領域におけ
る評価の概念として一般的には理解されている。鑑識眼を備える人は、
目利き（connoisseur）と呼ばれ、対象領域に関する深淵な専門知を有し
ており、対象の「善さ」について判断することができる。このような鑑
識眼を支える評価熟達知は、明文化されない形で評価者の頭の中に存在
するもので、ある領域の批評活動に長期間参画することによって、古参
者から新参者へと暗黙裡に伝達されていく。このように鑑識眼は、主と
して芸術的領域・嗜好的領域における鑑賞の技法として解されることが
多い。

　ただし、熟達した質的判断は、たとえば、裁判官、医師、そして、教
師といった専門職を専門職たらしめる技量でもある。熟達した質的判断
を下すことができる能力は、専門職性を裏づける重要な力量である。彼
らが有する鑑識眼とは、専門職集団の間主観的合意や理解に裏づけられ
た専門職的判断としての鑑識眼である。サドラーの所論における鑑識眼
の考え方は、絵画や音楽などの芸術鑑賞、ワインや葉巻などの嗜好品を
個人的に愉しむ際に発揮されるそれではなく、医師の臨床的判断、裁判
官の判断や判決などにおいて発揮されるそれを念頭に置くものと理解で
きよう。

　嗜好的鑑識眼と専門職的鑑識眼の差異は、鑑識眼を調整するキャリブ
レーションが重視されているか否かという点に表れる。また、個人的な
好みの判断を含むことをよしとするか否かという点でも大きく異なる。
たとえば、芸術の鑑賞においては、むしろ個々人が自らの鑑識眼を行使
し、対象の価値や質を幅広く認識することが重視される。他方、たとえ
ば医師や教師などの専門職者による臨床的判断は、究極的にはそれが主
観に根ざしつつも、その判断が専門的理解と離齬が生じず一定の整合性
が取れており、また、他の評価者のそれとある程度比較可能なものと
なっている。また、たとえば、裁判官の判決は、法典や他の裁判官が過
去に下した判例に厳格に準拠しなくてはならない。嗜好的領域の鑑識眼

は、個人に内在するものとしての私的な鑑識眼である一方、専門職的判断としての鑑識眼は、専門家共同体が共同所有し行使するものとしての公的な鑑識眼である。サドラーのいうところの熟達した質的判断（鑑識眼）は、専門職的判断としての鑑識眼という考え方に根ざすものと言えよう。

　急いでことわっておけば、これは概念的な区別であって、実際にはこの両者は重なり合う部分があることに注意しなければならない。たとえば、嗜好的領域の鑑識眼も、完全に個人に根ざしているわけではなく、ある一定の立場やコミュニティから影響を受けて、緩やかに間主観性を有している。他方、専門家であっても評価判断が分かれる場合はあり、専門職的判断であったとしても、究極的にはそれは個人の価値観や倫理観といった道徳、哲学に根ざしている。したがって、専門家共同体における間主観的合意のもとで、許容できる範囲で一致した質的判断を行使できるかということが重要となる。

　以上のように、専門家共同体において鑑識眼をキャリブレーションし、間主観性を有する専門職的鑑識眼を中心に位置づけるという発想で学習評価論を理論化したことにサドラーの所論の特質と意義がある。

② 暗黙知に裏づけられた鑑識眼の形成と共有

　嗜好的鑑識眼と専門職的鑑識眼には、先述したような差異がある一方、両者の鑑識眼の考え方に共通する重要な特徴がある。それは、鑑識眼が、簡便に授受できるようなものではなく、暗黙知によって支えられる熟達知によって構成されるということである――暗黙知が鑑識眼を行使において中核的な役割を果たす。すなわち、鑑識眼の行使を可能にする評価熟達知は、そのすべてを明示化・言語化することができず、人間の言葉の世界は、人間の経験の世界と同じ広がりをもたない。この意味で、鑑識眼（熟達した質的判断）とは、おしなべて暗黙知を含む熟達した専門知（エキスパティーズ）に裏づけられるものである。

　完全な明示性が否定される鑑識眼は、いかに扱うべきか――次の4つの可能性がある。（1）質的判断を「主観的なもの」として完全に拒否す

る。（2）評価を、明示的に定義できる評価基準・規準のみに限定する。（3）質的判断を、明示的・暗示的に外化された評価枠組に準拠して行う。（4）鑑識眼を有する評価者の権威と能力を無条件に信用する。サドラーは、（3）の可能性を追求し続けている。（4）に陥らないための条件、そして、鑑識眼を共同体において共有する条件として、準拠すべき評価枠組みが外化されることを必須とする。これは、鑑識眼を公的な性質を帯びた専門職的鑑識眼たらしめるための条件でもあるともいえる。

　以上の理解のもとに、専門家共同体が準拠すべき評価枠組みの外的表現の形態について、氏は考究し続けている。言い換えれば、どのようにして評価枠組を外化すれば、より適切に評価者をキャリブレーションできるのか——鑑識眼を共有できるのか——、その装置の形態を模索している。氏は、暗黙知を含む熟達知（エキスパティーズ）に裏づけられた鑑識眼の行使と形成を重視するために、スタンダードやクライテリアの明示的記述を構成することに慎重になる。なぜなら、それは部分的な外化にすぎず、鑑識眼の核心に位置づく暗黙知の軽視を孕む可能性があるからである。繰り返す通り、鑑識眼を構成する評価熟達知のすべてを、明示知として外化し共有することはできない。

　鑑識眼における暗黙知の働きを重視するために、評価枠組みを外化し共有する際に、具体的な作品事例を用いることと共同注視という行為を重んじる。これによって、鑑識眼を構成する明示知と暗黙知の両者が共有される道が拓かれる。暗黙知が重要な働きをする鑑識眼は、スタンダードとクライテリアに関する明示的記述を読解し解釈することではなくて、具体的な作品事例を知覚し認識し解釈する経験を共同体として共有することによって、形成され調整されるのである。

　以上のように、氏の所論の特質と意義は、すべての知が明示できるわけではないという認識、そして、鑑識眼というものは暗黙知が重要な働きをするという認識に立脚しつつ、専門家共同体において質的判断のキャリブレーションすること——間主観性を有する鑑識眼の共有——を目指すという発想と、そのための方法論を示したことにある。

　鑑識眼の共有に関するサドラーのアプローチは、昨今、隆盛している

ルーブリック・アプローチと対照的である。両者は共に、質的判断の
キャリブレーションを目論むが、それを実現するための方途が異なる
（第二章で詳述）。サドラーは、ルーブリック・アプローチは、暗黙知を
含めた評価熟達知を共有する方法としては不十分であるという認識のも
とに、そのオルタナティブを提示する。この意味で、サドラーの所論は、
学習評価論における質的判断アプローチの新たな可能性を切り拓こうと
するものである。

(2) 学習者の鑑識眼を練磨すること

　サドラーの所論の意義は、学習者にも鑑識眼を共有し授けることで、
鑑識眼によって導かれる「実践」を可能にする——鑑識眼の導きによる
学び——という道筋を描き、そのような発想を形成的アセスメントとし
て理論化したことに認められる。このような氏の立場は、専門家共同体
としての鑑識眼形成に学習者を参画させるというものであり、形成的ア
セスメントの新たなアプローチを切り拓くものとなっている。ここでい
う「実践」とは、それ自身の内部に善を内在させている活動であり、
「各々の実践に内在するそれぞれ固有の善さ（内的善）の達成を目指して
行われる、あるいはその内的善に照らして判定される卓越性（よりよき・
すぐれた達成）を目指して行われる、目的的・意図的活動」のことであ
る[1]。

　特に、(1) 学習者を評価の行為主体、実践主体として位置づけ、暗黙
知が重要な働きをする鑑識眼を学習者に授ける必要性を強調する点——
学習者自身の鑑識眼によって導かれる学びという発想を示したこと、
(2) 目指すべき質（卓越性の概念）がいかなるものであるのかを学習者
が理解することを重視する点——専門家共同体に内在する価値体系を学
習者が掴み取るという発想を示したこと、(3) 鑑識眼の形成と洗練にお
いて、設計志向性を有する点——教授・学習過程における意図的で計画
的な鑑識眼の形成と調整という発想を示したことに氏の所論の特質、そ
して、その意義が認められる。

　鑑識眼によって導かれる「実践」とはいかなるものか。学習者は評価

第五章　ロイス・サドラーによる学習評価論の到達点と可能性

活動に参画することで、優れた質（優れたパフォーマンスに内在する善さ）に対する理解を深めていく。質に対する理解が深まることで、豊かなエンド・イン・ビューを学習者が頭の中に描けるようになる。学習者は鑑識眼の導きのもとで、自身のパフォーマンスを素朴なものから洗練されたものへと熟達させていく。氏は形成的アセスメント論において最も重要なことは、学習者の評価熟達知、すなわち鑑識眼を豊かなものとする評価活動・評価経験を構想することであると捉える。

　鑑識眼の形成と調整においては、具体的な作品事例という具象の知覚と認識が要求される。なぜなら、先述の通り、鑑識眼とは暗黙知によって成立するものであるために、鑑識眼を明示知として共有することができないからである。そのために、質やクライテリアの概念——「質を構成するものは何か」「善さとは何か」という理解——を、言語によって教師から学習者に伝達するのではなく、それを学習者自身が能動的に掴み取れるような評価経験を意図的・計画的に用意する必要性がある。その具体的な実践方法が、氏がいうところの共同体的な作品批評としてのピア・アセスメントであった。これによって、暗黙知に支えられた鑑識眼を、言語で明示化することができない暗黙知までも含めて学習者に授ける道筋が拓かれる。

　以上の氏の考え方は、学習者に、スタンダードやクライテリアといった評価知の社会的・共同体的構築に参画することを求めるものであると特徴づけられる。換言すれば、鑑識眼の共同所有に学習者を誘い参画させることである。専門家共同体が保有する評価ディスコースへ参入することで、学習者の鑑識眼も専門家共同体によって洗練され間主観性を有するものへとなっていく。なお、氏は、学習者の鑑識眼形成において、それが闇雲に形成されることをよしとはしない。氏は、意図的、計画的な鑑識眼形成が目指されて、教授・学習方法を構造化・体系化することを求める——この意味で設計的志向性を有する。氏の所論の意義は、学習者の鑑識眼を練磨するという発想と、そのための方法論を示したことにある。

　形成的アセスメントに関するサドラーのアプローチは、昨今主流と

なっているアプローチ——教師からのフィードフォワードやフィードバックの役割を中核的なものとして強調する立場——と対照的である（第三章で詳述）。サドラーは、教師の鑑識眼に依存するのではなくて、学習者自身が鑑識眼を形成する必要性とその具体的方法を提示する。そして、学習者の鑑識眼形成と教師の鑑識眼形成を同形として捉え、共同体における鑑識眼（暗黙知が重要な働きをする評価熟達知）の共有に学習者を参画させる。教師からのフィードフォワードやフィードバックを中核に形成的アセスメントを構想する立場と氏の立場では、学習という概念の根本的な考え方が異なる。サドラーの所論は、形成的アセスメント論における新たなアプローチの可能性を、徒弟的な学び論というパラダイムに根ざして追求し、切り拓こうとするものである。

　まとめると、サドラーの所論は、暗黙知が重要な働きをする鑑識眼の形成と共有を主題として、分析的・原理的考究を行うことで、質的判断アプローチの学習評価のあり方と具体的方途を明確に提示した。サドラーの所論の特質と意義は、鑑識眼の考え方を基盤として学習評価論を体系的に記述したこと、すなわち、熟達した質的判断に基づく学習評価という考え方（質的判断アプローチの学習評価）を理論化し、学習評価の正当な考え方の１つとして確立させたことにある。このような氏の立場は、暗黙知の働きを重視するという意味において、学習評価論における鑑識眼アプローチと称することができる。氏の所論は、ポスト・ルーブリックの学習評価論の萌芽的構想であり、その基盤となる発想と方向性を指し示すものとなっている。

第二節　サドラーによる学習評価論の課題

　第二節では、質的判断アプローチの学習評価論のさらなる発展を考える上で、氏の所論にどのような課題が残されているのかを検討する。

第五章　ロイス・サドラーによる学習評価論の到達点と可能性

(1) 学習評価論の有効範囲

① ライティング評価論を超えて

　第一に氏の学習評価論は、ライティングの評価、とりわけ、アカデミック・ライティングの教育・学習文脈を念頭において展開されているという特徴がある。

　この特徴は、(1) 論文中で用いられる喩えや具体例の多くがライティングに関連していること——ときにはライティング評価に限定されて議論が進行することもある、(2) 引用する文献がライティング教育やその評価に焦点を合わせたものが多いことから確認できる。このことは、ライティングの評価が、鑑識眼による評価という考え方と親和的な領域であること、また、氏の所論がライティングによる学習評価が一般的である大学教育を念頭に置いていることに拠る。また、欧米では、初等教育、中等教育、高等教育のすべての段階において、とりわけライティングが指導と評価の重要な位置にあり、ライティングは教育の重要な目的であり重要な手段であるという共通認識が確立されているということもあるだろう。

　そのため、ライティングの評価を念頭においた議論が、他の文脈の評価実践に対してどのように適用可能であるのか、すなわち、どこが適用可能でどこが適用可能でないのかについては、さらなる検討の余地が残されている。たとえば、理学・工学に関する領域の課題、さらには医学や社会科学の領域における課題では、ファジーな質的判断は重要な考慮事項でありつつも、それが第一に優先されないような場合もある。ライティングの質の評価においては、ファジーなクライテリアが、その質を判断する上で第一に重視されることが多いが、それとは異なって、シャープなクライテリアも重視されるような発散的課題も想定される。そのような課題の評価においては、別様な評価実践のあり方が求められる。

　この指摘は、氏の所論がそのような領域で全く意味をなさないという

ことを言いたいわけではない。あくまで、どこが適用可能でどこが適用可能でないのかという点を明確にする必要があるということである。ただし、この点に関して氏が十分な議論を展開しているとは言い難い。

② パフォーマンスの評価を超えて

　第二にサドラーの所論は、パフォーマンスの質の評価として学習評価が描かれている。この意味で、氏の学習評価論は、作品（パフォーマンス）評価論であり、適応範囲がそのような実践に限定されている。

　氏の評価論では、プロダクトやパフォーマンスそれ自体の質に評価の焦点が合わせられている。評価のために提出されたプロダクトやパフォーマンスの質を判断することとして、学習評価が論じられている。このような評価の考え方においては、学習者のコンピテンスといった構成概念（construct）についての推論、つまり、観察されたパフォーマンスから、その行動の根底にある諸能力概念（構成概念）に対する推論については議論されない。

　パフォーマンスそれ自体の質に焦点を合わせる考え方は、パフォーマンスが、コンピテンスを推論するための単なる手段ではなく、優れたパフォーマンスを生み出すことそれ自体に関心を向け、それを教育のゴールと位置づける状況において有効なものとなる。しかしながら、パフォーマンスそれ自体の質に限定づけて評価を行うことが望ましくない状況も少なくない。

　メシック（Samuel Messick）は、パフォーマンス評価の考え方には、互いに異なる志向性と特徴を持つ2つのアプローチがあると指摘する[2]。「課題主導型パフォーマンス評価（task-driven）」と「構成概念主導型パフォーマンス評価（construct-driven）」である。「課題主導型パフォーマンス評価」では、評価のために提出されたパフォーマンス、ないしは、プロダクトそれ自体の質を評価することに焦点が合わせられる。他方、「構成概念主導型パフォーマンス評価」では、観察されたパフォーマンスから、そのパフォーマンスの根底にあるコンピテンシーや構成概念（construct）について推論を行うことに焦点が合わせられる。つまり、パ

フォーマンスは評価の直接の対象ではなく、構成概念に対する推論の手段となる。前者では、再現性や一般化可能性が不問にされがちである一方、後者ではそれらが重視される。

サドラーの議論は、ここでいう「課題主導型パフォーマンス評価」の考え方を前提としているように思われる。そのため、パフォーマンスをあくまでコンピテンスを推論するための手段と位置づけ、パフォーマンスの観察を通して構成概念に対する推論を行うという「構成概念主導型パフォーマンス評価」が重視する点は後景に退いている。氏の所論を、作品（パフォーマンス）評価論を超えた学習評価論とするためには、パフォーマンスの評価とコンピテンスの評価はどう異なるのか、それらはどう関係づけられるのかという議論を重層化していくことが求められよう。

まとめると、サドラーの議論は、一定限定された文脈の範囲で展開されているため、幅広い教育文脈において、どこが適用可能でどこが適用可能でないのかを見定める必要がある。サドラーは議論を展開する際に、厳格な限定づけを行い、自身の議論が焦点化する文脈を明示しているものの、サドラーの所論が広く教育・学習文脈においてどれほど有効であるのか、また、どのように接続され関係づけられるのかについては、十分に議論を展開していない。そのため、氏の学習評価論のアプローチが有効となる射程がどこにあるのかを見極める必要がある。

(2) 専門家共同体における間主観性の問題

氏の評価論は、価値規範を共有する専門家共同体という考え方を前提としている。すなわち、「専門家共同体が『善さ』の規範を共有している、共有できる」ということが前提とされており、それが問われることはない。裏を返せば、専門家共同体が成立していなければ、サドラーの論理は一定の難しさを抱えることになる。「善さ」の価値規範が一定程度共有されているからこそ、評価に関する間主観的合意が導けるのである。では、果たして、教育における専門家共同体がどれほど価値規範を共有している、共有することができるといえるのだろうか。

また、サドラーは、事例主義的アプローチを形成することで、質的判断の確かなキャリブレーションが可能になると論じる——そこに疑いの目は向けられていない。しかしながら、質的判断をキャリブレーションすることはそれほど容易なのだろうかという疑問が常につきまとう。少なくとも、その前提条件に、一定以上の間主観的合意を共有している専門家共同体の構成員であるということが求められるだろう。そうであれば、キャリブレーションの素地が一定程度整っているために、許容できる範囲内での十分なキャリブレーションが実現されうるといえる。

　一般的に、大学教師は特定分野の研究者や専門家であるため、その分野（discipline）において共有されている専門家共同体の規範体系を感得していることが期待できる——大学教師であっても無条件にこれが認められるわけではないが。ただし、高等教育以外の教育段階では、専門家共同体において価値規範が共有されていることを前提とすることは難しい。この意味で、専門家や研究者が教育の担い手となる高等教育以外においては、氏の所論は難しさを抱える。

　しかしながら、この指摘は、初等・中等教育段階で氏の所論が意味をなさないということを言いたいわけではない。むしろ、初等・中等教育段階においても、教師集団を専門家共同体たらしめ、専門職的鑑識眼を鍛えるという発想が求められる。たとえば、クイーンズランド州では、ラドフォード制度以降、中等教育学校の教師らが高等教育接続に関わる総括的評価の重要な役割を担っている。要するに、中等教育の修了認定と高等教育の選抜において、中等教育学校の教師らの質的判断が中心的役割を果たしているのである。そして、このように教師らが重責を担うことによって、彼らの評価に関する専門的力量（専門職的鑑識眼）は鍛えられ、教師らの評価基準・規準の統一が一定程度図られることとなっている。

　他方、日本では、学校間接続において、下級学校の成績評価ではなく、上級学校が実施する選抜試験の結果が重視されるために、学校における成績評価が比較可能であることがそれほど求められていない。そのため、比較可能で妥当な学習評価を行う専門的技量が十分に開発されていると

は言い難い状況にある。

　クイーンズランド州の状況や大学教育を念頭に置いているからこそ、サドラーは、この点を前提とするのかもしれないが、たとえば、日本のような状況にある場合には、その前提自体を問うことからスタートする必要がある。問題は、いかにして価値規範を共有するような専門家共同体を構築することができ、専門職的鑑識眼を発達させる道筋を描くことができるのかということである。こうした議論をサドラーは十分に提供していないものの、質的判断アプローチの学習評価論をより発展させていく上では必要不可欠といえよう。

(3) 学習者の鑑識眼形成に関する問題

　2000年代末以降の形成的アセスメントに関する氏の所論では、特に、昨今のフィードバック／フィードフォワード言説に対抗するために、自身の立場を明確に示そうとする姿勢が見られた。こうした背景には、氏の立場とは異なる立場の形成的アセスメント論が勢いを増し支配的になってきたことに対して、その欠点や限界を指摘することで昨今の潮流に一石を投じたいとする氏の意図も当然あるだろう。ただ、これによりフィードバックを提供することやクライテリアを明示化することの利点や意義が、蔑ろになっている側面が一定ある。

　サドラーは、言葉や文章で「伝えられること」には限界があるとして、フィードバックを批判し、確かな評価熟達知を形成し、「エンド・イン・ビュー」を描き出すことができること（学習者の鑑識眼形成）を主張していた。ただし、専門家共同体に参画することで鑑識眼形成を行う際に、フィードバックは——それが「実践」の中心的営為となることはないが——必ずしも無益なものではない。たとえば、より優れた鑑識眼を有する者（マスター）が、未熟な鑑識眼を持つものに対して、何かしらの評価判断を行ってそれを伝えることは、鑑識眼の形成にとって確かな導きとなる。自らの鑑識眼を問い直したり、より一層豊かなものへと磨いていったりするためにも、第三者による働きかけや、第三者からの評価を受けることは有益である。また、鑑識眼が独りよがりなものになること

を防ぐという点で、キャリブレーションとしてのフィードバックも大切である。フィードバックの役割が、どのような条件において発揮されるのか、そして、鑑識眼の形成においてどのように寄与するのかといった問題についてはさらなる検討の余地が残されているように思われる。

　また、サドラーはクライテリアを明示的に書き表すことに対して、特に後期の所論においては、批判的になっている。サドラーの批判から学ぶに、確かに、事前指定したクライテリアにのみ焦点を合わせるのは間違っているし、クライテリアごとに判断を下して合算するという手法に問題があることも事実であろう。しかし、いくつかのクライテリアを作品制作や作品評価の際の手がかりとして——ただしそれに囚われないように留意した上で——明示することにも意義があるように思われる。それを否定するのではなくて、どのようなクライテリアであれば明示化する価値があるのか、どのような条件であればそれが有益に機能し、どのような条件であればそれが足枷となってしまうのか、その点に関してはさらなる論究が必要に思われる。

第三節　ポスト・ルーブリックの新たな地平

　第三節では、サドラーの学識を手がかりとして、質的判断アプローチの学習評価論のさらなる展望——ポスト・ルーブリックの学習評価をどう構想するか——について考察する。

（1）評価枠組みを外化し共有する方法

　質的判断アプローチの学習評価において、中心となる問いは、教師と学習者の鑑識眼をいかにして洗練させ調整するかということ——鑑識眼の共有の問題——である。それを可能にするためには、鑑識眼形成に関わる装置をどのように設計するかという実践的な問いに答えなければならない。言い換えれば、外化された評価枠組みをどのように構成するのかという問題である。外化された評価枠組みは、教師、ひいては学習者

第五章　ロイス・サドラーによる学習評価論の到達点と可能性

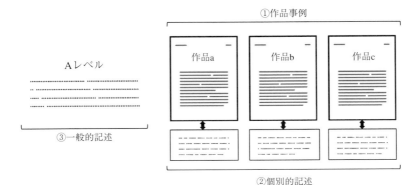

（図 5.1）　作品事例、個別的記述、一般的記述による評価枠組み

の鑑識眼を形成するために不可欠なものとなる。それは、教師が準拠すべき評価枠組みを構成するとともに、学習者が鑑識眼を形成するための教材・教具となる。

　サドラーは、ルーブリックの利用を重視するアプローチ（ルーブリック・アプローチ）のオルタナティブとして、事例主義的アプローチを提唱した——前者は明示主義的で、後者は暗示主義的なアプローチといえよう。以下では、サドラーの議論を手がかりとして、この論点についての考察を深める。

① 作品事例、個別的記述、一般的記述

　昨今指摘されているルーブリックの問題点の多くは、ルーブリックが一人歩きし、そもそも作品事例が伴っていないために生じるものである。そこでまず、言語と具象を補完的に用いることが、評価枠組みを外化する上で大前提となることを改めて確認しておきたい。

　具体的な作品事例を共同注視し（経験的枠組みの共有）、それらを価値づける評価ディスコースの形成を重ねること（言語的枠組みの共有）で、間主観的合意としての評価熟達知が共有されていくのである。以下では、言語と具象を相互補完的にどう組み合わせ、どう評価枠組みを外化することが有効であるのかについて考えよう。

223

ここでは、外化された評価枠組みの構成要素を、①作品事例、②個別的記述、③一般的記述の3点で整理する（図5.1）。作品事例は、あるスタンダード（ここでは、Aレベル）を満たす一連の作品群によって構成されるものである。個別的記述は、個々の作品事例に添付されるもので、なぜこの作品が当該スタンダードを満たすかの説明である。一般的記述は、ルーブリックの記述語と対応するもので、あるスタンダードの一般的特徴を記したものである。ゼロから外化された評価枠組みを構築する際には、まず①作品事例を同定し、次に②個別的記述を作成し、最後に③一般的記述を記すという手順となる。

　ここで一般的記述と個別的記述の差異について、さらに補足しておこう。一般的記述とは、あるレベルの質を一般的に特徴づける性質を叙述したものである。ここでいう「質」は、単一の作品事例によって規定されるものではなく、複数の作品事例の背後に表れるものである。同等のレベルで優秀とみなされる作品には、多種多様な形態がある。それぞれに異なる表面的な特徴を持つが、同程度の質と判断される作品事例群の背後に重要な共通項として表れるものがある。一般的記述とは、これを言語で叙述しようと試みるものである。

　他方、個別的記述とは、ある単一の作品事例が、ある質のレベルに位置づくと判断された理由が叙述されたものである。この記述は、一般的記述とは異なり、その作品固有の特徴（クライテリア）に焦点を合わせながら、評価の論拠説明として構成される。そのため、個別的記述はある作品事例と一対一の対応関係にあり、そこで用いられるすべての言葉は、具体的な作品事例に常に紐づけられている。

　ルーブリックとそれを補完する作品事例で評価枠組みを構成するアプローチは、ここでいう③一般的記述と①作品事例を組み合わせるものである。サドラーは、1980年代にこの方法を提案したが、後に①作品事例と②個別的記述を組み合わせる事例主義的アプローチを主張した。両アプローチは、言語と具象を補完的に用いる点で一貫するが、（1）一般的記述と個別的記述のどちらを用いるのか、（2）言語記述と作品事例のどちらが第一義的な定義なのか——作品事例を補足する言語記述か、言

語記述を補足する作品事例か——という点で異なる。

　サドラーが事例主義的アプローチを推奨する理由の１つは、一般的記述を用いると、同一のクライテリア群が画一的に適用される評価実践を導くという批判意識にあった。事例主義的アプローチの場合、作品事例と個別的記述が一対一で対応するため、それぞれの作品を評価するのに最もふさわしいクライテリアがそれぞれの個別的記述に用いることができる。サドラーは、作品事例を手がかりとしてルーブリックの記述語を読み解くよりも、個別的記述を手がかりに作品事例群を共同注視することの方が、教師と学習者の質的判断の適切な熟達化を導くと考えた。また、作品事例が抜け落ちてルーブリックが一人歩きしていくことを不可避的な事象と捉え、作品事例と一対一で対応する個別的記述を重視したとも理解できよう。

② ルーブリック・アプローチと事例主義的アプローチ

　ルーブリック・アプローチと事例主義的アプローチの対比は、法学における制定法主義と判例法主義の対比に類似する。ルーブリック・アプローチは、作品事例に補完されつつ、成文化によって価値・規則体系を表現する。事例主義的アプローチは、論拠説明が付された作品事例群を示すことで、それらに内在する価値・規則体系を表現する。両者では価値・規則体系の表現システムが異なるが、いずれにおいても、正当な質的判断は外化された評価枠組みに準拠しなければならない。

　制定法主義とは、制定された成文法を第一の法源に位置づける考え方である（ドイツや日本において採用）。制定法主義において、判例は補助的に扱われる。成文法の制定時にすべての事例や可能性を考慮することは不可能であるため、法律の条文にはある程度の抽象性を持たせる。事案を解決する際に裁判所がその成文法の意味を解釈していくことになる。

　これに対して、判例法主義とは、裁判所判例を第一の法源に位置づける考え方である（英国や米国において採用）。これは、裁判所の判例の集積による法形成という考え方である。法は成文法に由来するのではなく、裁判所の判決を通じて長い時間をかけて確立された一連の法原則に基づ

く。裁判所は過去の判例に従うという先例拘束性の原理をステアリー・ディサイシス（stare decisis）という。

　根本的な考え方やシステムを全く異にする2つのパラダイムであるが、これら両者のシステムにおいて、事例（ケース）、判決文、成文法の3つの要素が、いずれにおいても不可欠なものとして埋め込まれていることは注目に値する――たとえば、判例法主義を採用する国家も一定の成文法を有するし、制定法主義の国家においても、最高裁判所の判例が法的拘束力を持つように。このことは、どちらに軸足をおいて、パラダイムを構成するかという根本的な違いがあるにせよ、①作品事例（ケース）、②個別的記述（判決文）、③一般的記述（成文法）の3つを組み合わせることが、価値・規則体系を外化する上で有効なことを示唆している。

　議論をまとめれば、さしあたり、ルーブリック・アプローチ、ないしは、事例主義的アプローチのどちらかに軸足を置きつつ、①作品事例、②個別的記述、③一般的記述の三要素を、それぞれ不可欠なものとして効果的に組み合わせることが、評価枠組みを外化し共有する上で重要であると言って良いだろう。それぞれの要素はそれぞれ異なる役割を果たす。①作品事例と②個別的記述は、作品事例を共同注視し評価ディスコースを形作る際に中核となる物的表象である――これがキャリブレーションを行う際の標準器となる。とりわけ、①作品事例は、暗黙的にしか共有化できない質の概念を内包するものとして重要である。②個別的記述は、それぞれの作品事例の質を捉える際の手がかりを明示知として個性的に書き表す。③一般的記述は、一般化可能な重要な共通項を明示化することで、評価の大きな枠組みや構造を示す。

　サドラーの主張とはやや異なり、ここでは一般的記述を含めて3つの要素を、評価枠組みを外化する要素として位置づけた。というのも、個別的特質ではなく共通項として表れる要素が、評価において重要な意味を持つ場合があり、また、そのような一般化可能な特質を明示化することには一定の意義があると考えるからである。

　たとえば、芸術の領域など、一般的記述がほとんど必要ない（個別的記述のみが適当）という場合もあれば、工学の領域など、個別的記述が

ほどんど必要ない（一般的記述のみが適当）という場合もあるだろう。とはいえ、多くの場合は、一般化される特質と個別的な特質の両者によって特徴づけられることが多く、一般的記述と個別的記述の両者が、評価枠組みを有効に外化する上で必要となる。どちらがより優勢となるかというバランスは、領域によって異なるだろう。卓越さの多様な発現が正当に認められる場合は、個別的記述がより優勢となり、卓越さがより収斂的に表れる場合には、一般的記述がより優勢となる。

　法制度と同様に、外化された評価枠組み——①作品事例、②個別的記述、③一般的記述——は、不変的なものではない。共同体での対話と同意を重ねながら、必要に応じてそれらは常に問い直され変化していく。一般的・個別的記述が適切であるか、作品事例群にいかなる作品が含まれ、含まれないのかといったように。これは、不完全に外化された表現をより完成形に漸近させていくという営みであると同時に、共同体における価値世界を常にアップデートしていく営みである。教師集団が中心となりつつも学習者もこの過程に徐々に参画できるだろう。

　そもそも、専門家共同体において、価値世界が永遠に不変であるということはありえず、常に緩やかに変化していくものである。共同体に新参者が訪れ、そして彼らが古参者になっていくというサイクルの過程を繰り返しながら。

　まとめると、①作品事例、②個別的記述、③一般的記述の三要素を用いて、外化された評価枠組みを構成することで、共同体内での評価熟達知の共有が可能なものとなる。このようにして、共同体における間主観的合意を形成していくのが、ポスト・ルーブリックの目指すべき道である。

(2)「善さ」を学ぶということ——共同体における鑑識眼形成

　次に、学習者の学びを導くような評価実践がどう実現されるのかについて考察しよう——これは学習者の鑑識眼形成に関わる問題である。とはいえ、学習者の鑑識眼形成と教師の鑑識眼形成は本質的には同形なものであるため、両者の考え方は基本的に通底している。

サドラーが示した通り、形成的アセスメント実践では、学習者に専門家共同体の価値世界を教え、公的な鑑識眼を移譲していくことが重要となる。というのも、どのようなパフォーマンスが優れたパフォーマンスであるか、という専門家共同体の「善さ」の体系が理解され、作品の良し悪しを見極める鑑識眼が磨かれることで、より良い実践が導かれるからである。

　言い換えれば、専門家共同体における間主観的合意の共有を企図して、教師が鑑識眼を形成（洗練・調整）していくのと同様に、学習者も鑑識眼を形成（洗練・調整）していくことが大切ということである。教師か学習者かで評価判断の行為主体が異なるが、いずれにおいても人間の質的判断の熟達と間主観性が問われており、これは、専門家共同体が有する価値規範の体系を、新参者がどのようにして学んでいくのかという問題である。学ぶことは、専門家共同体への社会化であり、専門家共同体への参入としての教育と学習の過程において、価値づける実践はその中核的な役割を果たす。

　専門家共同体の価値世界は、学習者にどう学ばれるのか。それは、ルーブリックなどの言語記述によって単純に伝えられるのではなく、評価の経験を新参者が熟達者と共有することで徐々に発達していく。評価経験を共有することで、専門家共同体における「善さ」の意味とシステムが具体的文脈の中で掴み取られていく。

　繰り返すが、具体的事例（作品）を共同注視するという経験的枠組みの共有と、それに対する評価ディスコースという言語的枠組みの共有が肝要である。専門家共同体としての評価実践に参加し、具体的なパフォーマンスの質を知覚・認識し、評価判断について説明し議論するという経験を重ねることで学習者は共同体の鑑識眼を共同所有していく。このような評価実践において、①作品事例、②個別的記述は、作品事例を共同注視し評価ディスコースを形作る際の中核的な教材・教具となる。とりわけ、①作品事例は、暗黙的にしか共有できない質の概念を内包するものとして重要である。②個別的記述は、それぞれの作品事例の質をどのように捉えるかの手がかりを与える。③一般的記述は、一般化可能

第五章　ロイス・サドラーによる学習評価論の到達点と可能性

な重要な共通項として、評価の大きな枠組みや構造を示す。

　教育の目指すところは、単に見る目が肥えた批評家を育てることを超えて、優れたパフォーマンスを生み出すことができる主体を育てることにある。そのため、鑑識眼が育っていく上述の経験は、鑑識眼を練磨するのみならず、優れたパフォーマンスを生み出す上で必要となるさまざまなレパートリーの獲得に大きく寄与することを強調しなければならない。教師と学習者は、さまざまな作品事例に接する中で、自分のパフォーマンスを改善する方略のレパートリーを豊かにする。優れたパフォーマンスに、多様なあり様があることに気がつき、意識的・無意識的にこれらを創造的に模倣していく——作品を形作るアプローチに組み込まれていく。目標としてのパフォーマンス、すなわち、熟達者による優れたパフォーマンスは、学習者の実践を導く憧れとして機能し、学習者はそれを創造的に模倣する。鑑識眼の導きのもとで、自身のパフォーマンスを反省的に練り直しながら、洗練されたパフォーマンスに接近していく。

　自分自身の鑑識眼の導きのもとで、自律的に活動することができる学習者にとってフィードバックは有益に機能する。自らの鑑識眼を問い直したり、より一層豊かなものへと磨いていったりするためにも、教師やピアといった第三者による評価を受けることは有益である。なぜなら、鑑識眼を独りよがりなものとせずに、共同体の間主観的合意を学ぶということが大切だからである。この意味で、フィードバックは学習者の学びを主導するものというよりも、調整するものとして機能する。

　このような実践の具体については、たとえば、批評会、試演会といった芸術分野における教育実践を手がかりにすることができるだろう。一例として美術分野においては、アトリエなど開かれた空間で各々が自身の作品制作に勤しみ、学習者は日常的にピアのさまざまな作品に触れる。また、教師と学習者がそれぞれの作品に対して、善さに対する批評を行う。音楽分野であれば、試演会などで、多様な演奏を聴き合い、演奏の善さについて価値づけていくなどの実践が日常的に行われている。

　これらと対照的に、多くの教育現場の場合、学習者は各々個別的に学

229

習・評価課題に取り組むことが多く、他者の作品に広く開かれていることは少ない。そして、評価に関しても、自身の作品に対する評点やコメントのみを受け取ることが多い。この場合、自分自身の作品に対する価値づけにしか接することができず、評価の経験が極めて限定的となる。また、さまざまな作品の多様なアプローチに出会うことができず、質の二次元的な広がりに対する理解を十分に構成することができない。学習者と教師が、さまざまな作品に出会いそれを価値づけていくという評価活動は、それ自体が教えと学びの中心となるにもかかわらず、である。教育実践においては、さまざまな作品に広く触れ、共同体としてそれらを価値づけ、評価ディスコースを形成していくという発想が重要である。

　まとめれば、専門家共同体の「善さ」は、言語によって教師から学習者に伝達されるのではなく、評価実践への参加を通じて学習者に学ばれる。評価実践は、学習者を専門家共同体における鑑識眼の共同所有へ誘わなければならない。錬磨された鑑識眼が、学習者の実践を導いていくのである。「優れた評価（evaluation）は、優れた教育（teaching）の付属物ではなく、それ自体が優れた教育なのである」[3]。

注

1) 松下良平「自生する学び：動機づけを必要としないカリキュラム」グループ・ディダクティカ編『学びのためのカリキュラム論』勁草書房、2000年、p. 240。
2) Messick, S. (1994). The interplay of evidence and consequences in the validation of performance assessments. *Educational researcher, 23*(2), pp. 13-23.
3) Sadler, D. R. (1983). Evaluation and the improvement of academic learning. *The Journal of Higher Education, 54*(1), p. 63.

終　章

第一節　本書の総括

本書では、学習評価論における質的判断アプローチの成立と展開を、ロイス・サドラーの所論に焦点を合わせて、明らかにすることを試みた。本書の最後で、各章の内容と結論を簡潔に振り返り総括しよう。

第一章では、サドラーが質的判断アプローチによる学習評価論を提起するに至るまでの時期に焦点を合わせて氏の所論を読み解き、教育評価研究におけるサドラーの位置づけを明確にした。

第一章では、まず、サドラーの博士論文の執筆に至るまでの経緯と歩みを跡づけることで、分析的な研究スタイルを確立するまでの過程をつまびらかにした。次に、当時の代表的論者であったスクリヴァンとステイクの所論に焦点を合わせながら、1970 年代に至るまでのカリキュラム評価の史的展開をつまびらかにすることで、サドラーの博士論文への取り組みの背景を提示した。そして、氏の博士論文を読み解くことで、氏の教育評価研究の立場が、工業生産的アプローチと文化人類学的アプローチを批判的に捉える、第三の道としての質的判断アプローチとして捉えられることを浮き彫りにした。最後に、博士論文以降の氏の学習評価論の展開を総覧することで、氏の学習評価論の枠組みと論点を析出した。

第二章では、サドラーによるスタンダード準拠評価論の成立過程と展開、すなわち修了認定や資格認定といった総括的な目的における学習評価のあり方を、氏がいかに構想したのかということに迫った。サドラーの論究の中心には、評価基準・規準をいかにして外化することができるのか、そして、教師の質的判断の洗練と調整がいかになされるべきかという主題が位置づいていた。第二章では、ROSBA 改革を背景とした1980 年代のスタンダード準拠評価論の提唱から、ルーブリック批判などの 2000 年以降の新たな展開までを素描し、サドラーによるスタンダード準拠評価論の特質とその到達点を明らかにした。

氏が示したスタンダード準拠評価の考え方は、間主観性を有する教師

233

の質的判断をその中心に据えるものであり、質の固定的なレベルを指す
スタンダードを物的形態として外化しようと試みる点で終始一貫してい
た。ただし、外的表現の形態については一定の変化が見られた。スタン
ダード記述とそれを補完する作品事例群という形式が、あるスタンダー
ドを満たす作品事例群と各事例に対する論拠説明という形式に改められ
た。言語表現と具体物の両者を補完的に用いる点で一貫するが、(1) 言
語記述と作品事例のどちらが第一にスタンダードを定義づけるのか、(2)
言語記述において一般的記述と個別的記述のどちらを用いるのかという
2点において変化が確認できることを明らかにした。

　第三章では、サドラーによる形成的アセスメント論の成立過程と展開、
すなわち学習を改善し導くものとしての学習評価のあり方を、氏がいか
に構想したのかということに迫った。学習者の鑑識眼を練磨することを
目指すサドラーのアプローチでは、学習者による質的判断の熟達化がい
かになされるか、そして、学習者の「実践」を導く「エンド・イン・
ビュー」がいかに形成されるかという主題が論究の中心に位置づいてい
た。第三章では、1980年代における形成的アセスメント論の提唱から、
2000年以降の新たな展開までを、形成的アセスメントの国際的展開、
そして、フィードバック批判やフィードフォワード批判に照らしながら
描出し、サドラーによる形成的アセスメント論の特質とその到達点を明
らかにした。

　氏の形成的アセスメント論の根幹は、専門家共同体としての鑑識眼形
成という考え方にあることを浮き彫りにした。氏の所論では、学習者の
鑑識眼を磨き、その導きによって学びが切り拓かれていくという方法論
が構想されていた。氏の所論は、形成的アセスメントの実践の核心が、
学習者の鑑識眼を洗練し、エンド・イン・ビューを豊かにする評価活動
を構想することにあると提起するものであった。こうした氏の形成的ア
セスメント論は、評価熟達知の社会的・共同体的構築を目指すことを強
調するものであり、すなわち鑑識眼の共同所有に学習者を誘うことを意
味するものであった。氏の形成的アセスメント論で描かれる技法は、こ
うした鑑識眼形成が目指されて、意図的に構造化・体系化された教授・

終　章

学習方法であることを明らかにした。

　第四章では、熟達した質的判断を中心原理とするサドラーの学習評価論の根底にある認識や考え方がどのようなものか——氏がどのように質的判断のメカニズムを捉えるのかに迫った。第四章では、(1) 氏が、質的判断、質、クライテリア、スタンダードといった評価に関する諸概念をどのように捉えているのか、(2) 熟達した質的判断のメカニズム（鑑識眼の技芸）を、どのような概念装置を用いて体系的に理解するのか、(3) サドラーの所論は、ポランニーの哲学やウィトゲンシュタインの哲学からどう影響を受けたのかを明らかにした。

　氏の所論においては複雑な質的判断のメカニズムが、創成原理、階層構造、メタ・クライテリアの行使、シャープとファジーなクライテリア、クライテリアの潜在化と顕在化といった特徴的な概念装置を用いて説明され体系化されることを示した。その上で、このような概念装置で記述される、氏の鑑識眼行使の技法（双景的評価法）の特質が、ポランニーの認識論（暗黙知の理論）やウィトゲンシュタインの哲学と重ね合わせてみることで明瞭に表れることを指摘した。特に、氏は質を認識するという行為を、ポランニーの焦点的感知（遠隔項）と従属的感知（近接項）という暗黙知の構造論を通じて理解し、質そのものの性質、および、質を認識する行為を、ウィトゲンシュタインの「家族的類似性」や「アスペクトに気づくこと」という考え方を通じて理解していることを明らかにした。

　第五章では、第二章から第四章までの議論を総括し、サドラーによる質的判断アプローチの学習評価論の特質とその到達点について検討した。学習評価論におけるサドラーの所論の理論的・実践的貢献はいかなるものであったのかという意味において、氏の所論の意義を明確にするとともに、氏の所論にどのような課題が残されているのかを明らかにした。そして、本書でつまびらかにしたサドラーの学識を踏まえて、質的判断アプローチの学習評価論のさらなる展望——ポスト・ルーブリックの学習評価をどう構想するかについて一考した。

　ここでは、ポスト・ルーブリックのライティング評価論として、①作

235

品事例、②個別的記述、③一般的記述の三要素を、それぞれ不可欠なものとして効果的に組み合わせて外化された評価枠組みを構成することを提案した。このようにして、共同体における間主観的合意を形成していくこと——善さを教師と学習者で共有していくこと——が、ポスト・ルーブリックの評価論の目指すべき道であることを示した。外化された評価枠組みは、教師、ひいては学習者の鑑識眼を形成するために不可欠なものである。そして、それは教師が準拠すべき評価枠組みを構成するとともに、学習者が鑑識眼を形成するための教材・教具となるのである。以上のように、本書では次代の学習評価論を方向づけた。

第二節　本書の成果と課題

　ここで、本書の学術的成果を主に三点で記したい。第一に、本書の成果は、学習評価論における質的判断アプローチを提起したサドラーの所論の歴史性と体系性を明らかにした点——サドラーの所論を体系化し、その学説史上の位置づけを明確にしたことに認められる。また、サドラーの個体史研究あるいはサドラーを中心とした学説史研究を通じ、昨今の学習評価論における重要な論点を浮き彫りにしたことに認められる。サドラーは、学習評価に関する単著を一冊も上梓しておらず、その全体像を捉えることが難しかった。このことから、本書は、氏の所論を体系的に再構成した。本書は、サドラーによる質的判断アプローチ構築の試みから学び、それを継承し発展させることを意図して、その理論的基礎を築くことを企図した。

　第二に、本書の成果は、サドラーが現代の学習評価論の開拓者であり批判者であるというパラドキシカルな状況を紐解いた点にある。サドラーが提起したスタンダード準拠評価と形成的アセスメントの考え方は、現代における学習評価論の重要な礎としてみなされてきた。ただし、氏は、そのような考え方を引き継ぐ現代の学習評価論の主張をラディカルに批判している状況があった。なぜこのような事態が生じたのか解明す

ることは、質的判断アプローチによる学習評価論の更なる展望を描く上で不可欠な作業であった。

　第三に、本書の成果は、質的判断アプローチの理論的基盤の構築に貢献した点にある。氏の所論は、概念を精緻に定義し、意味体系を整理し、概念装置を形成するといったように、学習評価のメカニズムを体系的に記述することで、質的判断アプローチの学習評価論を構築するものであった。質的判断アプローチは、強固な理論的堅牢性を主張する教育測定論と比較して、理論的土台が曖昧とみなされることも少なくない。原理的考察に基礎づけられる氏の所論を分析対象としてその発展を試みたことは、質的判断アプローチにおける学習評価論の一般化可能性を探り、確かな理論的基盤を形成することに寄与する。

　次に、本書の学術的課題を主に三点で記したい。第一に、サドラーの所論の学説的理解に関わる問題である。この点においては、氏の所論の理論的淵源であるカリキュラム評価研究の内実と位置づけに対するさらなる考究が求められる。1970年代前後にかけての米国は、工学的モデルに対するオルタナティブが百花繚乱に提唱された時期であり、さまざまな学説が複雑に展開している。本書では、当時の各論者の位置づけについて必ずしも十分に検討しきれたとは言い難い。この作業を通して、氏の学説史上の立場をより一層明確にすることができる。

　第二に、質的判断アプローチの学習評価論の実装に関わる問題という視点からの課題点を指摘する。本書では、クイーンズランド州のROSBA制度が実際にどのように機能したのか、その学校実践レベルでの意義や課題について十分に検討されていない。ROSBA制度の学校実践レベルでの受容と展開、そして、意義と課題はいかなるものだったかどう点については、さらなる検討が求められる。その実態を解明していくことは、氏がスタンダードの外的表現を改めたことの妥当性に関わる議論にも寄与する。

　第三に、学習評価実践のさらなる展望を描き出す点に課題が残されていると指摘できる。本書では、サドラーの個体史研究という枠組みを超えて、質的判断アプローチによる学習評価論のさらなる展望を描き出す

ことを志向していた。そこで、ポスト・ルーブリックの学習評価と題した小論（第五章第三節）でその理論的立場を提示した。ただし、その具体的な実践像（ビジョン）については、十分に提示したとはいえない。今後、質的判断アプローチの学習評価論の新たな展開、すなわちポスト・ルーブリックの学習評価論をいかにして具現化していくか、その具体的実践像を指し示すことが求められる。

＊　＊　＊

　サドラーの学識の核心とはなんだったのか。現代学習評価論の提唱者であり批判者であるというパラドキシカルな立場とはなんだったのか。一言でいえば、氏は「転回」したわけではなかった——氏の学習評価論の基底にある考え方は、首尾一貫している。

　氏は、質的判断＝ゲシュタルトとして質を直観的に知覚・認識することを評価の第一義的な行為とし、それを評価の中心に位置づけることを一貫して求める。どんな人がどんなときにも同じ結果を導くことの追求によって、評価が要素化・定式化されたアルゴリズムへと矮小化され、結果として質的判断が疎外されていくことに一貫して抵抗する。

　根源的に、評価は質や価値を知覚・認識することである。質や価値を知覚・認識する技芸は、暗黙知が重要な働きをする鑑識眼によって可能となる。共同体において鑑識眼を共有することは、価値規範を共有することであり、それゆえに、それは教育的営為の中心となる。サドラーは、共同体における熟達知の共有として教育評価、ひいては教育という営みを描くのである。

　それゆえ、氏は、学習者に学びの羅針盤となる評価熟達知（鑑識眼）を授けることを、学習評価の第一義的な責務として一貫して求める。氏は、フィードバックやフィードフォワードのように外からの介入原理（情報伝達）で学習を直接的に働きかけるというよりも、共同体への参加として学習を捉え、共同体における鑑識眼の形成と共有に学習者を参画させ、そこにおいて熟達知を間接的に共有することを目指す。

　評価活動を通した学習という点に関していえば、氏は徒弟的な学び論

終　章

ともいうべきパラダイムに根ざして形成的アセスメントのあり方を考える。フィードフォワードやフィードバックを中核に形成的アセスメントを構想する立場とサドラーの立場では、基盤にある学習観、すなわち学習の認識論が異なり、そのことが具体的方法論の差異へと顕在化する。

　思い切っていえば、ルーブリックやフィードバックに関する議論において、評価や学習の捉え方は、あまりに素朴である——それほど単純なものではない。他方で、視点を変えてみると、評価や学習は驚くほどにシンプルな原理に突き通されていることもわかる。評価とは質や価値の知覚・認識であり、価値づけることが学習の羅針盤になる。熟達知は「指示書き」で簡便に教えたり学んだりすることはできず、共同体への参入を通して、経験と言葉の両者の働きで共有されていく。これが次代の学習評価論を構想する上での基本原理となる。

　たとえば、川の流れを計算する際、水分子ひとつひとつの挙動を追うことは不可能である。だが、流体力学（マクロスケールの物理学）を使えば、川全体の水の流れをシンプルな形で記述できる——非常に複雑な現象を複雑な現象のままに飼い慣らすことができる。評価や学習という複雑な営みを、複雑なままにシンプルに突き通す本質を、我々は見抜かなければならない。

239

あとがき

　本書は、博士学位請求論文「学習評価論における『質的判断アプローチ』の展開─ロイス・サドラーの所論に焦点を合わせて─」（京都大学に2023年1月に提出、同年3月に博士（教育学）の学位授与）に加筆・修正を行ったものである。出版に際して表題を『学習評価論における質的判断アプローチの展開──ロイス・サドラー学識の解剖と再構成──』に改めた。

　本書はこれまで著者が発表してきた以下の論考をもとにしている。ただし、いずれも本書をまとめる過程で大幅な加筆、修正を行なった。

- 石田智敬「スタンダード準拠評価論の成立と新たな展開──ロイス・サドラーの所論に焦点を合わせて」『カリキュラム研究』30巻、2021年、pp. 15-28。
- 石田智敬「ロイス・サドラーによる形成的アセスメント論の検討──学習者の鑑識眼を錬磨する」『教育方法学研究』46巻、2021年、pp. 1-12。
- 石田智敬「D. ウィリアムによる形成的アセスメントの理論と実践」『京都大学大学院教育学研究科紀要』67巻、2021年、pp. 179-192。
- 石田智敬「ロイス・サドラーによる鑑識眼アプローチの認識論──熟達した質的判断による学習評価のメカニズム」『京都大学大学院教育学研究科紀要』68巻、2022年、pp. 301-314。
- 石田智敬「発散的課題の学習評価における教師の力量形成──ルーブリックは助けか足枷か」『教育方法の探究』25巻、2022年、pp. 61-68。

＊　＊　＊

著者がはじめて教育評価に関心を持ったのは、愛知教育大学教育学部3年次に、トビタテ！留学 JAPAN の支援を受け英国・スコットランドのグラスゴー大学（University of Glasgow）に留学したとき（2015 年 9 月〜2016 年 6 月）まで遡る。当時、評価といえばテストや通知表を真っ先に連想していた著者にとって、学習改善の場としての形成的アセスメントの発想に出会った講義は衝撃だった。加えて、同大学の授業では実際に形成的アセスメントが多く盛り込まれており、学習者の立場でその力強さと可能性を体感した。ルーブリックを用いて体系的に学習評価を行うことが当たり前となっており、これほどまでにシステマティックに学習評価が行われていることに、学生ながら感心したものである。

　すっかり教育評価論の面白さに取り憑かれた著者は、長年教師になることを志していたものの、教育評価についてもっと知りたい、もっと考えたいという知的好奇心に駆られた。ここに研究者としての自分の原点があるように思う。

　形成的アセスメントに関する論文を芋づる式に辿る中で、サドラーの論文（1989 年）に逢着した。これを初めて読んだとき、頭の中が明快に整理され、パッと視界がひらけたような感覚を得た。それは、自分の知的好奇心をぐっと掴み満たしてくれるものだった。留学後、教育評価研究にさらに取り組みたいという思いから大学院進学を決意し、教育評価研究をリードする京都大学の教育方法学研究室の門を叩いた。

　進学後も、サドラーの学識に対する関心が尽きることはなく、氏の論文群を貪るように読んでいった。明快なレトリックで、厳密かつ正確に、そして、本質を的確に捉える論の運び。読むたびに新しい発見があった。2019 年 2 月、オーストラリアのクイーンズランド大学を訪問し、サドラーの謦咳に接する機会を得た。

　サドラーの論文はしばしば引用されるが、氏の主張のエッセンスは十分に理解されていないと感じることが多かった。実際、氏は教育評価に関する単著を一冊も上梓していなかったため、その全体像を把握することも容易ではなかった。このような課題意識から、氏の学識の本質を捉え、その全体像を示すことに自らの仕事を見出した。このような経緯か

242

あとがき

ら生まれたのが本書である。

　サドラーの学識を解剖・再構成し、さらなる展望を紡ぎ出すという作業は、自分にとって容易いものではなかった。この試みがどの程度うまくいっているかの判断は読者に委ねたい。また、本書の内容について、事実誤認や不適切な解釈などあれば、ぜひご批正いただきたい。サドラーの知的思索を辿ることの面白さを、少しでも読者に共有することができていれば幸いである。

＊　＊　＊

　大学院進学後から本書の公刊に至るまで、本当に多くの方々にお世話になった。この場を借りて心からの感謝を申し上げたい。誰よりもまず、感謝の意を表したいのは、著者を教育学研究者へと育ててくれた京都大学の先生方である。

　指導教員である石井英真先生には博士論文の主査をしていただいた。石井先生に自分の原稿をはじめて検討していただいた際、その鋭さに圧倒されたことをよく覚えている。課題点を端的かつ的確に言語化する石井先生の指摘は、ときに耳に痛いものであったが、自分の論文を確かに研ぎ澄ましてくれた。研究者としての思考のエッセンスを教えてくれたのが石井先生だった。石井先生は恩師であり、偉大な先行研究者である。

　指導教員である西岡加名恵先生には博士論文の副査をしていただいた。研究室の大黒柱である西岡先生からは、自分が研究者として成長できるチャンスをさまざまにいただいた。常に学生のことを第一に考える西岡先生は、毎度締切ギリギリになってしまう著者の原稿を、いつも最優先で丁寧かつ細やかに見てくださった。西岡先生の温かな人柄に、何度も救われた。

　指導教員である松下佳代先生には博士論文の副査をしていただいた。修士1回生の2月に、佳代先生と共にサドラー先生を訪ねた際、3人で活発に議論を交わしたことを昨日のことのように覚えている。高等教育学と教育方法学の知見を往還する火曜の佳代ゼミは、著者の知的思索に欠かせないものであった。スリリングに佳代先生と議論する時間が大好

243

きだった。

　サドラー先生には、2019年2月に対面でお会いして以来、何度もお世話になっている。2019年6月、カリキュラム学会第30回記念大会の際には、京都大学にまで足を運んでいただいた。その後も何度かオーストラリアに渡り、サドラー先生のもとを訪ねた。いつも暖かく迎え入れてくださって、著者の流暢ではない英語での議論に、長時間辛抱強く何度も付き合っていただいた。サドラー先生との対話は、いつも新しい気づきと知的興奮を与えてくれる。

　さて、教育方法学研究室の先輩、同輩、後輩との交わりなくして、本研究、そして、今の自分は存在しえないことをとりわけ強調したい。大学院進学以来、方法研の先輩、同輩、後輩に、著者の乱文を何度も何度も検討してもらった。たくさんの議論を交わした。研究室というコミュニティの中で、研究というものをゼロから教えてもらった。共に汗を流し合い、同じ釜の飯を食べ合った関係と言っても過言ではない仲間との濃密な研究室生活は、自分にとってかけがえのない財産であった——そして、今もそのコミュニティに支えられている。また、人生を共に歩む人に出会うことができた。

　研究室の垣根を超えて、高等教育学コースの仲間たちとも活発に交流した。異なる研究室との交わりは、自分の立場やアプローチを相対化する視点を、そして、自分の研究アプローチの幅を与えてくれた。

　このように京都大学で出会ったかけがえのない仲間たちと、今後も学問を続けていくことができることを、とても楽しみにしている。お世話になったすべての方の名前をここに記せないのは残念だが、皆様に対して心からの感謝の意を申し述べたい。本当にありがとうございました。

　出版に際して京都大学学術出版会の大橋裕和氏には出版構想の相談から原稿への赤入れまで、出版に至る各段階で大変お世話になった。ここに、感謝の意を申し述べたい。

2025年3月

石田智敬

付記

　本書のもとになった研究の一部は、JSPS 科研費（24K16603、23KJ1542、20J22742、代表：石田智敬）の助成を受けたものである。また、本書の公刊に際しては、令和 6 年度京都大学人と社会の未来研究院若手出版助成を受けた。ここに記してお礼申し上げたい。

ロイス・サドラー氏（左）と筆者。京都大学清風荘にて。

ロイス・サドラーによる学術的著作の一覧

Monographs

Sadler, D. R. (2006). *Up the Publication Road: A guide to publishing in scholarly journals for academics, researchers and graduate students.* (3rd edition). HERDSA Guide Series. Canberra: Higher Education Research and Development Society of Australasia. (1st edition 1984; 2nd edition 1990).

Sadler, D. R. (1999). *Managing Your Academic Career: Strategies for success.* Sydney, Allen & Unwin.

Sadler, D. R. (1975). *Numerical Methods for Nonlinear Regression.* St Lucia, University of Queensland Press.

Refereed Articles

Sadler, D. R. (2017). Academic achievement standards and quality assurance. *Quality in Higher Education,* 23(2), 81–99. doi: 10.1080/13538322. 2017.1356614

Sadler, D. R. (2016). Three in-course assessment reforms to improve higher education learning outcomes. *Assessment & Evaluation in Higher Education,* 41(7), 1081–1099. doi:10.1080/02602938.2015.1064858

Sadler, D. R. (2015). Backwards assessment explanations: Implications for teaching and assessment practice. In Lebler, D., Harrison, S., & Carey, G. (Eds.), *Assessment in Music: From Policy to Practice* (pp.9–19). Cham, Switzerland: Springer, doi: 10.1007/978–3–319–10274–0_2

Sadler, D. R. (2014). Learning from assessment events: The role of goal knowledge. In Kreber, C., Anderson, C., Entwistle, N., & McArthur, J.

(Eds.), *Advances and innovations in university assessment and feedback* (pp.152–172). Edinburgh: Edinburgh University Press.

Sadler, D. R. (2014). The futility of attempting to codify academic achievement standards. *Higher Education,* 67(3), 273–288. doi: 10.1007/sl0734–013–9649–1

Sadler, D. R. (2013). Opening up feedback: Teaching learners to see. In Merry, S., Price, M., Carless, D., & Taras, M. (Eds.), *Reconceptualising Feedback in Higher Education: Developing dialogue with students* (pp.54–63). London: Routledge.

Sadler, D. R. (2013). Assuring academic achievement standards: From moderation to calibration. *Assessment in Education: Principles, Policy and Practice,* 20, 5–19. doi: 10.1080/0969594X.2012.714742

Sadler, D. R. (2013). Making competent judgments of competence. In Blomeke, S., Zlatkin-Troitchanskaia, O., Kuhn, C., & Fege, J. (Eds.), *Modeling and Measuring Competencies in Higher Education: Tasks and challenges* (pp.13–27). Rotterdam: Sense Publishers. doi: 10.1007/978–94–6091–867–4_2

Sadler, D. R. (2011). Academic freedom, achievement standards and professional identity. *Quality in Higher Education,* 17, 103–118.

Sadler, D. R. (2010). Fidelity as a precondition for integrity in grading academic achievement. *Assessment and Evaluation in Higher Education,* 35, 727–743.

Sadler, D. R. (2010). Beyond feedback: Developing student capability in complex appraisal. *Assessment and Evaluation in Higher Education,* 35, 535–550.

Sadler, D. R. (2010). Assessment in higher education. In Peterson, P., Baker, E., & McGaw, B. (Eds.), *International encyclopedia of education* (Vol. 3, pp.249–255). Oxford: Elsevier.

Sadler, D. R. (2009). Grade integrity and the representation of academic achievement. *Studies in Higher Education,* 34, 807–826.

ロイス・サドラーによる学術的著作の一覧

Sadler, D. R.（2009）. Indeterminacy in the use of preset criteria for assessment and grading in higher education. *Assessment and Evaluation in Higher Education,* 34, 159–179.

Sadler, D. R.（2007）. Perils in the meticulous specification of goals and assessment criteria. *Assessment in Education: Principles, Policy & Practice,* 14, 387–392.

Sadler, D. R.（2005）. Interpretations of criteria-based assessment and grading in higher education. *Assessment and Evaluation in Higher Education,* 30, 175–194.

Sadler, D. R.（2004）. Recommendations. In Mathison, S.（Ed.）, *Encyclopedia of Evaluation*（pp.367–368）. Thousand Oaks, California: SAGE.

Sadler, D. R.（2002）. Learning Dispositions: Can we really assess them? *Assessment in Education: Principles, Policy & Practice,* 9, 45–51.

Sadler, D. R.（1998）. Formative assessment: Revisiting the territory. *Assessment in Education: Principles, Policy & Practice,* 5, 77–84.

Sadler, D. R.（1996）. Competition and the Christian ethic. *Journal of Christian Education,* 39, 45–54.

Sadler, D. R.（1994）. Examinations and merit. Essay Review of M.A. Eckstein & H.J. Noah, Secondary school examinations: International perspectives on policies and practice. New Haven: Yale University Press, 1993. *Assessment in Education: Principles, Policy & Practice,* 1, 115–120.

Sadler, D. R.（1992）. Expert review and educational reform: The case of student assessment in Queensland secondary schools. *Australian Journal of Education,* 36, 301–317.

Sadler, D. R.（1992）. Scaled school assessments: The effect of measurement errors in the scaling test. *Australian Journal of Education,* 36, 30–37.

Sadler, D. R.（1989）. Formative assessment and the design of instructional systems. *Instructional Science,* 18, 119–144.

.... （2008）. Republished in Harlen, W.（Ed.）, *Student Assessment and Testing*（Vol. 2, pp.3–28）. London: SAGE.

Sadler, D. R. (1989). Lexicographic decision rules and selection for higher education. *Australian Journal of Education, 33*, 114–126.

Sadler, D. R. (1987). Specifying and promulgating achievement standards. *Oxford Review of Education, 13*, 191–209.

Sadler, D. R. (1986). The prediction of tertiary success: A cautionary note. *Journal of Tertiary Educational Administration, 8*, 151–158.

Sadler, D. R. (1985). The origins and functions of evaluative criteria. *Educational Theory, 35*, 285–297.

Sadler, D. R. (1985). Evaluation, policy analysis, and multiple case studies: Aspects of focus and sampling. *Educational Evaluation and Policy Analysis, 7*, 143–149.

Sadler, D. R. (1984). Follow-up evaluation of an in-service programme based on action research: Some methodological issues. *Journal of Education for Teaching, 10*, 209–218.

Sadler, D. R. (1984). Evaluation and the logic of recommendations. *Evaluation Review, 8*, 261–268.

Sadler, D. R. (1983). Evaluation and the improvement of academic learning. *Journal of Higher Education, 54*, 60–79.

Silcock, A., & Sadler, D. R. (1982). Young children's differential perceptions of their parents. In Nir-Janiv, N., Spodek, B., & Steg, D. (Eds.), *Early Childhood Education: An international perspective* (pp. 91–112). New York: Plenum.

Sadler, D. R. (1982). Partial evaluation conclusions and degrees of certainty. *Evaluation and Program Planning, 5*, 317–318.

Sadler, D. R. (1982). Apportioning program evaluation resources to maximize information yield. *Evaluation Review, 6*, 827–836.

Sadler, D. R. (1982). Evaluation criteria as control variables in the design of instructional systems. *Instructional Science, 11*, 265–271.

Sadler, D. R. (1982). An evaluation of induction and hypothetico-deduction as principles in curriculum development: Some cognitive limitations and their implications. *Journal of Curriculum Studies,* 14, 43–51.

Sadler, D. R.（1981）. Intuitive data processing as a potential source of bias in naturalistic evaluations. *Educational Evaluation and Policy Analysis,* 3 (4), 25–31.

.... （1982）. Republished in House, E.R., & Assoc.（Eds.）, *Evaluation Studies Review Annual,* 7, 199–205.

.... （2002）. Republished in Huberman, A.M., & Miles, M.B.（Eds.）, *The Qualitative Researcher's Companion*（pp.123–135）. Thousand Oaks, California: Sage.

Campbell, W.J., Cotterell, J. L., Robinson, N. M., & Sadler, D. R.（1981）. Effects of school size upon some aspects of personality. *Journal of Educational Administration,* 19, 201–231.

Sadler, D. R.（1981）. Emphatically, not to judge? *Journal of Education for Teaching,* 7, 200–202.

Sadler, D. R.（1980）. Conveying the findings of evaluative inquiry. *Educational Evaluation and Policy Analysis,* 2(2), 53–57.

Ogilvie, D., & Sadler, D. R.（1979）. Perceptions of school effectiveness and its relationship to organizational climate. *Journal of Educational Administration,* 17, 139–147.

Holland, N. J., Muir, D., Sadler, D. R., Miller, L. R., & Bartlett, V. L.（1979）. An experiment in deinstitutionalization. *South Pacific Journal of Teacher Education,* 5, 220–223.

Power, C. N., & Sadler, D. R.（1976）. Non-linear relationships between measures of classroom environments and outcomes. *Research in Science Education, 6,* 77–88.

Sadler, D. R.（1969）. The backgrounds and social class of students of the Queensland Institute of Technology Capricomia. *Australian Journal of Higher Education,* 3, 276–287.

Book Chapters

Sadler, D. R. (2009). Transforming holistic assessment and grading into a vehicle for complex learning. In Joughin, G. (Ed.), *Assessment, learning and judgement in higher education* (pp.45–63). Dordrecht: Springer.

Sadler, D. R. (2002). Ah! ... So *That's* 'Quality'. In Schwartz, P., & Webb, G. (Eds.), *Assessment: Case studies, experience and practice from higher education* (pp.130–136). London: Kogan Page.

Sadler, D. R. (1994). Publications syndicates. In Conrad, L. (Ed.), *Developing as researchers*. Brisbane: Griffith Institute for Higher Education, Griffith University.

.... (1998). Publications syndicates (revised). In Conrad, L., & Zuber-Skerritt, O. (Eds.), *Developing as Researchers* (2nd edition). Brisbane: Griffith Institute for Higher Education, Griffith University.

Professional Publications

Sadler, D.R. (2020). Assessment tasks as curriculum statements: a turn to attained outcomes. *The Japanese Journal of Curriculum Studies*, 29, 101–109.

Sadler, D. R. (2004). Review. Segers, M., Dochy, F., & Cascallar, E. (Eds.) (2003). *Optimising New Modes of Assessment: In search of qualities and standards.* Dordrecht, Netherlands: Kluwer. *Journal of Higher Education Policy and Management,* 26(2), 281–282.

Sadler, D. R. (2002). Teaching for Learning: Mixed abilities - How do we teach effectively? Part of Chapter 3 In Bain, J. D., Ballantyne, R., Mills, C., & Lester, N. (Eds.), *Reflecting on Practice: Student teachers' perspective* (pp.37–8). Flaxton, Qld.: PostPressed.

Sadler, D. R. (2001). Making a great conference presentation. *NTEU Advocate,*

ロイス・サドラーによる学術的著作の一覧

8 (1), 18–19.

Sadler, D. R. (2000). The national school curriculum (pp.268–277). and Assessment and examinations (pp.344–368). In *Learning Together: Directions for education in the Fiji Islands.* Report of the Fiji Islands Education Commission/Panel. Suva: Government of Fiji (Ministry of Education).

Sadler, D. R. (2000). Academic work: Taking control of your time. *NTEU Advocate, HjP)*, 18–19.

Sadler, D. R. (2000). Managing academic life today. *HERDSA News,* 22(2), 3 –5.

Sadler, D. R. (1999). *Report of an Inquiry into the Fiji Eighth Year Examination.* Brisbane: International Projects Unit, Griffith University.

Sadler, D. R. (1998). Review. Blaxter, L., Hughes, C., & Tight, M. *The Academic Career Handbook.* Buckingham, UK: Open UP. *HERDSA News,* 20(3), 22.

Sadler, D. R. (1998). Letting students into the secret: Further steps in making criteria and standards work to improve learning. *Proceedings of the Conference of State Review Panel Chairs and Panellists, and District Review Panel Chairs* (pp.41–48). Brisbane: Board of Senior Secondary School Studies.

Sadler, D. R. (1997). Invited response. Bowen-Clewley, L., & Strachan, J. *A Report on An Assessment Stocktakes Undertaken for the New Zealand Qualifications Authority* (pp.106–112). Wellington: NZQA.

Sadler, D. R. (1997). Assessment items: Design, construct, use, refine. Invited Paper. *Proceedings of Computer Assessment Workshop Feb 14, 1997.* UniServe Science, The University of Sydney.

Sadler, D. R. (1993). *Comparability in School-Based Assessment in Queensland Secondary Schools.* Brisbane: Tertiary Entrance Procedures Authority.

Sadler, D. R. (1992). (1) Rethinking certification policies for school leavers.

253

Assessment Matters, 15(1), 4–10. (2) Revised and republished under the title: Rethinking certification policies for school leavers: An Australian perspective. *Research Working Paper No.5.* University of London Institute of Education, International Centre for Research on Assessment. (3) Adapted and republished under the original title in *Admission of students into higher education in Australia: A collection of recent research papers.* Research Series No.2, January 1993, 47–56. Brisbane: Tertiary Entrance Procedures Authority.

Sadler, D. R. (1991). Formative assessment and the design of instructional systems. Queensland Ministerial Advisory Committee on Curriculum Development *Newsletter* 3(2), 7–18. Republished from *Instructional Science,* 18, 119–144, 1989.

Sadler, D. R. (1991). Review. Low, B., & Withers, G. (Eds.). *Developments in school and public assessment.* Australian Education Review No.31. Melbourne: Australian Council for Educational Research. *New Horizons in Education,* No.84, 53–55.

Sadler, D. R. (1991). Specifying and promulgating achievement standards. Queensland Ministerial Advisory Committee on Curriculum Development *Newsletter* 3(1). Republished from *Oxford Review of Education,* 13, 191–209, 1987.

Sadler, D. R. (1990). Review. Baumgart, N. (Ed.). *Reports and records of achievement for school leavers.* Deakin, ACT: Australian College of Education. *Unicorn,* 16, 135–136.

Butler, J., Alavi, C., Bartlett, L., Beasley, W., Fox-Young, S., Maxwell, G., Sadler, D. R., & Wilkes, R. *The Assessment of Nursing Competencies: Report to the Australian Nurse Registering Authorities Conference.* Adelaide: ANRAC. Vol.1: 100pp. Vol.2: 61pp. Vol.3: 195pp. 1990.

Sadler, D. R. (1989). Competition and the Christian ethic. *Zadok Perspectives,* No.25, 6–8. Canberra: Zadok Institute.

Sadler, D. R. (1988). The state of credentials - Queensland. *Education*

Australia, No.3, 15. Sadler, D. R.（1988）. Review. Toomey, R.（Ed.）. *Passages from Secondary School to Higher Education.* Australian Education Review No.25. Hawthorn: Australian Council for Educational Research. *Unicorn,* 14, 187‒188.

Sadler, D. R.（1988）. Review. Williams, T. *Participation in education.* ACER Research monograph No.30. Hawthorn: Australian Council for Educational Research. *Discourse,* 8, 129‒132.

Sadler, D. R.（1987）. The prediction of tertiary success: A technical note. Working Party on Tertiary Entrance. *Tertiary Entrance in Queensland: A review.* Appendix 4, 221‒223. Brisbane: Board of Secondary School Studies.

Sadler, D. R.（1986‒8）. *Discussion Papers on Assessment.* Brisbane: Board of Secondary School Studies.

No. 1: *ROSBA's family connections.*（Jan 1986）

No. 2: *The case for explicitly stated standards.*（Jan 1986）

No. 4: *Defining achievement levels.*（Jan 1986）

No. 5: *Subjectivity, objectivity, and teachers' qualitative judgments.*（Jan 1986）

No. 8: *Developing an assessment policy within a school.*（Jan 1986）

No. 9: *General principles for organizing criteria.*（Apr 1986）

No. 10: *Affective objectives under ROSBA.*（Apr 1986）

No. 11: *School-based assessment and school autonomy.*（Apr 1986）

No. 12: *Defining and achieving comparability of assessments.*（Jan 1987）

No. 21: *The place of numerical marks in criteria-based assessment.*（Mar 1988）.

Sadler, D. R.（1985）. Review. Ainley, J., Batten, M. and Miller, H. *Patterns of retention in Australian government schools.* ACER Research Monograph No.27. Hawthorn: Australian Council for Educational Research. *Unicorn,* 11, 372‒374.

Sadler, D. R., & Macpherson, I.（1983）. Evaluation Report. *One year later: A Follow-Up Evaluation of the 1981 "Principals and Change" Inservice*

Program. Brisbane: QINSEC, February.

Sadler, D. R. (1982). Why the explicit definition of standards is not always possible. *Ideas in Education,* 1(2), 12–13.

Sadler, D. R. (1982). Generalized evaluation design. *Evaluation News,* 3, 80–86.

Sadler, D. R. (1981). Constructive evaluation: A speculative proposal for school self-evaluation. *Queensland Institute for Educational Research Journal,* 19, 14–19.

Carss, B.W., & Sadler, D. R. (1981). Evaluation Report. *An evaluation of the Queensland Road Safety Council's "Points Lecture System".* Department of Education, University of Queensland.

Sadler, D. R. (1980). Economy in calculating negative exponentials. *Australian Mathematics Teacher,* 36, 9–10.

Silcock, A., & Sadler, D. R. (1980). Microfiche. *Young children's differential perceptions of their parents.* 25pp. ERIC: EJ 188 738.

Sadler, D. R. (1979). Problems and processes in deciding on relative worth. Brisbane: Schools Commission, Queensland Innovations Committee. *Counsellor's Newsletter,* (May-Jun), 2–6.

Campbell, W. J., Cotterell, J. L., Robinson, N. M., & Sadler, D. R. (1979). Research Report. *Effects of School Size Upon Some Aspects of Personality.* Department of Education, University of Queensland. ERDC. Report, April.

Sadler, D. R. (1979). Evaluation Report. *Evaluation of a management program for administrators of primary schools.* Brisbane: State Management Development Committee, December.

Sadler, D. R. (Ed.). (1978). Interim Evaluation Report. *Evaluation of Social Mathematics Pilot.* Brisbane: Board of Secondary School Studies.

Sadler, D. R. (1975). When are the most significant digits the least significant digits and the least significant digits the most significant digits. *Queensland Association of Mathematics Teachers Newsletter,* 10 (3), 11–

12.

Sadler, D. R. (1971). The central limit theorem: An empirical investigation. *Australian Mathematics Teacher,* 27, 90–94.

Sadler, D. R. (1970). Education and the modem economy. *Australian Journal of Advanced Education,* 1(3), 18–20.

Sadler, D. R. (1967). Science teaching: What for? *Australian Science Teachers' Journal,* 13(2), 19–23.

引用文献一覧

Alkin, M. C. (1978). *A New Role for Evaluators* (CSE Report No. 97). Los Angeles: Center for the Study of Evaluation, University of California.

Alkin, M., & Christie, C. (2004). An evaluation theory tree. In *Evaluation Roots* (pp. 13-65). Sage.

安藤輝次「形成的アセスメントの理論的展開」『関西大学学校教育学論集』第 3 巻、2013 年、pp.15-25。

Andrade, H. L., & Cizek, G. J. (Eds.). (2010). *Handbook of Formative Assessment*. Routledge.

Andrade, H. L., & Heritage, M. (2017). *Using Formative Assessment to Enhance Learning, Achievement and Academic Self-Regulation*. Routledge.

浅沼茂「アメリカにおけるカリキュラム評価論の変遷」『教育学研究』第 47 巻 3 号、1980 年、pp.220-229。

浅沼茂、安彦忠彦「教育評価研究とカリキュラム」安彦忠彦編『カリキュラム研究入門』勁草書房、1985 年、pp.154-155。

Ausubel, D. P. (1968). *Educational Psychology: A cognitive view*. New York: Holt, Rinehart, & Winston.

Biggs, J., & Tang, C. (2011). *Teaching for Quality Learning at University* (4th edition). Maidenhead, Berkshire, England: Open University Press, McGraw Hill.

Björkman, M. (1972). Feedforward and feedback as determiners of knowledge and policy: Notes on a neglected issue. *Scandinavian Journal of Psychology*, 13(1), 152-158.

Black, P., & Wiliam, D. (1998a). Assessment and classroom learning. *Assessment in Education,* 5(1), 7-74.

Black, P., & Wiliam, D. (1998b). Inside the black box: Raising standards through classroom assessment. *Phi Delta Kappan*, 80 (2), 144–148.

Black, P., Harrison, C., Lee, C., Marshall, B., & Wiliam, D. (2003). *Assessment for Learning: Putting it into practice*. Maidenhead, U.K.: Open University Press.

Black, P., Harrison, C., Lee, C., Marshall, B., & Wiliam, D. (2004). Working inside the black box: Assessment for learning in the classroom. *Phi Delta Kappan*, 86(1), 8–21.

Bloom, B. S., & Krathwohl, D. R. (1956). *Taxonomy of Educational Objectives: The classification of educational goals. Handbook I: Cognitive domain*. NY: Longmans, Green.

Bloom, B. S., Hastings, J. T., & Madaus, G. F. (1971). *Handbook on Formative and Summative Evaluation of Student Learning*. McGraw-Hill. (B. S. ブルーム、J. T. ヘスティングス、G. F. マドゥス著、梶田叡一、渋谷憲一、藤田恵璽訳『教育評価法ハンドブック：教科学習の形成的評価と総括的評価』第一法規、1973 年)

Boulding, K. E. (1956). *The Image: Knowledge in life and society*. University of Michigan Press. (K. E. ボウルディング著、大川信明訳『ザ・イメージ』誠信書房、1962 年)

Brookhart, S. M. (2007). Expanding views about formative classroom assessment. In McMillan, J. H. (Ed.), *Formative Classroom Assessment: Theory into practice* (pp.43–45). Teachers College Press.

Brookhart, S. M. (2013). *How to Create and Use Rubrics for Formative Assessment and Grading*. ASCD.

Campbell, D. T., & Stanley, J. (1963). *Experimental and Quasi-Experimental Designs for Research*. Chicago, IL: Rand McNally.

Campbell, W. J., Basset, G. W., Campbell, E. M., Cotterell, J. L., Evans, G. T., & Grassie, M. C. (1975). *Some Consequences of the Radford Scheme for Schools, Teachers and Students in Queensland: Final report of project*. Queensland.

Campbell, W. J., Archer, J., Beasley, W., Butler, J., Cowie, R., Cox, B.,

Galbraith, P., Grice, D., Joy, B., McMeniman, M., Sadler, D. R., & Wilkes, R. (1983). *Implementation of ROSBA in Schools*. Unpublished report to the Minister for Education, Brisbane.

Christie, C. A., & Alkin, M. C. (2013). An evaluation theory tree. In Alkin, M. C. (Ed.), *Evaluation Roots: A wider perspective of theorists' views and influences* (2nd edition, pp.11–57). Sage.

Clarke, E. (1987). *Assessment in Queensland Secondary Schools: Two decades of change 1964–1983*. Department of Education, Queensland, Australia.

Crooks, T. J. (1988). The impact of classroom evaluation practices on students. *Review of Educational Research, 58* (4), 438–481.

Dewey, J. (1939). Theory of valuation. *International Encyclopedia of Unified Science, 2* (4). The University of Chicago Press.

Dick, D. (2006). Formative assessment and self-regulated learning: A model and seven principles of good feedback practice. *Studies in Higher Education*, 31, 199–218.

Dobson, S. R., & Fudiyartanto, F. A. (2023). Challenging the culture of formative assessment: A critical appreciation of the work of Royce Sadler. In *Transforming Assessment in Education: The hidden world of language games* (pp.143–163). Cham: Springer International Publishing.

Earl, L. (2003). *Assessment as Learning Using Classroom Assessment to Maximize Student Learning*. Thousand Oaks, CA Corwin Press.

Eisner, E. W. (1976). Educational connoisseurship and criticism. *Journal of Aesthetic Education, 10*(3/4), 135–150.

Eisner, E. W. (2004). The roots of connoisseurship and criticism: A personal journey. In Alkin, M. C. (Ed.), *Evaluation Roots: A wider perspective of theorists' views and influences* (pp.196–202). Sage.

Fairbairi, K., Mcbryde, B., & Rigby, D. (1976). *Schools under Radford: A report on aspects of education in secondary schools in Queensland since the introduction in 1971 of school-based assessment*. Queensland.

Gipps, C. V. (1994). *Beyond Testing: Towards a theory of educational assessment*. Routledge.（C. V. ギップス著、鈴木秀幸訳『新しい評価を求めて：テスト教育の終焉』論創社、2001 年）

Glaser, R.（1963）. Instructional technology and the measurement of learning outcomes: Some questions. *American Psychologist*, 18（8）, 519-521.

Hart, D.（1994）. *Authentic Assessment: A handbook for educators.* Addison-Wesley Publishing Company.（D. ハート著、田中耕治監訳『パフォーマンス評価入門：「真正の評価」論からの提案』ミネルヴァ書房、2012 年』

Hattie, J., & Timperley, H.（2007）. The power of feedback. *Review of Educational Research,* 77（1）, 81-112.

Hattie, J.（2012）. *Visible Learning for Teachers: Maximizing impact on learning*. Routledge.（J. ハッティ著、山森光陽監訳『教育の効果：メタ分析による学力に影響を与える要因の効果の可視化』図書文化、2018 年）

平田仁胤「ウィトゲンシュタイン哲学と言語習得論：共同注意概念の批判的検討」『広島大学大学院教育学研究科紀要第三部教育人間科学関連領域』第 59 号、2010 年、pp.21-28。

House, E.（2001）. Unfinished business: Causes and values. *American Journal of Evaluation,* 22, 309-315.

石井英真「第 8 章 アメリカの場合：カリキュラム設計における『工学的アプローチ』の再構築へ」松下佳代編『＜新しい能力〉は教育を変えるか：学力・リテラシー・コンピテンシー』ミネルヴァ書房、2010 年、pp.251-278。

石井英真「第 1 章 教育評価の立場」西岡加名恵、石井英真、田中耕治編『新しい教育評価入門』有斐閣、2015 年、pp.23-49。

石井英真『現代アメリカにおける学力形成論の展開〔再増補版〕』東信堂、2020 年。

石井英真「教育『評価』概念再考：系譜の整理から関係論的拡張へ」『教育方法の探究』第 27 号、2024 年、pp.1-10。

梶田叡一『教育評価〔第 2 版補訂版〕』有斐閣、2002 年。

Kaplan, A.（1964）. *The Conduct of Inquiry: Methodology for behavioral science.* San Francisco: Chandler.

Leahy, S., Lyon, C., Thompson, M., & Wiliam, D.（2005）. Classroom assessment: Minute-by-minute and day-by-day. *Educational Leadership,* 63（3）, 19–24.

MacDonald, B.（1977）. The portrayal of persons as evaluation data. In Norris, N.（Ed.）, *SAFARI: Theory into practice.* Occasional publication No.4. Norwich: Centre for Applied Research in Education, University of East Anglia.

松下佳代『パフォーマンス評価』日本標準、2007 年。

松下佳代「パフォーマンス評価による学習の質の評価：学習評価の構図の分析にもとづいて」『京都大学高等教育研究』第 18 号、2012 年、pp.75–114。

松下良平「自生する学び：動機づけを必要としないカリキュラム」グループ・ディダクティカ編『学びのためのカリキュラム論』勁草書房、2000 年、pp.236–255。

Mathison, S.（Ed.）.（2005）. *Encyclopedia of Evaluation.* Sage. Center For Instructional Research And Curriculum Evaluation（CIRCE）.

Maxwell, G. S., & Cumming, J. J.（2011）. Managing without public examinations: Successful and sustained curriculum and assessment reform in Queensland. In Yates, L., Collins, C., & O'Connor, K.（Eds.）, *Australia's Curriculum Dilemmas: State perspectives and changing times*（pp.193–210）. Melbourne Univ. Publishing.

Messick, S.（1994）. The interplay of evidence and consequences in the validation of performance assessments. *Educational Researcher*, 23（2）, 13–23.

Najder, Z.（1975）. *Values and Evaluations.* Oxford University Press.

中内敏夫「教育的なものの概念について：中内敏夫先生最終講義」『〈教育と社会〉研究』第 4 号、1994 年、pp.2–18。

中内敏夫『「教室」をひらく：新・教育原論（中内敏夫著作集 1)』藤原

書店、1998 年。

Natriello, G. (1987). The impact of evaluation processes on students. *Educational Psychologist, 22* (2), 155–175.

Nicol, D. J., & Macfarlane-Dick, D. (2006). Formative assessment and self-regulated learning: A model and seven principles of good feedback practice. *Studies in Higher Education,* 31, 199–218.

日本学術会議心理学・教育学委員会「大学教育の分野別質保証のための教育課程編成上の参照基準教育学分野（報告）」2020 年。

二宮衆一「イギリスの ARG による『学習のための評価』論の考察」『教育方法学研究』第 38 巻、2013 年、pp.97–107。

西岡加名恵『教科と総合に活かすポートフォリオ評価法：新たな評価基準の創出に向けて』図書文化、2003 年。

西岡加名恵『「逆向き設計」で確かな学力を保障する』明治図書、2008 年。

西岡加名恵『教科と総合学習のカリキュラム設計：パフォーマンス評価をどう活かすか』図書文化、2016 年。

西岡加名恵「アメリカにおけるカリキュラム評価論の諸潮流」田中耕治編『グローバル化時代の教育評価改革』日本標準、2016 年、pp.232–243。

西岡加名恵・石井英真・田中耕治編『新しい教育評価入門：人を育てる評価のために〔増補版〕』有斐閣、2022 年。

OECD (2005), Formative Assessment: Improving Learning in Secondary Classrooms, OECD Publishing.（OECD 教育研究革新センター編『形成的アセスメントと学力』明石書店、2008 年）

奥村好美、西岡加名恵編『「逆向き設計」実践ガイドブック』日本標準、2020 年。

Parlett, M., & Hamilton, D. (1976). Evaluation as illumination: A new approach to the study of innovatory programs. In Glass, G. V. (Ed.), *Evaluation Studies Review Annual* (Vol. 1). Sage.

Polanyi, M. (1962). *Personal Knowledge: Towards a post-critical philosophy.*

Routledge.（M. ポラニー著、長尾史郎訳『個人的知識』ハーベスト社、1985 年）

Popham, W. J.（1987）. Two-plus decades of educational objectives. *International Journal of Educational Research,* 11（1）, 31-41.

Radford, W. C.（1970）. *Public Examinations for Queensland Secondary School Students.* Queensland. Department of Education.

Ramaprasad, A.（1983）. On the definition of feedback. *Behavioral Science,* 28（1）, 4-13.

Rorty, R.（1989）. *Contingency, Irony, and Solidarity.* Cambridge University Press.（R. ローティ著、齋藤純一、山岡龍一、大川正彦訳『偶然性・アイロニー・連帯：リベラル・ユートピアの可能性』岩波書店、2000 年）

Ruiz-Primo, M., & Brookhart, S.（2017）. *Using Feedback to Improve Learning.* Routledge.

Rychen, D. S. E., & Salganik, L. H. E.（2003）. *Key Competencies for A Successful Life and A Well-Functioning Society.* Hogrefe & Huber Publishers.

佐藤学「カリキュラム開発と授業研究」安彦忠彦編『カリキュラム研究入門』勁草書房、1985 年、pp.88-122。

Sadler, D. R.（2020）. Assessment tasks as curriculum statements: a turn to attained outcomes. *The Japanese Journal of Curriculum Studies,* 29, 101-109.（D. R. サドラー著、石田智敬訳「カリキュラムを表現するものとしての評価課題：達成された成果への転換」『カリキュラム研究』第 29 巻、pp.91-100）

Scott, E., Berkeley, G. F., Schuntner, L. T., Walker, R. F., & Winkle, L.（1978）. *A Review of School-Based Assessment in Queensland. Report commissioned by the Board of Secondary School Studies.* Brisbane, Queensland.

Scriven, M.（1967）. The methodology of evaluation. In Tyler, R. W., Gagne, R. M., & Scriven, M.（Eds.）, *Perspectives of Curriculum Evaluation*（pp.39-

83). Rand McNally.

Scriven, M.（1973）. Goal-free evaluation. In House, E. R.（Ed.）, *School Evaluation: The politics and process*. McCutchan.

Scriven, M.（1976）. Payoffs from evaluation. In Abt, C. C.（Ed.）, *The Evaluation of Social Programs*（pp.217–224）. Sage.

Scriven, M.（1980）. *Logic of Evaluation*. Edgepress.

Scriven, M.（1983）. Evaluation ideologies. In Stufflebeam, D. L., Madaus, G. F., & Kellaghan, T.（Eds.）, *Evaluation Models: Viewpoints on educational and human services evaluation*. Klewer-Nijhoff.

Scriven, M.（1986）. New frontiers of evaluation. *Evaluation Practice*, 7（1）, 7 –44.

Scriven, M.（1991）. *Evaluation Thesaurus*. Sage Publications.

Shadish, W. R., Cook, T. D., & Leviton, L. C.（1991）. *Foundations of Program Evaluation: Theories of practice*. Sage.

鈴木秀幸「新しい評価の理論とその実際例（2）：絶対評価の新たな方向」『指導と評価』第 43 巻 5 号、1997 年、pp.40–44。

鈴木秀幸『スタンダード準拠評価：「思考力・判断力」の発達に基づく評価基準』図書文化、2013 年。

Stake, R. E.（1975）. An interview with Robert Stake on responsive evaluation. In Stake, R. E.（Ed.）, *Evaluating the Arts in Education: A responsive approach*（pp.36–37）. Columbus, OH: Merrill.

Stake, R. E.（1975）. To evaluate an arts program. In Stake, R. E.（Ed.）, *Evaluating the Arts in Education: A responsive approach*（pp.13–31）. Columbus, OH: Merrill.

Stake, R. E.（1978）. The case study method in social inquiry. *Educational Researcher*, 7（2）, 5–8.

Stake, R. E.（1980）. Program evaluation, particularly responsive evaluation. In Dockrell, W. B., & Hamilton, D.（Eds.）, *Rethinking Educational Research*（pp.72–87）. London: Hodder & Stoughton.

Stake, R. E.（2003）. Responsive evaluation. In Kellaghan, T., & Stufflebeam,

D. L.（Eds.）, *International Handbook of Educational Evaluation*（pp.63–68）. Dordrecht: Springer Netherlands.

Stufflebeam, D. L., Foley, W. J., Gephart, W. J., Guba, E. G., Hammond, R. L., Merriman, H. O., & Provus, M. M.（1971）. *Educational Evaluation and Decision-Making*. Phi Delta Kappa National Study Committee on Evaluation. Itasca, Illinois Peacock.

Sutherland, J. W.（1975）. System theoretic limits on the cybernetic paradigm, *Behavioral Science*, 20, 191–200.

田中耕治「教育目標とカリキュラム構成論の課題：ブルームとアイスナーの所説を中心にして」『京都大学教育学部紀要』第 28 号、1982 年、pp.101–113。

田中耕治「教育目標論の展開：タイラーからブルームへ」『京都大学教育学部紀要』第 29 号、1983 年、pp.91–108。

田中耕治『教育評価』岩波書店、2008 年。

Tyler, R. W.（1949）. *Basic principles of curriculum and instruction*. Chicago: University of Chicago Press.

Walton, J., & Martin, J. L.（2023）. Applying Sadler's principles in holistic assessment design: a retrospective account. *Teaching in Higher Education*, 1–18.

Wiggins, G., & McTighe, J.（2005）. *Understanding by Design*（2nd edition）. Alexandria, VA: Association for Supervision and Curriculum Development ASCD.（G. ウイギンス、J. マクタイ編著、西岡加名恵訳『理解をもたらすカリキュラム設計：「逆向き設計」の理論と方法』日本標準、2012 年）

Wiliam D., & Thompson M.（2007）. Integrating assessment with learning: what will it take to make it work. In Dwyer, C. A.（Ed.）, *The Future of Assessment: shaping teaching and learning*（pp.53–82）. New York: Routledge.

Wiliam, D.（2010）. An integrative summary of the research literature and implications for a new theory of formative assessment. In Andrade, H. L.,

引用文献一覧

& Cizek, G. J. (Eds.), *Handbook of Formative Assessment* (pp.18–40), New York: Taylor & Francis.

Wiliam, D. (2011). What is assessment for learning. *Studies in Educational Evaluation*, 37(1), 3–14.

Wiliam, D. (2018). *Embedded Formative Assessment* (*2nd edition*). Solution Tree Press.

Worthen, B. R., & Sanders, J. R. (1973). *Educational Evaluation: Theory and practice*. CA Jones Pub. Co.

Wittgenstein, L. (1953). *Philosophical Investigations*. Oxford: Basil Blackwell. (L. ウィトゲンシュタイン著、鬼界彰夫訳『哲学探究』講談社、2020 年)

Wittgenstein, L. (1974). *Philosophical Investigations* (Reprinted from 1967, the 3rd ed., Anscombe, G. E. M., Trans.). Oxford: Basil Blackwell. (Original work published 1953)

山本佐江「形成的アセスメントにおけるフィードバックの探究」『東北大学大学院教育学研究科研究年報』第 61 巻 2 号、2013 年、p.113-127。

267

索　　引

【あ】

アーティファクト　100
アール（Lorna Earl）　136
アイスナー（Elliot Eisner）　39, 57, 58
アカウンタビリティ　80
アスペクト　197-199, 201
アセスメント（assessment）　5
厚い記述　15, 40, 46
アルキン（Marvin Alkin）　54
暗示的定義　82, 83
安藤輝次　18
アンフォールディング曲線　122
暗黙知　10, 15, 16, 48, 84, 99, 101, 123, 142,
　　　143, 167, 184-192, 194, 199, 200, 209,
　　　212, 213, 216
暗黙的定義　84
イーズリー（Jack Easley）　35
石井英真　16-18, 21
一般的記述　98, 103, 223-227, 229
一般的ルーブリック　12
イニシエーション（通過儀礼）　7
イメージ論　154
イリノイ大学アーバナ・シャンペーン
　　　校　33, 35, 44
『インサイド・ザ・ブラックボックス』　18,
　　　132
ウィーナー（Norbert Wiener）　137
ウィギンズ（Grant Wiggins）　21
ウィトゲンシュタイン（Ludwig Wittgenstein）
　　　25, 184, 194, 195, 197-199
ウィリアム（Dylan Wiliam）　18, 131-135
エヴァリュエーション（evaluation）　5, 38
エスノグラフィー　51
遠隔項　186-188, 199, 200
エンコーダー　192
エンド・イン・ビュー　24, 121, 122, 153,
　　　155, 157, 215, 221
応答的評価　40, 43-46

オーズベル（David Ausubel）　145
オックスフォード大学　41

【か】

下位階層　179-181
外化された評価枠組み　16, 17, 67, 99, 101,
　　　213, 222-225, 227
階層構造　179-181
外的表現　76, 85, 98-103, 199, 213
外部試験　68, 70
解明的評価　40
科学性　37, 73
科学的エビデンス　41
学位授与　7, 10, 83
学習科学　118
学習曲線　122
学習成果　6-8, 10, 15-17, 67, 72-74, 79-81,
　　　88-90, 92, 103, 105, 117, 132, 140, 146,
　　　174, 210
学習としての評価　18, 136
学習のための評価　18, 132, 136
学習評価　6-8
学習めあて　145
意図された学習成果　145, 146, 155
学習目標批判　145, 146
学力評価　6
家族的類似性　194-199, 201
課題規定　142, 148, 152, 177, 178
課題主導型パフォーマンス評価　218, 219
課題適合性　141, 142, 152
価値・規則体系　200, 201, 225, 226
価値軸　4, 169, 176, 177
価値づけ（valuation）　174
価値づけの科学　15, 41
価値の記述としての評価　47
価値判断　5, 10, 15, 41, 46-48, 52, 53
学校ベースの評価　70
ガニエ（Robert Gagné）　73

269

カミング（Joy Cumming） 80
カリキュラム開発 38, 39, 44, 57, 128, 149
カリキュラム評価 5, 6, 15, 31, 33, 35, 36,
　　39-41, 44, 47, 48, 50, 54, 55, 59, 82, 128,
　　177, 192
カルフォルニア大学バークレー校 41
鑑識眼 10, 11, 15, 25, 58, 86, 105, 115, 124,
　　125, 155-158, 167, 170, 184-186, 189-
　　192, 199, 209-215, 217, 222, 228
鑑識眼アプローチ 16, 39, 57, 167, 184,
　　194, 216
鑑識眼形成 150, 157, 167, 189, 190, 201,
　　214-216, 227
鑑識眼形成論としての形成的アセスメン
　　ト 150, 155, 159
慣習法 191
間主観性 11, 75, 102, 106, 157, 199, 209,
　　212, 213, 215, 219, 228
間主観的合意 10, 11, 102, 103, 210, 211,
　　219, 228
完全習得学習（マスタリー・ラーニング）
　　73, 117, 128, 129, 131
記述（description） 15, 52
記述語 12, 94, 96, 97, 100, 104, 105, 144, 225
記述的アプローチ 53
気づき 197
ギップス（Caroline Gipps） 16, 17, 80
規範原理 174, 175, 199
「逆向き設計」論 21
客観性 8, 10-12, 14, 37, 50, 93
客観テスト 10, 37, 44, 72-74, 80, 83
キャリブレーション 12, 58, 75-77, 101,
　　102, 104, 159, 197, 202, 209-213, 220,
　　226
キャリブレーションとしてのフィードバッ
　　ク 222
キャンベル（Donald Campbell） 40, 51
教育研究・カリキュラム評価センター
　　（CIRCE） 34, 35, 44, 46
教育効果の可視化 137
教育測定論 14, 32, 51
教育的鑑識眼 39, 58
教育批評 39, 58
教育評価 5, 6

教育目標 8, 17, 21, 38, 39, 73, 146
教育目標の細目化 17, 73
教育目標の分類学（タキソノミー） 21, 38,
　　73, 129
教室内評価 81
共同所有 58, 157, 210, 212, 215, 228, 230
共同注視 198, 213, 225, 226, 228
ギルド知識 120
近接項 186-188, 199, 200
クイーンズランド工科大学（セントラルク
　　イーンズランド大学） 32
クイーンズランド政府 68, 70, 71
クイーンズランド大学 31, 32, 48, 68, 71,
　　88
具体的事例 103, 105, 228
クライテリア 4, 5, 12, 77, 87, 88, 95, 97,
　　121, 141, 142, 152, 169, 174
クライテリアの規範化 175, 176
クライテリオン準拠テスト 72, 73, 74
クライテリオン準拠評価 8, 17, 70, 72, 74
グラス（Gene Glass） 33
グリフィス高等教育研究所 57, 88
グリフィス大学 57, 88
グリル 144, 145
グレイサー（Robert Glaser） 16
クロンバック（Lee Cronbach） 35
経験的枠組み 191-193, 198, 223, 228
形式的構成 191, 204
形成的アセスメント 16, 18-20, 24, 55, 59,
　　115, 116, 118, 120, 122, 123, 126-128,
　　131-135, 137-139, 143, 148, 150, 155,
　　157-159, 167, 214, 216, 221
形成的アセスメント批判 139, 147
形成的機能 7, 56, 59
形成的テスト 117, 126, 128-131
形成的評価 7, 12, 43, 47, 117, 127, 128,
　　131, 133
ケーススタディ 40, 43, 46, 51
ゲーム 195, 196
ゲシュタルト 94, 104, 106, 123, 171-173,
　　188
ゲシュタルト崩壊 189
結果の知識 119
原器（標準器） 101

言語化できない知識　192, 193
言語記述　77, 84, 86, 100, 103, 104, 145, 167, 190, 193, 200, 224, 225, 228
言語記述マトリクス　11, 80, 88
言語的枠組み　191, 192, 223
顕在的クライテリア　123, 124, 160, 181, 182, 199
『検討報告書』　69, 71, 72
行為主体　15, 118, 126, 127, 134-136, 138, 167, 214, 228
工業生産的アプローチ　50-53, 59
高次の認知能力　8, 89, 90, 117
工場モデル　39
構成概念　6, 218
構成概念主導型パフォーマンス評価　218
公的試験　68
公的な鑑識眼　212, 228
高等教育　57, 89, 90, 93, 117, 140, 153, 217, 220
行動主義　74, 117
行動的側面　38
行動目標　17, 38, 39, 57, 72, 73
効率性　14, 37, 50
公理的価値　179, 180, 203
公理としての価値軸　177, 178
ゴードン工科大学（ゴードン・インスティチュート TAFE）　32
ゴール・フリー評価　39, 41-43, 45
ゴール知識　153
個人的知識　122, 192
好み　157
個別的記述　99, 100, 102-104, 223-228
コホート　97
コロラド大学ボルダー校　33, 35, 133
『コンシューマー・レポート』　42
コンピテンシー　81, 86, 218
コンピテンス　6-8, 56, 81, 90, 122, 125, 218, 219
コンフィギュレーション　170, 171

【さ】
再現性　219
サイバネティクス　137, 148-150
作品　6

作品事例　16, 17, 67, 77, 79, 84, 86, 97-100, 102-106, 149, 152, 190, 193, 223-228
作品批評　125, 151, 157, 215
サバティカル　32-35, 44, 55
参照固定点　4, 169
参照次元としての価値軸　177
参照枠組み　5
参与観察　51
資格認定　7, 10, 56
嗜好的鑑識眼　211, 212
自己調整学習　136
自己評価　13
指示書き　190, 191, 200, 201, 239
システムコントロール　119, 134
事前策定的評価　44
事前指定　85, 87, 92, 93, 95, 139, 144, 156, 177, 182, 222
質　119, 120, 122, 141, 152, 169, 170, 173, 235
実演　6, 7
実践　24, 153, 155, 158, 214, 221
質的判断　10, 15, 22, 67, 74-76, 79-82, 93, 95, 98, 101, 102, 103, 105, 115, 122, 143, 168-170, 175, 183, 196, 199, 209, 210
質的判断アプローチ　3, 10, 11, 14, 15, 20, 22, 50, 54, 57, 59, 167, 216, 221, 222
私的な鑑識眼　211
指標　145, 177
シャープなクライテリア　84, 174, 182, 184, 199, 217
社会科学研究　50, 51
社会ダーウィニズム　37
社会的・共同体的構築　157, 215
シャディッシュ（William Shadish Jr.）　43
ジャンル　178
終極の語彙　203
従属的感知　186, 192, 199
集団標準　8
修了認定　56, 67, 68, 90, 220
主観性　10, 11, 36
熟達した質的判断　15, 25, 167-170, 184, 185, 209, 210, 212, 216
熟達知　10, 124
主柱のクライテリオン　178, 180

準実験的手法　40, 41
使用　197
上位階層　179, 180
詳記不能　187, 190, 192, 200, 201
焦点的感知　186, 187, 192, 199
情報伝達モデル　147
諸細目　186, 187
事例主義的アプローチ　167, 225, 226
真正な評価経験　125, 126, 138, 151, 155, 190
診断的評価　128
信頼性　12, 14, 74, 79, 136
心理測定学　9, 32, 44, 80
垂直な広がり　9, 169, 173
水平な広がり　9, 169, 173
スクリヴァン（Michel Scriven）　15, 18, 35,
　　36, 39, 41, 45-47, 53, 54, 59, 128
鈴木秀幸　16
スタッフルビーム（Daniel Stufflebeam）　54
スタンダード　4, 5, 12, 58, 77, 79, 82, 83,
　　85-89, 95-97, 105, 121, 169, 173
スタンダード記述　77, 79, 85, 96-98, 100,
　　102-105
スタンダード準拠評価　16, 17, 19, 20, 22,
　　24, 56, 59, 67, 68, 71, 74, 76, 77, 79-82,
　　87, 98, 102, 103, 105, 106
スタンフォード・ビネー知能尺度　37
スタンリー（Julian Stanley）　40, 51
ステアリー・ディサイシス　226
ステイク（Robert Stake）　33, 35, 36, 40, 41,
　　43, 44, 46, 47, 59
ステイクホルダー　46
スプートニク　39, 44
正規分布　37
制御理論　137
成績整合性　90, 91
成績評価　76, 90, 92, 220
制定法主義　200, 225, 226
成文化　92, 93, 95, 96, 98, 99, 225
設計志向性　157, 214, 215
絶対評価　5
説明責任　7, 12
セルフ・モニタリング　118, 119, 126, 158
遷移　124, 181, 182
先行オーガナイザー　145

潜在的クライテリア　75, 95, 123, 124, 170,
　　180-182, 188, 199
全体的評価　94, 122, 139
全体的ルーブリック　12, 13, 94
全体論的アプローチ　122, 123
専門家共同体　58, 75, 157, 209-212, 220,
　　214, 215, 219, 227, 228, 230
専門職的鑑識眼　211-213, 220, 221
専門職的判断　211, 212
総括的機能　59
総括的評価　7, 12, 14, 16, 43, 47, 117, 118,
　　128, 167
双景的評価法　184, 185, 188, 197, 200
相互評価　13, 151
創成クライテリア　94, 95, 110, 182, 201
創成原理　174-176, 199
相対主義　42, 47, 97
相対評価　5, 8, 24, 70, 72
ソーンダイク（Edward Thorndike）　37
ソフトスキル　89

【た】
ターマン（Lewis Terman）　37
タイラー（Ralph Tyler）　38
タイラー原理　37, 38, 145
卓越性　120, 122, 153, 155, 214
多重クライテリア　9, 83, 93, 117, 123, 151,
　　171
妥当性　12, 14, 79, 92, 136
忠実度　91
宙吊りデータ　119
長期的ルーブリック　88
追体験　54
伝えること　147, 148, 150, 155, 156, 190
ディスコース　87, 99, 100, 142, 151, 153,
　　215, 223, 228, 230
テイラー主義（科学的管理法）　37
デコーダー　192
テスト能力　80
テスト理論　23, 32
『哲学探究』　194, 195, 197
デューイ（John Dewey）　174
転回　19, 238
同等性　142

特定課題ルーブリック　12, 88
徒弟的　125, 126, 138, 150,190, 216
ドメイン準拠評価　16, 17, 21,24, 72, 74, 80, 106, 131
取引　91

【な】
ナイダー（Zdzisław Najder）　179
内的善　153, 214
内部評価　70
内容的側面　38
ナショナル・スタンダード　96
ニーズに準拠した評価　42, 43
西岡加名恵　21
二宮衆一　18
ニューイングランド大学　32
認識論　25, 88, 156, 167, 168, 184, 189, 192, 194, 199
認定評価　7, 8, 10, 14, 36
ねぶみ　5
ノルム準拠評価　17, 70

【は】
ハードスキル　89
パーレット（Malcolm Parlet）　40, 54
ハイステイクス　7, 12
ハウス（Ernest House）　46
発散的課題　9, 217
ハッティ（John Hattie）　137
パフォーマンス（作品・実演）　6, 8, 9, 58, 80, 90, 121, 122, 125, 209, 218, 219
パフォーマンス評価　9, 20-22, 80, 81, 218
ハミルトン（David Hamilton）　40, 54
判例法主義　200, 225, 226
ピア・アセスメント　125, 126, 151, 152, 157, 215
比較可能性　75, 76, 79, 85, 98
非成果要素　91
筆記試験　8
ビネー（Alfred Binet）　37
非判断的立場　52, 53
評価エキスパティーズ（評価熟達知）　11, 85, 118, 120, 124-127, 134, 138, 141-143, 148, 150-153, 155-157, 167, 185,

189, 190, 193, 194, 200, 201, 211, 215, 221, 223
評価学　15, 41
評価規準（クライテリア）　4, 5
評価基準（スタンダード）　4, 5
評価主体　18, 134
評価対象（evaluand）　42
標準テスト　80, 81
ビョルクマン（Mats Björkman）　136
ファジーなクライテリア　83, 84, 174, 182-185, 199, 217
フィードバック　13, 20, 115, 118, 119, 126, 131, 133-135, 137-141, 146, 150, 158, 159, 190, 215, 216, 221, 229
フィードバック批判　24, 140, 145, 147, 148
フィードフォワード　13, 20, 136-140, 144, 146, 147, 150, 155, 158, 190, 215, 216, 221
フィードフォワード批判　24, 145, 148
複雑なパフォーマンス　8, 10,12, 93, 94, 118, 169
ブラック（Paul Black）　18, 131-135
プリンストン大学　44
ブルーム（Benjamin Bloom）　18, 73, 117, 126, 128, 131, 133
ブルーム・タキソノミー　38
ブルックハート（Susan Brookhart）　18
プレ・ルーブリック　14
プログラム評価　15, 35, 42, 48, 54
プロダクト評価　42, 54
文化人類学的アプローチ　50, 59
分析性　92
分析的アプローチ　122, 123
分析的評価　93, 94, 139
分析的ルーブリック　12, 93, 94
ヘイスティングス（Thomas Hastings）　35
ベイトソン（Gregory Bateson）　149
包括的全体　186-188
ポートフォリオ評価法　21
ボールディング（Kenneth Boulding）　154
ポスト・ルーブリック　25, 209, 216, 222, 227, 235, 238
ポファム（James Popham）　16, 73
ポランニー（Michael Polanyi）　25, 88, 156,

273

184, 186, 187, 190-192, 194, 199, 235

【ま】

マウントモーガン州立高等学校　32
マクスウェル（Graham Maxwell）　71, 80
マクタイ（Jay McTighe）　21
マクドナルド（Barry MacDonald）　54
明示知　190, 213, 215, 226
明示的記述　85-87, 213
明示的定義　82-84
メイジャー（Robert Mager）　73
命題的知識　192, 193
目利き　156, 211
メシック（Samuel Messick）　218
メジャメント運動（教育測定運動）　36, 73
メタ・クライテリア　180, 185, 199
メタ認知　136
メルボルン大学　41
目標細目表　73, 129
目標に準拠した評価　8, 17, 21, 72
目標に基づくアプローチ　37, 40

【や】

山本佐江　18
指差し　198
善さ　10, 94, 116, 121, 153, 157, 211, 214,
　　215, 219, 227-230

【ら】

ライティング　116, 183, 217
ラドフォード（William Radford）　68
ラドフォード制度　68, 70
ラマプラサド（Arkalgud Ramaprasad）　119,
　　133
ランダム化比較試験（RCT）　40
粒度　74
累積的評価　91
ルーブリック　11, 14, 16, 17, 19, 67, 80, 88,
　　92, 95, 97, 102, 104-107, 120, 137, 139,
　　143, 144, 155, 156, 167, 190, 199-201,
　　223
ルーブリック・アプローチ　213, 214, 225,
　　226
ルーブリックの破れ　95
ルーブリック批判　21, 88, 92, 98
ルーブリック評価　107
例示　149, 191, 192
ローティ（Richard Rorty）　203
論拠説明　99, 100, 102-104, 224

【a-z】

ARG　132
OECD　132
ROSBA　56, 67, 68, 71, 82, 86-88, 233, 237
ROSBA 制度　68, 70, 71, 75, 79
Web of Science　132

著者紹介

石田智敬（いしだ　ともひろ）

1993年、愛知県名古屋市生まれ。京都大学大学院教育学研究科博士後期課程修了、博士（教育学）。神戸大学大学院人間発達環境学研究科特命助教、日本学術振興会特別研究員PD。専門は、教育方法学（教育評価論、カリキュラム論）。日本教育方法学会研究奨励賞受賞（2022年）、日本カリキュラム学会研究奨励賞受賞（2023年）。

主な論文に、
「スタンダード準拠評価論の成立と新たな展開——ロイス・サドラーの所論に焦点を合わせて」『カリキュラム研究』（30巻、2021年）、「ロイス・サドラーによる形成的アセスメント論の検討——学習者の鑑識眼を錬磨する」『教育方法学研究』（46巻、2021年）、「高等学校『物理基礎』におけるパフォーマンス評価実践の試み」『科学教育研究』（47巻2号、2023年）、などがある。

（プリミエ・コレクション 139）
学習評価論における質的判断アプローチの展開
——ロイス・サドラー学識の解剖と再構成　　©Tomohiro ISHIDA 2025

2025年3月31日　初版第一刷発行

著　者	石　田　智　敬
発行人	黒　澤　隆　文

京都大学学術出版会

京都市左京区吉田近衛町69番地
京都大学吉田南構内（〒606-8315）
電　話（075）761-6182
ＦＡＸ（075）761-6190
Home page http://www.kyoto-up.or.jp
振　替　01000-8-64677

ISBN978-4-8140-0572-7
Printed in Japan

印刷・製本　亜細亜印刷株式会社
定価はカバーに表示してあります

本書のコピー，スキャン，デジタル化等の無断複製は著作権法上での例外を除き禁じられています。本書を代行業者等の第三者に依頼してスキャンやデジタル化することは，たとえ個人や家庭内での利用でも著作権法違反です。